黄建忠　陈子雷　蒙英华 等编著

中国自由贸易试验区研究
蓝皮书(2016)

BLUE BOOK OF CHINA PILOT FREE TRADE ZONE 2016

中国财经出版传媒集团

经济科学出版社
Economic Science Press

图书在版编目（CIP）数据

中国自由贸易试验区研究蓝皮书.2016／黄建忠等编著.
—北京：经济科学出版社，2017.2
ISBN 978 - 7 - 5141 - 7804 - 3

Ⅰ.①中…　Ⅱ.①黄…　Ⅲ.①自由贸易区 - 研究报告 -
中国 - 2016　Ⅳ.①F752

中国版本图书馆 CIP 数据核字（2017）第 040573 号

责任编辑：李晓杰
责任校对：靳玉环
版式设计：齐　杰
责任印制：李　鹏

中国自由贸易试验区研究蓝皮书

（2016）

黄建忠　陈子雷　蒙英华　等编著

经济科学出版社出版、发行　新华书店经销

社址：北京市海淀区阜成路甲 28 号　邮编：100142

总编部电话：010 - 88191217　发行部电话：010 - 88191522

网址：www. esp. com. cn

电子邮件：esp@ esp. com. cn

天猫网店：经济科学出版社旗舰店

网址：http：//jjkxcbs. tmall. com

北京季蜂印刷有限公司印装

710×1000　16 开　18.5 印张　340000 字

2017 年 2 月第 1 版　2017 年 2 月第 1 次印刷

ISBN 978 - 7 - 5141 - 7804 - 3　定价：58.00 元

（图书出现印装问题，本社负责调换。电话：010 - 88191510）

（版权所有　侵权必究　举报电话：010 - 88191586

电子邮箱：dbts@ esp. com. cn）

上海市人民政府决策咨询研究基地
"黄建忠工作室"成果

主要编写人员（按字母拼音排序）：

1. 车春鹏，经济学博士，上海对外经贸大学副教授，专注于区域经济领域的研究，现已在《改革》、《上海交通大学学报（哲学社会科学版)》、《宏观经济研究》上发表论文20多篇；出版专著2部，主持上海市人民政府发展研究中心决策咨询课题、上海市人大课题、上海市张江高新技术产业开发区管理委员会课题等10多项课题。承担本书"上海自贸试验区企业的FTA利用率研究（第二章)"的撰写工作。

2. 陈子雷，政策学（经济政策）博士（日本千叶商科大学）、上海对外经贸大学教授。东亚经济研究中心主任、全国日本经济学会理事、上海市欧美同学会理事、上海日本学会理事、上海市日本研究交流中心兼职研究员、复旦大学日本研究中心兼职研究员、上海市长宁区第十三届政协委员。主要研究方向：东亚经济、公共政策。近年来在《新民晚报》、《解放日报》、《文汇报》、《世界经济研究》等官方媒体、杂志发表论文10多篇；主持上海市人民政府决策咨询专项课题、上海日本研究交流中心专项课题、教育部留学归国人员科研启动基金等项目。承担本书"新一代贸易投资新规则与我国自贸试验区开放试验研究（第四章）第三、第四节"撰写及全书的章节安排统筹工作。

3. 高运胜，经济学博士，上海对外经贸大学教授。专注于全球价值链、贸易利益分配、中欧经贸关系问题的研究，近年相继在《数量经济技术经济研究》、《中国工业经济》等杂志发表论文10余篇，承担国家社会科学基金、上海市人民政府发展研究中心决策咨询重点课题等课题，出版《上海生产性服务业集聚区发展模式研究》专著1部。承担本书"上海自贸试验区对长江经济带可复制、推广的制度创新措施（第九章)"和"提升上海自贸试验区对长江经济带经济协同作用的策略（第十章)"的撰写工作。

4. 黄建忠，经济学博士，上海对外经贸大学教授、博士生导师。全国哲学社会科学基金项目同行评议专家；博士后基金项目评审专家，全国国际商务专业学位研究生教指委咨询专家，全国高校国际贸易学科协作组副秘书长，教育部人文社会科学重大课题攻关项目首席专家，中国跨境电商50人论坛智库专家，《国际贸易问题》杂志编委，中国世界经济学会常务理事。中国自贸试验区协同创新研究中心首席专家、上海市人民政府决策咨询研究基地"黄建忠工作室"负责人。主要从事国际贸易、服务贸易教学与研究工作。出版著作与教材20余部，发表论文百余篇；主要荣誉有"孙冶方经济科学著作奖"，福建省"新世纪优秀人才"，上海领军人才，上海市五一劳动奖章，厦门大学教学名师等。承担本书"中国自贸试验区创新发展进入新阶段（第一章）"撰写及全书的章节安排统筹工作。

5. **蒙英华**，经济学博士，上海对外经贸大学研究员。专注于服务业与服务贸易问题的研究，近年相继在《管理世界》、《财贸经济》等核心期刊发表论文40余篇，出版《服务贸易提供模式研究》、《海外华商网络与中国对外贸易》、《自贸试验区背景下中国文化贸易发展战略研究》专著3部，主持国家社会科学基金、教育部青年项目、国侨办青年课题等项目。承担本书"新一代贸易投资新规则与我国自贸试验区开放试验研究（第四章）"第一节部分内容和"负面清单特点与中国自贸试验区负面清单研究（第五章）"的撰写工作。

6. **张慧**，经济学博士，澳大利亚 Monash University 访问学者，上海海关学院海关管理系助理教授，主要从事国际贸易理论与政策、海关估价、国际直接投资等方面的教学和研究。现已在《财经研究》、《国际商务》、《国际经贸探索》等国内外核心期刊发表论文近10篇，出版专著1部，主持自贸试验区专项课题，院级课题并参与多项教育部重大课题、省部级课题及多部著作的编写。承担本书"上海自贸试验区建设与海关服务贸易监管创新和便利化研究（第六章）"和"上海自贸试验区'单一窗口'建设新进展（第七章）"的撰写工作。

7. **张晓莉**，经济学博士，上海对外经贸大学教授。专注于汇率与宏观经济、金融服务与国际贸易、大宗商品金融化问题的研究，近年相继在《经济研究》、《国际贸易问题》等杂志发表论文10余篇，主持国家社会科学基金、教育部人文社会科学项目、上海市人民政府发展研究中心决策咨询等课题，出版专著1部。承担本书"中美BIT谈判对中国金融开放影响及上海对策研究（第三章）"的撰写工作。

8. **赵玲**，日本名古屋大学博士，上海对外经贸大学讲师，东亚经济研究中心研究员，上海财经大学2011协同创新中心研究员，研究领域包括国际贸易、劳动经济、世界经济。近年相继在 Forum of International Development Studies，Globalization and Development，《国际商务研究》等上发表论文多篇；主持国家社会科学基金、上海日本研究交流中心、上海市松江区区委、上海市教委等多项课题。承担本书"利用上海自贸试验区推动战略新兴产业发展和传统产业转型升级（第八章）"的撰写工作。

目 录
Contents

第一章

中国自由贸易试验区创新
发展进入新阶段

第一节　中国自由贸易试验区二次扩围与
上海自由贸易试验区的二次创新

2015 年 4 月与 2016 年 8 月，在上海自由贸易试验区（后文简称"上海自贸试验区"）建成之后国家陆续进行了两轮的自由贸易试验区扩容、扩围，形成了从沿海向内陆、由点到线进而由线到面，东西南北相对均衡的自贸试验区布局。这意味着自由贸易试验区（后文简称"自贸试验区"）这项国家战略实施新阶段的到来，赋予"供给侧结构性改革"的顶层设计以新内涵，标志着新一轮改革开放正在向更广范围、更加纵深的阶段跃进。

一、中国自贸试验区的二次扩围的战略意义

第一，在上海自贸试验区建设 3 周年之际，中国自贸试验区的二次扩围向世人证明了前期该项试验的成功。第二次扩围与第一次扩围时间间隔更短、范围更大，说明前期沪津闽粤试验区取得的大量成功经验具有很强的创新性和可复制性。同时，它意味着自贸试验区这项国家战略以"加速度"推进实施新阶段的到来。

第二，经过自贸试验区的二次扩围，第三批新设自贸试验区对接"一带一路"的制度创新与沪津闽粤对接中美 BIT 谈判及"下一代贸易投资规则"的进程，推进形成并初步完善了国家"向东"、"向西"双向开放的开放型经济新结构、新体系。这种开放创新格局既体现了我国沿"一带一路"创设国际经贸合作

新规则的实力引领地位，也反映了我国积极参与欧美主导的新规则制定过程的国力基础与国家利益诉求。这种格局从顶层设计上，为开放型经济的"供给侧结构性改革"注入了全新的内涵。

自贸试验区经过两次扩围，达到"1+3+7"的总体规模。在区域布局上也初步完成了从点到线、由线到面的过程。这样一来，上海自贸试验区面对的制度环境就有：从"新一代投资贸易规则、中美BIT"，到我国对外签署的14个FTA、到津闽粤自贸试验区、到新增的7个自贸试验区以及"一带一路"沿线国家合作机制等形成落差的制度优势层级。上海自贸试验区的制度优势大致处于"新一代投资贸易规则、中美BIT"与我国对外签署的14个FTA之间的较高层级。

据此，上海自贸试验区作为国家战略，其制度创新属于"国家试验"，决定了上海自贸试验区新一轮制度创新的4个"面"：即面向更高国际经贸标准的"适应面"，面向14个FTA的"整合面"，面向其他自贸试验区的"示范面"，以及面向国内其他区域和"一带一路"合作的"引领面"。因此，新一轮制度创新具有一定的复杂性，不能仅仅是压力测试，还应体现出整合、引领和示范的效应。

第三，自贸试验区向内陆地区延伸扩围，在加快复制、推广已有经验的同时，也倒逼着沪津闽粤自贸试验区的升级速度与创新高度。由于二次扩围，各自贸试验区的对内对外、政治经济、社会文化功能随其数量增加而差异增大，并因其原有产业、经济基础条件不同而必然出现建设和创新速度、效益上的区别，新设自贸试验区甚至在某些方面具备了明显的"后发优势"，由此，这一新结构、新格局必然对沪津闽粤自贸试验区的升级速度与创新高度产生强烈的倒逼效果。

二、上海自贸试验区二次创新的方向

在新形势下，上海自贸试验区丝毫不松懈干劲，尤其不能稍缓制度创新的步伐。为此，我们提出上海自贸试验区二次创新的方向建议。

（一）在"压力测试"中超越压力测试的制度建构试验创新：超越压力，形成引力

随着中韩、中澳自贸协定签署、中美BIT谈判取得明显进展和自贸试验区试验取得初步成效，上海自贸试验区制度创新的目标应当是：迅速完成"BIT压力测试"的主要任务并向"后BIT"的超越压力测试新阶段迈进。

超越压力测试新阶段包含两层意义。一是对接"下一代贸易投资新规则"的制度创新，具体包括中美 BIT 谈判达成事项和初步意向性条款的试验推广，也包括对接 TPP、TISA 等更多更高更大压力测试的规则试验。一般而言，货物经济是要素成本敏感性部门（上海并不具有优势），而服务经济与虚拟经济则是制度（交易成本）敏感型（上海的比较优势所在）。因此，唯有对接较高水平的经济和规则，才能真正测试出制度创新的水平和效果。二是主动牵头、自主创建"一带一路"、亚太自贸试验区等国际合作新领域、新规则的制度创新，特别是以"走出去"和国际产能合作为主要内容的对外投资、跨国融资、加工贸易、进口贸易等务实合作新规则的创建。

（二）在改革开放中超越"简政放权"的治理能力、治理体系创新：超越放手、收手，适时出手、善于上手

在过去 30 多年的改革开放中，甚至在过往的经济特区、开发区发展模式中，我国中央与地方政府的运作仍以"简政放权"为主，当下的自贸试验区建设仍然沿袭了这一模式。在短缺经济和市场经济初期，这种政府"放任"和"收手"（有时出现"寻租"现象）的模式受到市场与企业的热烈响应，并以"野蛮生长"的形态催生出高速增长的经济。然而，这一过程中本应跟进的国家和政府治理能力、治理体系建设则乏善可陈。以至于在产能过剩、企业竞争白热化的市场经济发展新阶段上，当市场需要政府加强公平监管与供需调节时，我们发现政府的宏观调控工具手段不足，治理能力与治理体系建设滞后。因此，上海自贸试验区在新一轮改革开放中要率先实现超越"简政放权"的治理能力、治理体系创新。

（三）在扩区扩围中超越"区域—部门"的系统性制度集成创新：超越单体，形成群体

各自贸试验区出台各类政策和制度创新措施呈现"碎片化"状态。同时，各自贸试验区扩区、扩围过程中，不仅在各自不同片区的行政协同上，而且在海关、商检、税务、银行、市场监管各部门之间，都难以达成信息互通共享、共管的协同效果。目前已有的"单一窗口"和共享平台中，其后台支撑系统并未实现贯通，功能有限。对比新加坡、欧盟的"单一窗口"，还有相当的差距。上海自贸试验区在扩区扩围中，应率先实现超越"区域—部门"分散驱动的制度系统集成性创新。

（四）在服务与虚拟经济管控中超越物理空间的信息化网络监管创新：超越浅化，形成深化

在欧美的服务业开放中，"负面清单"已经成为主流的管理模式；自贸试验区实施负面清单和准入前国民待遇管理模式下的投资便利化也将逐步延伸到间接投资与服务业开放领域，金融、金融衍生品跨境交易，电信、网络跨国服务，跨境电商及其配套的物流供应链、海外仓配送服务等新商业模式下，虚拟经济的管控不可能局限在狭小的物理空间之内。上海自贸试验区应当大胆推进信息化网络监管体系建设，在虚拟经济管控中实现超越物理空间的信息化网络监管创新。

（五）在政府主导下超越官方评估结论的产业创新检验与企业创新体验：超越官方评估，强化社会评价

在上海自贸试验区试验3周年之际，官方或半官方主导的第三方评估固然必要，也不失科学客观。但是，自贸试验区的法制化、国际化和市场化之真实效果，包括政府职能转变、事中事后监管、货物贸易自由化和投资便利化、金融服务开放等实效，终究要由区内外的产业发展水平、企业真切感受来实证。因此，上海自贸试验区应当在政府主导下，主动总结超越官方评估结论的产业创新检验与企业创新体验，借以比对、验证第三方评估得到的相关结论。

（六）在经济增长中实现超越数量规模的制度创新质量与制度创新红利：超越数量目标，提高质量红利

自贸试验区试验历时3周年，在产生大量可复制、可推广制度创新经验与区域经济增长效果之余，上海自贸试验区应当从追求制度创新的数量转向提升制度创新的质量，避免和减少从区外向区内的福利转移，着重从制度创新驱动的要素升级、技术进步和人力资本贡献中，通过提高劳动生产率来创造经济增长的红利。

三、上海自贸试验区二次创新的重点措施

为实现上述二次创新的目标，我们建议上海自贸试验区采取以下措施：

1. 制度建构试验创新

第一，上海自贸试验区应实际参与中美 BIT 谈判，从选择性的"压力测试"转向全面的对接试验，为高起点、高水平对接新一代国际贸易投资规则做充分的

体制、机制准备；第二，一方面，由上海自贸试验区牵头协同沪津闽粤自贸试验区，借助与 TPP 中 6 国签订的 FTA，有计划、有战略、有针对性地积极引进 6 国跨国企业；另一方面，鼓励加大对 6 国投资，形成"向东开放"中与 TPP 市场双向嵌入的深度联系，实质性参与 TPP 的规则建构；第三，以上海自贸试验区为龙头，统一协调沪津闽粤与 7 个新设自贸试验区沿"一带一路"推进的"向西开放"，运用自贸试验区试验的成果和借助"亚投行"等平台，引领沿线国家经贸合作的新规则建构。

2. 治理能力、治理体系创新

第一，借助"外资三法"和台湾同胞投资保护法修订，全面落实审批向备案转变，完善事中事后监管；第二，推动自贸试验区地方立法，为治理能力、治理体系建设提供保障；第三，推进企业与社会诚信体系建设，完善企业信息披露与社会监督管理；第四，突出重点领域、重要环节的风险防控，建立底线预警系统。

3. 系统性制度集成创新

第一，在国务院领导下建立自贸试验区联席会议制度，加强功能建设与制度创新相关领域的差异化设计、特色化发展，力求避免同质化和陷入地方政府的政策"洼地"博弈；第二，将自贸试验区范围内的海关、检验检疫、市场监管、税务、银行、行政管理等条条状垂直管理全部"切块"归口自贸试验区管委会，实现横向的上下游流程管理，进而缩小业务间距，形成提速增效的管理模式；第三，区内信息平台的统一、区外信息网络的联通，为业务区隔、分类管理、风险联控创造基础；第四，对已有的制度和政策进行系统的梳理、整合，串联和模块处理。

4. 信息化网络监管创新

"智慧城市"建设与发达的信息网络是现代服务经济、虚拟经济运行的必备条件，而国际服务贸易、金融、电信等数字化交易本质上是不受物理空间限制的。国际投资的市场渗透也不可能局限于狭小的地理区域。实现跨域信息化网络监管、追踪和溯源流程监控并不困难。

5. 产业创新检验与企业创新体验反馈机制创新

第一，建立基于行业协会和典型企业抽样调查基础上的自贸试验区制度创新民间评估机制；第二，编制自贸试验区营商环境指数、货物贸易便利化指数、金融与服务自由化指数、产业竞争力指数、法制化水平指数等，动态检验、反映自贸试验区制度创新的产业发展水平效果与企业感受。

6. 提高创新质量与增加制度创新红利

对于自贸试验区已有的创新举措，应当在前 3 年总结评估的基础上进行梳理和集成，对于已有创新的效果进行检查落实，对于"碎片"之间的衔接及时补缺，对于"盲区"部分进行填空，有效地增进创新质量和放大红利。

第二节　关于建设"高标准自贸试验区"的几点思考和建议

2016 年 3 月 5 日，习近平总书记视察上海自贸试验区建设进展时指示，上海自贸试验区要"百尺竿头、更进一步"。11 月 30 日，习近平总书记对自贸试验区试验 3 周年总结做出重要批示，在肯定自贸试验区不负众望积累了大量宝贵经验和复制推广了一批试验成果，实现了初衷，同时提出要对照最高标准、满足基本标准，大胆试、大胆闯、自主改，继续当好改革开放标杆，彰显试验田功能的要求。李克强总理在随后的批示中，也明确要求自贸试验区要加大力度转变政府职能，更大程度激活市场动能。为此，我们认为要认真思考和解决好以下几方面问题。

一、何为"高标准自贸试验区"

我们认为，所谓高标准自贸试验区的基本要求是，通过制度创新促进生产和服务要素（货物/服务及其中间品、资本、人员等）在充分自由流动的基础上实现高效率、高效益的优化配置，即达到要素报酬的递增乃至最大化。换言之，"高标准自贸试验区"是要素报酬最大化的区域经济组织模式与制度形态。

根据这一本质要求，我们进一步认为：

第一，新加坡不足为上海自贸试验区的标杆，建议不再提与之对标。主要理由是：

（1）新加坡是港口城市国家，其经济开放运行的各项活动基本上属于"转口"，既不需要考虑"事前"也无"事后"之忧，诸事仅以"事中"获利为唯一取向；因而"单一窗口"和金融、服务自由、投资便利化有天然便利。

（2）新加坡无制造业之虞、无腹地经济之累，其经济以金融和房地产为主，资本流动以投机性或敏感性"热币"为特征，这与上海、长江经济带的经济形态及上海自贸试验区的使命有天壤之别。

（3）新加坡以"弹丸之地"实现"国际化、法制化、市场化"极容易，而上海自贸试验区不可能以"境内关外"模式实施"三化"。

（4）新加坡虽然屡屡冠以"最佳营商环境"、"活力之都"，但其经济与产业升级主要依靠外力推动，依赖高技术含量外资提升，内部经济缺乏自主驱动力。

（5）近年来新加坡政府有时缺乏国家定力，政治上投机取巧，御民以"严刑峻法"，在政治、社会管理上不足为鉴。

第二，上海自贸试验区建设应可对标美国纽约、旧金山、西雅图等联邦"对外贸易区"。在货物贸易便利化、先进制造业集聚基础上，着重围绕金融资本流动与技术自主创新相结合实现"国际化、法制化、市场化"的制度创新。

第三，上海自贸试验区在这一改革取向上独具优势，其他国内自贸试验区与之无法比拟。中国目前已经是世界第二大的专利申请国，根据我们研究，我国现阶段的专利技术转化率不足30％，那么如此之多的专利项目所去何处？以上海坐拥国际金融中心、证券交易中心之区位优势和科技资源密集地位，其专利技术转化率又当如何？产业创新速率与企业技术红利状况怎样？无论上海自贸试验区如何改革，"对标国际、双自联动"都是自贸试验区发展制度创新新阶段应有的目标取向。

二、"高标准自贸试验区"制度创新的重点和策略

1."对内开放"与"对外改革"

上海自贸试验区的对外开放、对内改革历经3年，已经取得了可喜的成果。鉴于全球化出现变局与国际经贸规则重构进程出现的新变化，上海自贸试验区下一阶段应当突出"对内开放"和"对外改革"：

（1）"对内开放"。第一，上海自贸试验区建设必须协调海关特殊监管区与非特殊监管区的关系。在自贸试验区内货物通关检验一体化与"单一窗口"建设大幅度降低货物贸易成本的同时，区外的物流、商务成本仍然很高，抵消了区内改革的红利；第二，上海自贸试验区建设必须协调区内金融、电商业务集聚后的区外业务辐射关系，区内的"事中"乃为区外的"事前"，区外的"事中"即为区内的"事后"；第三，上海自贸试验区建设必须协调好区内的"主干企业、总部经济"（多为国企、外企）与区外的"配套企业、外包业务"（多为民企）之间的合作关系；等等。制度创新的延伸性复制、推广是自贸试验区建设必然面对的课题。

（2）"对外改革"。上海自贸试验区要成为国际经贸规则重构中的先行先试者。一方面，尽管TPP已经停摆但其"灵魂"犹在，趋势可期；另一方面，"中国版"的规则方案（G20杭州峰会的贸易投资指导性原则、RCEP或FTAAP）呼之欲出。无论如何，上海自贸试验区都应当承担起中国驱动的国际经贸规则改革的"试验田"的光荣使命。为此，上海自贸试验区必须在对接更高标准、更高水

平的国际经贸新规则中完成自身的体制、机制改革。

2. 以金融创新和知识产权保护制度创新驱动"双自联动"

（1）离岸技术产品与在岸金融服务。以我国现阶段国情与上海市区情而论，金融的流量与存量并不缺乏，所缺者是金融服务产品、金融机制创新、科技金融及其衍生品，以及能够嫁接在岸金融服务的技术性"优质资产"。因此，应当改革现有的、与国际惯例不接轨的知识产权保护规则，引进大量优质的国际技术、专利和创意产品，促进在岸金融结合投资形成"双自联动"的优质产业及其资产。

（2）在岸技术专利与离岸金融服务。自贸试验区金融创新的标志性成果之一，应当是离岸金融服务为实体技术产业的成长助力，着实提高自贸试验区产业的国际竞争力。

3. 服务业开放的顺序与管控方法

（1）自贸试验区服务业开放应遵循的一般规律。从国际经验出发，服务业开放的一般规律是：对外开放优先于对内开放；沿海开放优先于内陆开放；增值业务开放优先于基础业务开放；竞争力强的服务优先于竞争力弱的服务开放。在服务贸易提供方式中，境外消费优先于跨境提供，跨境提供优先于商业存在，商业存在优先于自然人流动。自贸试验区服务业的开放自然也要遵循这一规律。

（2）自贸试验区服务业开放应遵循惯例性管控方式。同样地，自贸试验区服务业开放中，国际通行的6种限制性惯例可供借鉴，即区域、数量、股权比例、高管、分支机构个数、业务资质牌照，以及反垄断规则。

（3）自贸试验区要加快研究和开展服务贸易出口促进政策试验。在"营改增"税改和海关特殊监管、检验检疫、市场监管等制度改革基础上，尽快形成以"保税"、"出口退税"等方式促进服务业与服务贸易发展的制度体系。

（4）自贸试验区服务业开放应有"风险清单"。为实现自贸试验区试验的健康稳定性或可持续性，自贸试验区管理层应当加强底线和风险意识，在负面清单、责任清单、权力清单之外，尽快研究和实行风险清单，以及提升企业和市场主体质量的诚信清单。

（5）自贸试验区要研究熟悉应对国际服务贸易摩擦的相应策略。WTO成立至今，全球范围内服务贸易的摩擦日益增多。据不完全统计，其数量已经超过24例，其中涉及中国的案例达到6起，数量仅次于美国列全球第2位，且其诉讼结果均对我方不利。自贸试验区要加大服务业开放力度，有必要加强研究熟悉应对国际服务贸易摩擦的相应策略。

4. 自贸试验区"负面清单"的修订

（1）在"负面清单"中进一步完善分列"国民待遇"与"市场准入"，以相对宽松的"国民待遇"规定与较为严格的"市场准入"规则相结合。（2）善用"例外"、"不符"与附注①。

三、关于自贸试验区建设中使用企业"诚信清单"的建议与"诚信清单"的开列方法

（一）设立自贸试验区企业诚信清单的主要目的

第一，国务院《关于进一步深化中国（上海）自由贸易区改革开放方案》明确指出，自贸试验区建设要"进一步解放思想，坚持先行先试，把制度创新作为核心任务，把防控风险作为重要底线，把企业作为重要主体，以开放促改革、促发展，加快政府职能转变，在更广领域和更大空间积极探索以制度创新推动全面深化改革的新路径，率先建立符合国际化、市场化、法治化要求的投资和贸易规则体系，使自贸试验区成为我国进一步融入经济全球化的重要载体，推动'一带一路'建设和长江经济带发展，做好可复制、可推广经验总结推广，更好地发挥示范引领、服务全国的积极作用"。

第二，上海自贸试验区建设已经进入第3个年头，经验和事实证明：随着自贸试验区功能建设和制度创新的不断深入，单纯依靠政府负面清单、权力清单和责任清单的实施，无法完全实现"国际化、市场化和法制化"的建设要求，尤其难以达到市场化和法制化的要求。因此，企业作为市场主体以其规范的诚信行为参与自贸试验区的建设，按照诚信清单开展商业活动；中央与地方立法部门针对自贸试验区开放安全需要，制定出以"底线"为限的风险清单；都是十分必要的工作和紧迫的任务。

第三，通过"诚信清单"消除或压缩"僵尸企业"、"空壳企业"存在空间，减少"僵尸"、"空壳"企业的数量，提高入驻企业的经营活力、质地和经营成功比例，进而增强自贸试验区企业入驻的吸引力。

（二）设立自贸试验区企业诚信清单的主要方法

自贸试验区企业的诚信清单是一份"四维清单"，换言之，可以从遵纪守法状况、诚信经营状况、商誉资产价值、社会公益形象4个维度，衡量企业的诚信水平。

---

① 参阅黄建忠，占芬. 区域服务贸易协定中的GATS——条款研究［J］. 国际商务研究，2015（1）.

1. 遵纪守法

（1）企业依法设立情况。包括设立的条件充分（股东、资金、场所、人员、业务独立性）；程序规范（发起人协议书、公司章程、验资或出资证明、名称核准）；手续完备（证、照齐全）。

（2）企业依法经营情况。包括经营范围明确（主营、兼营）；信息披露及时完整（年度经营 3 个报表、重大资产和股权变动、重大财务和经营事项等的披露是否及时、真实、完整）；无违法犯罪记录（无偷逃漏税、假冒伪劣、操纵价格扰乱市场秩序、洗钱等犯罪行为，无重大处罚事项等）。

（3）政府表彰事项。

2. 诚信经营

（1）重合同、守信用情况。履行一般性资产（股权）、经营、财务、资金合同情况，客户和行业的评价状况。

（2）履行劳动合同情况。

（3）正常纳税、完税情况。

（4）银行借贷、企业债合同履约情况。

（5）各类纠纷和仲裁事件发生率、执行率和完结情况。

3. 商誉资产价值

（1）主要财务指标表现：总资产、负债率与净资产状况，净利润水平，现金流。

（2）主要经营指标表现：市场占有率，企业规模（营业额/销售额、人员规模、分支机构），成长性指标，持续经营能力（R & D 投入及其利润占比、EVA 等）。

（3）无形资产状况：商标数及其影响力（驰名商标、著名商标）、专利数及其影响力、商誉（海关评级、商检评价、税务评级如"纳税大户、特大户"、银行评级等），股东和投资者评价（上市公司股价表现）。

（4）各类机构评级、评奖。

4. 社会公益形象

（1）公益事业贡献。

（2）社会慈善捐助。

（3）救灾救济行动。

将上述各类评价方法进行列表，即可制作出自贸试验区企业的诚信清单。

通过诚信清单与负面清单、权力清单、责任清单、风险清单共同比照，可以形成自贸试验区综合管理和监管的清单体系，从而整体地推进自贸试验区功能建设与制度创新。

四、建议及早建立上海的 GNP 统计体系

随着国家"走出去"战略和"一带一路"倡议的推进实施，自贸试验区 6 项改革对金融创新与 FT 账户等起到了促进作用，在国内"新常态"下 GDP 增长放慢的同时，GNP 增速可望加快，及早建立和完善区域 GNP 统计体系对于综合评价经济社会发展水平与开展区域间的效益比较可能具有重要的意义。

第三节 建设"开放程度最高自贸试验区"思路再调整、功能再定位和制度再创新

当前，全球贸易投资规则及治理结构加速重构，这为中国创造了新的时空条件，自贸试验区与"一带一路"战略的实施已为中国参与新一轮全球竞争提供了先手。与其他 3 个自贸试验区相比，首个设立的上海自贸试验区被寄予厚望，不仅肩负试验挖掘改革开放二次红利的重要使命，而且需要承担"积极探索可复制、可推广的自贸试验区模式"之重任。显然，更大压力的综合改革功能使之除传统贸易领域以外，还需在政府职能转变、服务业开放、金融制度创新、外商投资便利化和规律法规建设等多个重要领域大胆试验。所以，必须密切跟踪和紧密对接国际贸易投资新规则的走势和动向，通过先行先试开放与更高标准的国际规则衔接，不断完善上海自贸试验区的制度框架和实施细则，夯实扩大"制度创新高地"，为中国参与国际贸易投资规则的制定提供有力支撑。

一、全球贸易投资新规则变化特点与中国自贸试验区建设

后危机时代世界经济增长放缓而经济一体化的进程加快，催生全球贸易投资新规则的加速形成：（1）反传统性，不再追求地理相邻、制度相似、发展水平相近，跨区域、跨制度、垂直与水平兼容的混合型合作渐次增多；RTA 或 FTA 中合作伙伴之间的跨期、跨部门利益交换及补偿机制随处可见；（2）综合性的贸易投资安排，包括竞争中立、知识产权、劳工标准、环境标准等新议题都纳入谈判框架中；（3）负面清单、准入前国民待遇等"关境后措施"成为发达国家主导的国际贸易投资谈判核心规则；RTA 或 FTA 的非关税壁垒协调消减功能不断强

化；（4）新一代的国际贸易投资规则中，基本消除了"搭便车"问题，每个成员都必须做出实质性承诺。目前中国是世界第二大经济体和第一大贸易国，已经不同于一般的发展中国家，需要在未来国际经贸规则制定上发挥作用。在全球贸易投资规则发生重大变化背景下，中国必须进一步推进以 WTO 规则全面落实为基础的"适应性"开放，以自贸试验区改革创新为引领的"试验性"开放，以及以"一带一路"战略实施为代表的"主动性"开放，加快对接国际经济规则及掌握国际主流规则的制定权。

二、上海自贸试验区建设"开放程度最高自贸试验区"的国际经验借鉴，思路再调整与功能再定位

（一）自贸试验区建设的国际经验借鉴

作为全球最符合国际惯例、开放程度最高、制度建设最完善、发展最为成熟的自贸试验区，必须拥有全球范围内最自由、最开放的贸易政策和投资政策。通过对比国际上较为成熟的自贸试验区可以发现：第一，特别注重国际贸易"单一窗口"建设，通过发达的国际贸易起到对其他产业的关联带动作用；第二，地理位置都十分优越，例如新加坡濒临马六甲海峡，是太平洋航线与印度洋航线的节点。上海位于亚太航线上，交通便利，经济腹地广阔；第三，通过实行自贸试验区政策带动周边甚至一国的经济增长，上海自贸试验区试图通过对贸易、服务和投资领域的开放探索改革新途径，为全国的经济发展服务；第四，现代服务业比重达60%以上。

（二）上海自贸试验区实现"开放程度最高自贸试验区"的思路再调整

第一，应加强对国际贸易投资新规则的跟踪分析和前瞻研究，积极参与国家对外 BIT、TISA 的谈判进程，建立"国家战略谈判"进程与上海"国际投资贸易新规则"试验"双联动"的机制，谈判一个节点、试验一套做法、评估一轮效果、创新一批政策，推动自贸试验区与国际新规则的衔接。

第二，积极争取把更多的"压力测试"放在自贸试验区完成，对服务业、金融领域的开放可在物理空间基础上向"电子围网"方向推进，逐步释放服务、金融的非物质、地理属性，以保证自贸试验区试验田功能的充分发挥和得到特殊产业开放的真实试验效果。

第三，对上海市委与区属党校、各级政府政策研究机构、市属高校及各类智库进行扩大开放各类最新议题的分工研究、协作论证与干部培训，如竞争中立、环境标准、世界贸易组织《政府采购协定》等内容，各由不同的机构分别为主进行研究，宣传培训和政策咨议，做好理论创新、思想库建设、政策评价、干部队伍的准备。

（三）上海自贸试验区实现"开放程度最高自贸试验区"的功能再定位

第一，加强货物贸易便利化软、硬设施的建设，夯实综合开放的基础与缩短"浅层次"试验工程的耗时，加快自贸试验向服务业、金融业、国内外双向投资便利化等纵深层次推进，形成改革开放边际收益递增的累积高附加红利。

第二，增加自贸试验区内外商投资企业的数量和占比，特别是通过密集有效的招商活动，定向增加 TPP 成员方的企业入驻。近期内，可先行增加已与我国签订双边 FTA 的 TPP 成员方的企业入驻与资本流入，同步推动上海自贸试验区内外的中资企业向这些国家"走出去"，形成上海自贸试验区嵌入 TPP 体制的双向实体纽带。

第三，拟定、实施上海自贸试验区内企业的"诚信清单"制度，压缩"僵尸企业"或"空壳企业"的数量比例，激活"休眠企业"和提高入驻企业经营的成功率，彰显自贸试验区的品牌号召力与国际吸引力。

第四，在积极扩大 FT 账户额度及其功能的同时，建议：（1）着力增加上海期交所的金融期货品种，扩大交易规模及丰富交易结构；（2）着力增加上海自贸试验区内金融机构的衍生品，形成丰富多样的金融交易功能和保值、对冲工具。由此，在加速推进自贸试验区金融改革开放与创新的过程中，加强金融市场风险防控体系的建设。

第五，建设全国最发达、完善的科技创新高地与创新服务体系。建议：（1）依托"智慧城市"建设全球性的科技要素（人才、技术、机构包括科技企业与孵化器）集聚高地，建议对标以色列，尽快达到每千人中科学家、研发工程师人数比例超过 200 人的水平；（2）形成发达的科技创新金融与服务体系，提高科技产业化的项目准确率与成功率。一是大力度的财政扶持基金，融资贴息制度，专业的种子与风投基金，市场化的产业资本投入机制，建设完善的科技金融体系；二是通过科技中介、鉴定机构和专业交易平台的引入，借助投资银行、会计师、评估师和律师等资本市场运作主体的配合，形成科技成果创新性甄别、产业化转化、市场化遴选、证券化发展的系列服务体系。

三、上海自贸试验区实现"开放程度最高自贸试验区"的制度再创新

（一）上海自贸试验区衔接国际贸易投资新规则的联动机制

在重大国际投资贸易谈判倾向明显、走向明确的背景下，应以重大国际投资贸易新规则为基准进行上海自贸试验区建设，形成国际贸易投资新规则与自贸试验区的动态双向联动机制。主要制度建设任务是：（1）参与国家对外规则与协定谈判，建立国际谈判与自贸试验区试验联动机制；（2）全面贯彻落实"负面清单"与"准入前国民待遇"管理模式，不断优化缩短负面清单，沿产业投资链条纵向落实国民待遇；（3）尽快将 TPP、TISA、BIT 和《政府采购协议》涉及的竞争中立、知识产权、劳工标准、环境标准等新议题纳入自贸试验区试验框架；（4）继续按照市场化、国际化和法制化要求，优化营商环境、事中事后监管、货物贸易与投资便利化、服务业与金融开放制度。

（二）上海自贸试验区内生协同发展模式

所谓上海自贸试验区内生协同发展模式，即上海自贸试验区所辖"一区四片"在经济功能上分工协作，形成开放性区域经济协同生态系统；以体制机制创新为目标，在区内实现制度、业务和监管三环节的环环相扣，以及企业、服务机构、自贸试验区管理部门和地方政府四主体的良性互动。建议：

第一，利用"服务贸易创新试点城市"的机遇，突破上海自贸试验区发展服务贸易地理区域局限，应用电子围网方式，发展数字贸易、在线服务贸易，建立中医药、生物医药、教育服务、软件信息、管理咨询等领域的对外产业合作机制与政策。

第二，完善自贸试验区监管模式。自贸试验区的所有金融业务应按照离岸金融规则进行相应的管理；支持各类融资租赁公司在自贸试验区内设立项目子公司并开展境内外租赁服务；拓展 FT 专用账户的服务贸易跨境收付和融资功能；等等。

（三）上海自贸试验区牵头，沪津闽粤 4 区耦合协同发展制度

其一，横向协同发展模式，即上海自贸试验区与天津、福建、广东自贸试验区之间的制度创新协同。在共用一份负面清单、复制推广上海自贸试验区经验的基础上，形成相互借鉴、相互区别，分区试验、各有特点，相互补充、相得益彰

的制度协同机制。例如，上海自贸试验区的金融改革、天津自贸试验区的融资租赁、福建自贸试验区的对台货币兑换等特色之间的合作互补。

其二，4大自贸试验区三群（产业—港口—城市）功能耦合协同发展模式。借鉴上海自贸试验区范围内产业群、港口群与长三角城市群之间相互作用、相互影响的一种态势，沪津闽粤4大自贸试验区建设中，同样可以将产业、港口和城市进行功能耦合。三群功能耦合打破了行政区划的概念，三大系统互动发展最终形成产业布局、港口布局以及城市空间布局一体化的局面。

第二章

上海自贸试验区企业的
FTA 利用率研究

中国已经和东盟、智利、巴基斯坦、新西兰、新加坡、秘鲁、哥斯达黎加、冰岛、瑞士、韩国、澳大利亚等 14 个国家和地区签订了自贸协定，正在与海合会、挪威、日韩等国家进行自贸试验区谈判，无疑会有越来越多的国家与中国实施关税减让以及服务贸易减让。而上海企业如何发挥自身优势，提高自贸协定的利用率，通过上海自贸试验区这一平台，对接国际贸易投资规则，加快"走出去"步伐，对于上海加快建设开放型经济体制具有重大意义。一方面，随着上海产业结构的升级转型，服务贸易的比重会日益增加；另一方面，从经济发展角度看，"走出去"国际化是企业转型升级、创新发展和国际化配置资源，融入全球产业链、价值链、供应链和创新链的重要途径。近几年上海市不仅出口不断增长，而且企业对外投资的比重显著增加。根据上海市商务委网站资料，2016 年 1~5 月，上海市实际对外投资额 131.57 亿美元，同比增长 228%，占全国比重达 17.9%，位居全国第一。

因此，本章从进出口和投资两个方面探讨自贸协定利用率问题。探讨关税减让、投资规则、市场准入、服务贸易减让对上海市企业进出口以及对外投资的影响及利用情况，分析原因，找出对策。

第一节　中国与主要国家（地区）自贸协定的梳理

一、中澳自贸协定梳理

（一）关税减让

根据协定，澳方承诺对中国所有产品关税最终均降为零，中方对澳方绝大多数产品最终降为零。其中，超过 85% 的澳大利亚出口产品在协议生效后就将立刻实现零关税，4 年内该比例将提高至 93%，到协定全面实施时 95% 的澳大利亚产品将实现零关税。澳大利亚对中国出口的包括铝土矿、炼焦煤、动力煤等能源和资源产品关税将在 2 年内得到免除，牛奶、酒类产品在 4 年内有望实现零关税。此外，还包括园艺产品、海产品等累计占澳大利亚出口额 93% 的货物都将在 2019 年前削减关税至零（具体减让表见附表 2 - 1）。

（二）市场准入

根据中澳自由贸易区协定，澳大利亚在其领土内投资的设立、获得、扩大、管理、经营、运营、出售或其他处置方面，应给予中国投资者不低于在同等条件下给予其本国投资者的待遇。外国私有企业商业并购的规定外国人在收购澳大利亚企业或商业资产超过 15% 或其价值在 2.48 亿澳元以上，需要事前知会澳大利亚政府。收购澳大利亚海外分公司权益或资产在 2.48 亿澳元以上，也需要知会澳大利亚政府。中国私人、非国有投资者投资澳大利亚非敏感领域行业接受审查的门槛为 10.78 亿美元；FIRB 关于中国农场农地私人投资的法定审核界限将提高 1500 万澳元，对于中国私人投资者经营的农业生意法定审核界限提高到 5300 万澳元。在能源矿产、房地产、金融、保险、航空、媒体、电信、机场等敏感行业的外资项目还是需要进行申报和审批，澳大利亚政府对投入到这些敏感行业的外资项目设定了限制措施。澳方对于来自中国国有企业的投资项目仍然需要 FIRB 严格审核，尤其是传媒、电讯以及国防等高敏感行业。协定签订后中方投资者被允许进入澳方的私人医院以及养老机构等新领域。

此外，澳方同意设立投资便利化机制，专门为中方投资项下工程和技术人员赴澳签证申请和工作许可办理开通"绿色通道"，以促进中国企业在澳从事投资活动。该机制系发达国家首次在该领域对中国作出特殊便利化安排。澳方将通过"假日工作签证安排"，为中国青年赴澳提供每年 5000 人的假日工作签证，以推动两国青年交往。澳方还向中国特色职业人员（中医师、中文教师、中国厨师和武术教练）提供每年 1800 人的入境配额。为"升级"双方服务贸易开放预作安排。

（三）服务贸易减让

澳洲是首个以"负面清单"对中国服务贸易做出开放承诺协定的贸易伙伴，并同意对中方以正面清单方式开放服务部门。

中澳自贸协定澳方服务贸易减让条款主要包括两部分：

一是需要向政府报告且可能遭到澳大利亚政府反对的投资，主要包括：对媒体部门投资达 5% 或以上；无论投资价值的多少，对资产价值超过 2.52 亿澳元的电信部门、运输部门，包括机场、港口设施、铁路基础设施、国内外航空及在澳大利亚境内或境内外往来提供的水运服务。

二是有条件开放的 13 个服务贸易领域，具体见附表 2 - 2。

此外，中澳就传统中医服务加强合作达成了共识。合作内容包括：中医服务相关的政策、法规和举措进行信息交流和讨论；鼓励支持两国与中医从业人员有关的专业机构和注册部门加强沟通，对中医从业人员资质的认可和认证作出澄清，并提供建议；鼓励和支持开展中医研发合作；并明确澳大利亚对于中医服务的评估和监管流程与其他医疗保健类别保持一致。

（四）重点投资行业

根据中国—澳大利亚自由贸易区协定的相关规定，中国从贸易上获利最多的是制造业，尤其是纺织、服装、玩具和运动器材等制造行业。从投资的角度来看，中国应该鼓励非国有企业更多投资澳大利亚的非敏感性行业和最新开放的医疗、金融、教育等新领域。

二、中韩自贸协定梳理

（一）关税减让

2015 年 12 月 20 日《中韩自贸协定》正式生效，根据协定中韩双方于 2015 年 12 月 20 日实施第一步降税，2016 年 1 月 1 日实施第二步降税。

以 2012 年数据为基准，根据中韩协定关税减让方案，中方实现零关税的产品最终将达到税目数的 91%、进口额的 85%，韩方实现零关税的产品最终将达到税目数的 92%、进口额的 91%。2016 年 1 月 1 日，中方实施零关税的税目数比例将达 20%，主要包括部分电子产品、化工产品、矿产品等；韩方实施零关税的税目数比例将达 50%，主要包括部分机电产品、钢铁制品、化工产品等。①

---

① 在关税计算过程中，实行关税配额的产品以配额外关税计算，例外处理或者排除在自贸协定之外的产品关税以同类产品最高关税作为其关税来计算；如中国的谷物中实行关税配额的产品以配额外关税计算；韩国的谷物中排除在自贸协定之外的大米等产品以同类产品的最高关税作为其关税来计算。文件中的 * 表示此类产品进口量很小，以简单平均方法计算的关税。

关于关税减让的具体协定内容：

货物贸易：（1）国民待遇（第 2 章第 2 节第 2.3 条）：各缔约方应根据关税及贸易总协定（GATT，1994）第 3 条及其解释性注释，给予另一缔约方的货物国民待遇。（2）关税减让或消除（第 2 章第 3 节第 2.4 条）："一、除非本协定另有规定，各缔约方根据附件 2 - A 中的减让表，对另一缔约方原产货物逐步减让或消除关税"（见附表 2 -3）。

（二）市场准入

韩国政府对于外国投资的准入管理采取负面清单的形式，分为限制类和禁止类两种。

韩国对涉及公共性的 60 多个行业，如影响国家安全或公共秩序的领域、不利于国民健康的领域以及违反其国内法律的领域，禁止外商投资。

韩国对限制类领域采取许可方式，而且有股权限制。主要的限制领域包括畜牧业、渔业、出版发行、运输、输电和配电、广播通信等领域。需要说明的是，如果外国人拟投资的企业是兼有禁止和限制行业的企业，不得投资；如果该韩国企业有两个以上限制行业，则投资时其最高股比不得超过投资比例较低的那个行业的投资比例。

（三）服务贸易减让

《中韩自由贸易协定》服务贸易减让清单中，有 9 大部门 29 个分部门有限开放。其中首次设立金融服务、电信服务等单独章节，并规定在协定生效后将以负面清单模式继续开展服务贸易谈判。中韩自贸协定实施后，两国货币互换直接交易机制的建立，以及签证规则的简化与放宽。通信和运输服务方面，中国速递企业在韩国开展包括空运和海运的各项国际速递业务不再受限制，并可以开展除韩国邮政部门依法保留业务以外的所有国内速递业务。中国企业在韩国企业开展班轮运输、散货、不定期和其他国际船运将不再受到限制，并允许根据《商业法》设立的公司开展海运代理服务；允许按照商业法案规定的股份公司开展海上货物运输服务、船舶的保养和修理服务。中国企业除韩国市场准入限制外，可对韩国用户提供数据传输服务。在建筑服务方面，韩国基本完全开放建筑服务市场。

金融服务方面，双方承诺通过双边磋商、双边或多边国际合作机制加强监管合作，明确两国各自负责金融服务主管机构，明确政府资助的政策执行实体不被视为金融服务提供者，加快处理对方服务提供者进入本方金融市场的审批程序（见附表 2-4）。

（四）重点投资行业

按照中韩自贸协定的规定，中国企业投资韩国不仅享受国民待遇原则还享有最惠国待遇原则，双方开放的力度也非常大。中国企业投资高端制造业如通信技术与设备制造、高技术行业的优势比较明显，另外就是服务业如建筑服务业、金融服务业和运输服务业也是我国企业投资韩国较受益行业。

三、中国—东盟及新加坡自贸协定梳理

（一）市场准入

因东盟各国发展程度不同，各国在贸易便利化上有较高的市场准入，但在对中国投资的市场准入上面做出的承诺也各不相同。新加坡的投资自由化程度最高，其对投资领域的限制最少，目前除了其公共事业（公共交通、电力、煤气、供水）、新闻联播、武器制造等领域限制投资，金融保险等领域需要预先取得营业准字外，其他经济领域基本放开。文莱、泰国、马来西亚开放程度也较高。

（二）服务贸易减让

马来西亚的承诺主要包括商务服务、电信、建筑、金融、医疗、旅游和运输等部门；泰国的承诺主要包括专业服务、建筑及工程、教育、旅游和运输等部门；菲律宾的承诺主要包括商务服务、电信、建筑及工程、环境、旅游等部门；文莱的承诺主要包括旅游和运输等部门；印度尼西亚的承诺主要包括建筑及工程、旅游和能源服务。此外，东盟新成员柬埔寨、老挝、缅甸和越南也在商务服务、电信、建筑、金融、旅游和运输等部门做出了开放承诺，在不同程度上减少了市场准入限制。在2015年11月22日签订的升级版自贸试验区议定书中，双方的具体改进措施包括扩大服务开放领域，允许对方设立独资或合资企业，放宽设立公司的股比限制，扩大经营范围，减少地域限制等。

新加坡的承诺有条件开放的部门主要包括专业服务、工程服务、医疗服务、分销、教育、金融、医疗、银行、与健康相关的服务和社会服务等部门有条件开放之外，其他部门都开放（见附表2-5）。另外，根据中国—新加坡自贸试验区协定，在服务贸易方面，双方在WTO服务贸易承诺表和中国—东盟自贸试验区《服务贸易协议》市场准入承诺清单的基础上，进一步相互扩大市场准入范围。新方承诺包括：（1）承认我国两所中医大学学历；（2）允许我国在新加坡设立中医大学和中医培训机构；（3）允许在新加坡开展中文高等教育、中文成人教育和中文培训；（4）允许我方在新加坡开办独资医院；（5）同意与我方尽快启动会计审计准则的认可谈判。

（三）重点投资行业

中国企业应该根据东盟各国的自然资源条件谨慎选择投资国家和行业。从总

体来看，投资新加坡的便利化程度较高，可作为优先选择。在行业上建议投资东盟主要在以下领域：（1）加工制造领域；（2）矿产资源和能源领域；（3）农业；（4）劳务承包；（5）电子技术高科技领域。

四、中国—新西兰自贸协定梳理

中国与新西兰自由贸易协定签署于 2008 年 4 月 7 日，于 2008 年 10 月 1 日生效。根据协定安排，新西兰承诺的货物贸易关税过渡期为 8 年，即在 2016 年 1 月 1 日前取消全部对中国进口产品关税。在投资方面，新西兰对资本输出基本没有任何管制，所以投资新西兰相对较容易。

（一）投资规则和投资政策

在投资方面，《中新自贸协定》就投资促进和保护等问题做出了明确的规定，为解决与投资相关的争端建立了有效的机制。两国同意，除特殊领域外，给予对方国家投资者国民待遇和最惠国待遇。

新西兰对资本输出没有任何管制，政府欢迎海外投资者到新西兰投资。为了吸引外国企业，新西兰贸易部专门设立了新西兰投资局。新西兰没有利得税，外国企业享受所得税从 33% 降为 30% 的优惠税收政策。新西兰禁止外国投资的行业主要有核技术、转基因技术。新西兰政府没有明文规定限制外国投资的行业，但是《2005 年海外投资法》第 10 条规定，以下 3 类"敏感新西兰资产"的海外投资需要"海外投资办公室"审查并批准，即敏感土地的投资；重要商业资产的投资和捕鱼配额。

（二）服务贸易减让

根据《协定》，在水平减让方面，收购或控制的公司股份，或掌握的表决权达到或超过 25%，且该公司资产或转移的资金超过 1000 万新西兰元，以及其他形式等投资额超过 1000 万新西兰元需要海外投资委员会的批准。

在具体减让领域中，中国和新西兰两国在服务贸易领域相互开放市场，并做出了高于 WTO 的承诺。除了海洋运输服务、国际运输（货运和客运）之外，新西兰在商务、建筑、教育、环境 4 大部门的 16 个分部门做出了高于 WTO 的承诺。主要包括开放计算机等办公设备维修、计算机数据准备、摄影、复制、污水防治、垃圾处理、公共卫生、空气净化、水土保护、噪声消除、自然风景保护等服务；允许中国服务提供者提供跨境建筑咨询服务；允许在新西兰设立汉语培训机构、开展汉语语言测试、提供中小学课外辅导服务等（见附表2－6）。

（三）重点投资行业

新西兰政府虽然没有对投资新西兰设定明确严格的限制，但是中国—新西兰自由贸易协定采用的是"正面清单"模式，与较为成熟的北美自贸协定采取的否定模式相比，虽然具有很强的隐蔽性和灵活性，但同时也降低了透明度。所以投资新西兰要多注意隐形壁垒。可以多在新西兰政府鼓励外国投资的行业展开投资：（1）食品和饮料制造业；（2）初级产业：林业和原木加工；水产品和捕鱼业等；（3）信息与通信技术；（4）高端制造业如航空、轻合金、游艇、农业科技等；（5）基础设施等如酒店、旅游设施等；（6）油气勘探、开采和运输等；（7）银行、保险公司等的呼叫中心和后台支持等；（8）电影业：电影外景及后期制作、电影音效、电视纪录片及广告业等。

五、CEPA 梳理

（一）投资规则

CEPA 中贸易投资便利化部分主要涉及贸易投资促进、通关便利化、商品检验检疫、食品安全及质量标准、电子商务、法律法规透明度、中小企业合作、中医药产业合作、金融合作及旅游合作等领域。

香港现行法律允许经营的商业活动中，理论上，没有一个行业是完全禁止私人和外来投资者参与的。但在众多允许经营的行业中，赌博业是受政府管制最严格的行业。香港特别行政区政府并无统一立法规定各合法行业的进入条件，但包括电讯、广播、交通、能源、酒制品销售、餐厅、医药和金融等在内的多个行业，除商业登记外，都要向有关政府部门另外申请相关行业的牌照。除银行和保险等少数行业外，一般而言，政府并没有硬性规定这些要申领牌照行业的进入条件，尤其是对申请人的注册资本没有明文限制。

澳门是一个公平自由的经济体系，拥有开放的投资制度，外来投资与本地投资享受同样待遇。澳门的投资优惠政策主要表现在对投资者给予税务鼓励、财务鼓励和促进出口多元化的鼓励；对投资者给予一定的财务资助；对企业促进进出口贸易活动给予一定的津贴补助。澳门的吸收外来投资政策一般没有对外来投资有禁止或限制的领域，但一些行业如公用事业、银行、饮食场所等的成立和运作仍需要符合一定的条件，这些条件对外来投资者或本地投资者一视同仁。

（二）重点投资行业

原则上，除赌博业外，香港特别行政区政府鼓励外来投资者参与任何行业的投资。但为了香港的经济转型及可持续发展，香港特别行政区政府非常欢迎商业和专业服务、金融服务、信息科技、媒体及多媒体、科技、电讯服务、旅游及娱乐、贸易服务业和运输等 9 大行业的外来投资者来港投资。此外，特区政府投资发展 6 大优势产业，包括：创新及科技、医疗、教育、检测和认证、文化及创意、环保产业。这些产业都可以作为内地投资香港的优先选择。

澳门是一个经济高度开放的商贸都市，为来自世界各地的投资者提供公平竞争的投资环境。澳门特区政府为了吸引和鼓励投资，实施一系列鼓励投资的政策，包括向投资者提供各项税务和财务优惠。根据内地与澳门的比较优势，建议内地企业可以在文化创意、旅游休闲、物流、商贸、商务服务、科教研发、医药卫生、高新技术等领域投资澳门。

六、中国大陆与台湾自贸协定梳理

2010 年 6 月 29 日，两岸签署《海峡两岸经济合作框架协议》，实际是两岸自由贸易协定的初步框架安排。两岸货物贸易从 2011 年 1 月 1 日起分三批实施降税，至 2013 年 1 月 1 日已全部降为零关税。在服务贸易方面，台湾地区承诺，对研究与发展、会议、展览、特制品设计、进口电影片配额、经纪商、运动及其他娱乐、航空电脑订位系统以及银行等 9 个服务行业对大陆进一步放开。两岸签署的 ECFA 中明确提出要采取"提供投资保护，促进双向投资"的措施。

（一）投资规则

在《海峡两岸经济合作框架协议》（简称 ECFA）及投资协议下，两岸的投资合作包括大陆企业投资台湾和台湾企业投资大陆将有更加专业规范的协议进行保障和约束，非必要限制将会逐步减少和放宽，以实现促进双向投资的目的。

根据台湾《大陆地区人民来台投资业别项目》规定，目前台湾对大陆开放行业 408 项，其中制造业开放 204 项（占制造业 97%），包括纺织业、电子零组件制造业、电力设备制造业等，部分行业如集成电路制造业有持股比例等限制条件；服务业开放 161 项（占服务业 51%），以批发与零售业为主，大部分均有持股比例等限制条件：公共建设部分开放 43 项（占公共建设 51%），包括展览馆、国际会议中心、港埠与其设施等，大部分持股比例不超过 50%，且不得超过台湾最大股东持股比例等限制条件。

（二）市场准入

依据"大陆地区人民来台投资许可办法"规定，陆资到台湾投资前，应先向台湾"经济部投资审议委员会"申请许可。投资台湾上市、上柜或兴柜公司的股份不超过 10% 的，无须申请。如投资超过 10% 的股份，需要提出申请。投资其他非上市、上柜及兴柜公司的股份，不论其投资金额及持有股份比例的多少，必须提出申请。投资金融、保险、证券期货业，按照台湾"金融监督管理委员会"的规定办理申请许可。台湾地区允许陆资对台湾直接投资，也允许陆资通过第三地对台湾投资。被台湾"经济部投资审议委员会"认定为陆资通过第三地的投资，适用有关陆资到台湾投资的相关规定，不适用外国人对台湾投资的相关规定。台湾对陆资通过第三地投资的认定如下：

（1）大陆地区人民、法人、团体或其他机构投资第三地区公司，其直接或间接持有该第三地区公司股份或出资总额超过 30%。

（2）大陆地区人民、法人、团体或其他机构投资第三地区公司，对该第三地区公司具有控制能力。控制能力的认定如下：①与其他投资人约定，具有控制超过 50% 有表决权股份的能力；②依照相关管理规定或契约约定，可操控公司的财务、运营和人事；③有权任命董事会（或其他类似组织）超过半数的成员，且公司控制操控该董事会；④有权主导董事会（或其他类似组织）超过半数的投票权，且公司控制操控该董事（或其他类似组织）。

禁止陆资投资的情形：（1）在经济上具有独占、寡头垄断和垄断性地位；（2）在政治、社会、文化上具有敏感性或影响台湾地区安全；（3）对台湾经济发展或金融稳定有不利影响。

（三）服务贸易减让

中国大陆和台湾签订 ECFA 之后，台湾方面承诺，对研究与发展服务、展览服务、会议服务、进口电影片配额服务、特制品设计服务、经纪商服务、航空电脑订位系统服务、运动及其他娱乐服务以及银行服务等 9 个服务行业对大陆进一步放开。2013 年 6 月，海峡两岸又在 ECFA 基础上签订了《海峡两岸服务贸易协议》，台湾地区向中国大陆共开放了 64 个服务性行业，其中金融领域相关服务性行业有 9 个，非金融领域相关服务性行业有 55 个。需要指出的是，以上开放的服务性行业，两岸所享受的优惠均大于 WTO 成员方的优惠力度。

（四）重点投资行业

根据海峡两岸经济合作框架，内陆资企业可以在电子零组件制造业、机械设备制造业、批发及零售业、餐饮业、信息软件服务业、金融服务业等领域投资台湾地区。

七、中国—巴基斯坦自贸协定梳理

（一）市场准入

在巴基斯坦投资，除武器弹药、烈性炸药、放射性物质和证券印刷、造币外，无须经政府审批；且巴基斯坦不存在外汇管制。外国投资者可将全部资本、资本所得、红利和利润汇出。同时，巴基斯坦证券市场也对外资完全开放，外国投资者享有与本国投资者同等权利，资本可以自由汇出。

出口工业和高技术工业来巴基斯坦设厂，机械设备关税为 5%；其他所有工业部门来巴基斯坦厂，机械设备关税为 10%；基础设施项目的投资额最少 30 万美元，其他项目不设底限；任意选择投资地点。巴基斯坦准备为中国投资建立一个经济特区；国内外投资一视同仁；对投资加以全面保护。

（二）服务贸易减让

巴基斯坦新开放 56 个服务部门和分部门，具体包括：第一，对建筑、电信、金融、分销、医疗、环境、旅游、运输、研发、计算机教育等部门大幅减少对外资的股比限制；第二，在 56 个服务部门提供市场准入，包括新开放分销、教育、环境、运输、娱乐文化和体育等部门，以及新开放快递、法律、会计和簿记、建筑设计、兽医、助产士和护士护理、计算机及其办公设备维修、干租、印刷出版、农用设备等服务部门；第三，同意在外资股比方面给予中国服务提供者更加优惠的待遇；第四，在人员流动方面提供更加宽松和便利的条件（见附表 2 - 7）。

（三）重点投资行业

在巴基斯坦优先投资的领域包括：基础设施和能源电力，交通基础设施建设、通信网络覆盖、水电、太阳能、风能发电等领域；农业及农产品加工行业；

纺织加工行业；矿产资源类行业；金融等。

八、中国—瑞士自贸协定梳理

（一）服务贸易减让

在服务贸易方面，瑞士首次在签证、工作许可和居留许可的受理发放方面同意规定办理时间期限。瑞士同意与中国开展中医药合作对话，并承诺将就中国中医服务出口主要障碍提高透明度和与中方加强信息交流。

在专业服务业、计算机服务业、研发服务业、房地产服务、不配备操作人员的租赁服务、其他商业服务（广告、咨询管理、摄影、翻译、设计等）通信服务、建筑及相关工程服务、分销服务、零售服务、特许经营、教育服务、环境服务、旅游及与旅游相关的服务、娱乐、文化和体育服务等若干部门做出承诺。

除了"不配备操作人员的租赁服务、户外广告服务、批发服务、零售服务、保险和保险相关的服务、银行及其他金融服务、银行及其他金融服务（不包括保险）、内陆水路运输，旅客运输、货物运输、配备船员的船只租赁、铁路运输服务，客运、货运、拖吊服务"之外，其他分部门均没有市场准入限制，是规格最高的一个自贸协定。

瑞士还在旅游、中医等领域作出了进一步开放承诺。双方还将在知识产权、环境保护、政府采购、竞争政策等领域深化交流（见附表2-8）。

（二）重点投资行业

根据两国的比较优势，投资瑞士应该注重合作投资，主要在电信、机械、食品、医药、化工等领域进行合作。

九、中国—哥斯达黎加自贸协定梳理

中哥自贸协定签订后，哥斯达黎加在服务贸易开放程度要比中方高出许多。在各自对世贸组织承诺的基础上，哥方对中国开放服务部门的领域达45个，包括电信、商业、建筑、房地产和旅游服务等；旅游业是哥斯达黎加一项重要产业，在导游服务市场准入承诺中，哥斯达黎加无任何限制（见附表2-9）。

此外，协定还包括《中华人民共和国政府和哥斯达黎加共和国政府投资促进和保护协定》，该协定不仅规定了促进与保护投资协议，而且还承诺国民待遇和非歧视待遇原则，同时规定缔约任何一方应按照其法律和法规，保证缔约另一方投资者转移在其领土内的投资和收益。

哥斯达黎加对外资优惠政策主要分为三类：第一类为保税区；第二类为来料加工免税，即允许企业以免税形式进口用于制造机械交通设备及高科技装置的商品进入海关管区，但前提是上述商品经加工、修理、重建和组装后必须在限定时间内（通常为 1 年）再出口，不得在哥斯达黎加境内销售；第三类为出口退税，海关将向那些进口中间货物和包装类商品（机械设备除外）并将其制成最终产品出口的企业退还上述商品进口关税。

哥斯达黎加对部分行业实行垄断经营，如原油及衍生品的进口、提炼和批发销售、蕴藏煤矿、酒类生产、邮政服务等，而其他行业，如能源、运输、旅游等也有一些限制性措施。哥斯达黎加政府未来拟扩大吸引外资范围，除原有服务业、高新技术制造业、医疗设备产业外，还将加入轻工制造和农业制造业。在哥斯达黎加投资应充分利用保税区的优势，哥斯达黎加共有 342 家保税区企业，主要集中在 20 个大型保税区工业科技园内。保税区企业主要从事加工制造、服务业、电子、精密仪器和医疗器械生产等。

十、中国—冰岛自贸协定梳理

2013 年 4 月 15 日，中冰签署了《中华人民共和国政府和冰岛政府自由贸易协定》。该协定是我国与欧洲国家签署的第一个自由贸易协定，涵盖货物贸易、服务贸易、投资等诸多领域。《中国—冰岛自由贸易协定》于 2014 年 7 月 1 日正式生效。根据自贸协定规定，冰岛承诺自协定生效之日起，对我国所有工业品和水产品实施零关税，涉及我国对冰岛出口金额的 99.8%。在投资领域，协定主要在 1994 年《关于促进和相互保护投资协定》的基础上增加了信息交流条款，双方承诺在投资政策法律以及经济贸易和商业信息和为潜在投资者和投资合作方提供国家信息方面全方位的沟通和交流便利（见附表 2 - 10）。

冰岛的有限责任公司所得税率是 20%，合伙企业则适用 36% 的税率，但仍为欧洲最低的税率之一。冰岛颁布了吸引外国首次投资的激励法案，除了税收和费用的减免，还包括直接的现金补贴、培训援助和土地租赁。不过，冰岛对外国投资也有一些限制，包括在冰岛海域内从事捕鱼业或初级鱼产品加工业，仅限冰岛公民或其他冰岛实体；冰岛的法律实体，外国实体股权不得高于 25%，特殊情况下不高于 33%。另外，对冰岛瀑布、水力、地热等资源开发，能源生产和销售，仅限冰岛公民、冰岛实体及居住在欧洲经济区其他国家的个人和法律实体。

对于去冰岛投资的中国企业来说，可充分利用中国与冰岛签订的避免双重征税协定，防止重复征税带来的负担。同时，现在冰岛鼓励出口，对于出口商品免征增值税，中国企业可考虑在冰岛开办出口型企业。

十一、中国—秘鲁自贸协定梳理

2009 年 4 月 28 日中国—秘鲁自由贸易协定正式实施。按照协定，在货物贸易方面，中秘两国的全部货物产品将分为五类实施关税减让，除了分别约占中、秘税目总数的 5.44% 和 8.05% 的例外产品，不作关税减让外，其他产品在协议实施后的 17 年以内实现零关税。在服务贸易方面，在各自对 WTO 承诺的基础上，秘鲁将在采矿、研发、中文教育、中医、武术等部门进一步对中方开放。同时，为进一步便利两国人员来往，《协定》为商务人员临时入境建立了透明的标准和简化的程序。在投资方面，双方承认国民待遇原则，积极促进投资便利化，但是秘鲁在吸收投资上有一些特殊规定（见附表 2 - 11）：

（一）禁止的投资行业

在边境地区 50 公里范围以内，外国人不得以任何直接或间接的方式和名义取得和占有矿产、土地、森林、水源、石油及其他能源。

（二）限制的行业

外国法人参与秘鲁国内电视、广播领域的投资，投资比例被限制在 40% 以内。另外，上述企业在其来源国广播电视企业中应该占有股份。此外，秘鲁对外资有一定限制的行业还有空运、海运、私人保安服务和武器生产等。

（三）鼓励的行业

绝大多数的一般性行业都对外资开放，给予特别鼓励的行业主要有石油、石油化工、生物燃料、电力和农业。

因此根据双方自贸试验区协定，中方可以在能源矿产开发、基础设施建设、农业、林业等方面优先投资秘鲁。

第二节　中国自贸协定利用情况及国际经验

一、自贸协定利用情况

自贸协定不仅有利于企业出口，也有利于进口企业降低成本；同时，随着服务贸易减让的幅度加大，对企业"走出去"投资也将产生影响。因此，报告将从进出口以及对外投资两个方面观察上海企业自贸协定利用率状况。

在利用投资规则及服务贸易减让方面，根据调查企业的投资目的地，以及自贸协定对投资决策影响的企业数量，判断企业对自贸协定的利用率。根据第二部分的第二点分析，自贸协定的利用率并不高，根据本课题组的"企业利用自贸协定'走出去'情况"调研结果，仅 7.4% 被调查企业利用了自贸协定，在此不再赘述。由于数据获取的难度较大，没有直接计算出上海市企业在进出口方面自贸协定的利用率，但是，通过其他文献研究报告以及其他省市的自贸协定利用率，可以判断出上海市企业自贸协定利用率的基本状况。

（一）全球总体情况——自由贸易协定未被充分利用

2015 年 3 月 25 日到 6 月 1 日期间，毕马威公司采用电子方式进行了首次全球贸易管理调查。共收到来自 11 个国家的 446 份答复，包括阿根廷、巴西、智利、中国、哥伦比亚、印度、日本、韩国、墨西哥、秘鲁和美国。调查使用了 6 种语言，分别是英语、西班牙语、葡萄牙语、中文、韩语和日语。

调查结果显示：自由贸易协定未被充分利用。

较为引人注目的是，企业对自由贸易协定的利用不够充分。只有 15% 的调查对象称，它们的跨国企业采用现有 400 多种自由贸易协定中的 6 种以上。30%的调查对象表示其企业充分利用了所有可用的自由贸易协定。美国对于自由贸易协定的整体利用率最高，为 41%；在这方面巴西和印度比较滞后，自由贸易协定的整体利用率分别只有 18% 和 19%。25% 的调查对象表示其企业没有利用自由贸易协定，而 36% 的调查对象只使用了一到两种（见图 2-1）。

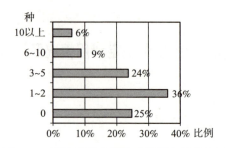

图 2 - 1　调研企业自贸协定使用数量的比例

资料来源：本课题组调研结果。

在东盟国家中，自贸协定利用率较高的菲律宾（2012 年自贸协定利用率为41.15%），其企业的自贸协定利用率也不高。根据菲律宾工商部委托的调查显示，在菲律宾的制造企业中，只有 22% 使用自由贸易协定。工商部副部长 Rafaelita Aldaba 在马加智出席第 17 届工贸发展最新信息论坛时表示，调查显示在菲律宾的 939 家制造企业中，只有 207 家使用自由贸易协定。其中，116 家为中小型企业（SME），而 88 家为大型企业。

（二）中国自贸协定利用率较低

对于中国已签署的自贸协定的利用情况，目前缺乏全行业的官方统计或调查，现有的调查结果可能会由于样本限制而有所偏差。

根据毕马威《2015 全球贸易管理调查报告》，中资企业对于自贸协定的利用率不是很高，其中中国—东盟自贸协定利用率相对较高，但 70% 的企业未能充分利用中国—东盟自贸协定，大部分企业未受益于协定提供的"零关税"优惠。

2015 年 12 月，中国贸促会曾针对中国—东盟自贸协定落实情况进行过一次专项调研，结果显示，中国企业对中国东盟自贸协定的利用率不足 17%，而东盟企业的利用率则高达 37% 左右，是中国企业的两倍还要多。

山东省的中国—东盟自贸协定利用率为 31.5%，淄博市为 32.62%，日照市达到 57.35%。[①]

中韩自贸协定方面，山东企业对中韩自贸试验区优惠政策利用率为31.7%。[②] 根据浙江省检验检疫局的数据，浙江省中韩自贸协定关税政策利用率达到 40%，在全国对韩贸易前 4 位大省中位列第一。

---

① 淄博：深挖自贸"金矿"尽享政策红利［N］. 淄博日报，2016 - 05 - 30.
② 中韩自贸协定签署一年——看鲁韩企业的 FTA 对接. 中国联合钢铁网，2016 - 07 - 04.

综上所述，可以判断，上海企业在中国东盟自贸协定、中韩自贸协定的利用率不是全国最高的。

（三）中澳、中韩原产地证书签发横向比较

在我国已签署的自贸协定中，中韩、中澳自贸协定分别是涉及国别贸易额最大、贸易投资自由化水平最高的自贸协定。中韩自贸协定项下，6108 个税号项下中国原产货物、1649 个税号项下韩国原产货物立即享受零关税；中澳自贸协定项下，5662 个税号项下中国原产货物、2402 个税号项下澳大利亚原产货物立即享受零关税。

因此，中澳、中韩自贸协定生效以后，很多省市的原产地证书签发量大幅度提升。其中浙江、江苏、山东等省市尤其显著。通过与这些地区原产地证书签发量的横向比较，可以在一定程度上映射出上海市中澳、中韩自贸协定利用率情况。

1. 上海市

自 2015 年 12 月 20 日中韩、中澳自贸协定正式生效后，截至 2016 年 7 月底，上海出入境检验检疫局虹口办事处签发自贸协定原产地证书与上年同比增加56.8%，其中签发中韩、中澳原产地证书 1455 份，占该办签发自贸协定原产地证书的 34.7%，签证金额达 4391.6 万美元，共计为出口企业获得关税减免1361.4 万美元。[①]

据上海海关 7 月 22 日发布的统计数据，2016 年上半年，上海海关自韩国、澳大利亚进口化妆品分别激增 1.1 倍和 1 倍，两者合计对同期关区化妆品总体增长的贡献率为 48.1%。[②]

上海企业与韩国、澳大利亚经贸往来较为密切，出口产品主要有纺织面料、服装、化学品、金属板材、机械工具、仪器仪表等等。

2. 浙江省

2016 年 1~3 月，浙江省出入境检验检疫局共签发中澳、中韩原产地证书8.2 万份，签证金额 27.2 亿美元，份数和金额分别同比增长 85% 和 47%。[③]

3. 江苏省

据江苏检验检疫和省贸促部门统计，中澳、中韩协定生效 3 个月以来江苏省

---

①　曹磊. 中韩、中澳自贸协定原产地证生效七个月沪签发增幅近 60% ［EB/OL］. 东方网：http：//sh. eastday. com/m/20160816/ulai9643444. html.

②　中国新闻网. 中韩、中澳自贸协定降税效果显现　上海口岸化妆品进口激增 ［EB/OL］. http：//www. chinanews. com/cj/2016/07 - 22/7948291. shtml.

③　中国新闻网. 一季度浙江原产地签证量增　为出口减免税近 3 亿美元 ［EB/OL］. http：//www. chinanews. com/cj/2016/04 - 12/7831688. shtml.

共签发中韩、中澳优惠产地证 4.05 万份，签证金额 18.71 亿美元，江苏出口企业在国外可享受关税减免 8576 万美元。其中已签发中澳优惠原产地证 2.08 万份，签证金额近 9 亿美元。①

2016 年 1~2 月，江苏省进口中韩自贸协定项下货物总值达 2 亿美元，享受关税优惠 0.21 亿元，居全国各省和直辖市首位。②

4. 山东省

据山东检验检疫统局计的数据，中韩、中澳自贸协定生效 2 个月来，全省共签发中韩自贸协定原产地证书 15856 份，签证金额 26.6 亿美元，可享受关税优惠约 1.33 亿美元；中澳自贸协定原产地证书 7719 份，签证金额 2.8 亿美元，可享受关税优惠 839.6 万美元。受惠货物总值和关税优惠总额均居全国首位。③

根据以上数据，上海中澳、中韩自贸协定的利用率肯定不是全国最高的。

二、提高自贸协定利用率的国际经验

在东盟国家中，泰国和菲律宾的自贸协定利用率最高，这两个国家的相关部门为了提升自贸协定利用率做了不少值得借鉴的工作。

（一）泰国

泰国是东盟自贸协定利用率最高的国家之一。在 2012 年，其整体自贸协定利用率就达到了 61.30%。其中泰国—澳大利亚双边自贸协定利用率高达 90.82%，东盟—中国区域自贸协定利用率达到 84.29%（见表 2-1）。

表 2-1　　　　　　　　泰国不同自贸协定利用率（2012 年）

国家间协定	利用率（%）
东盟自贸协定	51.91
东盟—中国自贸协定	84.29
泰国—印度自贸协定	74.61

---

① 新华网江苏. 江苏出口企业在国外可享受关税减免 8576 万美元［EB/OL］. http：//www. js. xinhuanet. com/2016-03/23/c_1118410259. htm.

② 新华报业网. 江苏企业，你准备好了吗［EB/OL］. http：//jiangsu. china. com. cn/html/jsnews/around/4783845_1. html.

③ 央广网. 中澳、中韩自贸试验区生效 2 月山东出口货物享 1.4 亿美元关税优惠［EB/OL］. http：//fta. mofcom. gov. cn/article/chinaaustralia/chinaaustraliagfguandian/201603/30782_1. html.

续表

国家间协定	利用率（%）
东盟—印度自贸协定	27.89
泰国—澳大利亚自贸协定	90.82
东盟—澳大利亚—新西兰自贸协定	26.46
日本—泰国经济伙伴（JTEPA）	71.18
东盟—日本紧密经济伙伴（AJCEP）	3.80
东盟—韩国自贸协定	58.87
东盟—新西兰自贸协定	17.67
全部	61.30

资料来源：《促进自贸协定的最佳政策实践——泰国案例》，泰国商务部外贸司长 Mr. Pitak Udom-wichaiwat，2012 年 8 月 7 日在东京 APEC "提升中小企业自贸协定利用率"工作会议上的发言。

为了提高自贸协定利用率，泰国商务部的外贸司和贸易谈判司做了大量的工作。泰国的外贸司除了签发原产地证书、原产地规则谈判之外，还负责监测自贸协定出口利用率。在提高自贸协定利用率方面，工作重点是推广促进提升中小企业对自贸协定的利用。

1. 在促进中小企业利用自贸协定方面的举措（外贸司）

（1）在曼谷和其他省市举办公开讲座，讲解如何利用自贸协定，原产地规则等；

（2）在外贸司官网不断推送有关信息；

（3）为中小企业提供自贸协定咨询服务和原产地规则讲解解析；

（4）建设电子数据交换平台，助力出口企业的原产地证书申办过程；

（5）为企业提供内部研讨会公司，探讨如何理解利用原产地规则；

（6）出版关于自贸协定的利用率季刊；

（7）通过媒体，如报纸，电视/电台广告等宣传自贸协定新闻。

2. 在提升小企业自贸协定利用率方面的主要举措

（1）创建企业运营网络，与其他政府部门和私人机构达成 17 项谅解备忘录，以保证外贸司促进企业利用自贸协定的措施能顺利实施；

（2）建立 AEC（东盟经济共同体）信息中心，以鼓励政府部门与企业双向交流，把 AEC 信息中心的服务范围扩大至全国各省的商务办事处；

（3）AEC 信息中心不定期组织有关研讨会，不到一年时间里，仅就 AEC 有关主题就举办了 21 场研讨会，共有 6193 人参加；

（4）利用各种大众媒体，如广播、电视、印刷材料，以及社交网络传播

AEC 新闻快讯；

（5）安排专门小组和不同利益相关者的公众听证会，集思广益，创建 AEC 中心智能系统；

（6）研究 AEC 完成后，对中小企业每个业务部门的影响；

（7）商业成功案例学习；

（8）组织中小企业的 AEC 商务之旅，使此类企业在该地区有更多的交流机会（贸易谈判司）；

（9）建立 AEC 学院，研究 AEC 及自贸协定对企业的影响；

（10）对培训师进行培训；

（11）举办 AEC 商业计划大奖赛。

此外，财政部和工业部于 2000 年成立了中小企业银行。为中小企业提供贷款，担保，风险投资，咨询及其他必要的服务。以促进和协助中小型企业启动、扩大或改善其业务。

（二）菲律宾

尽管在 2010 年菲律宾已经被东盟秘书处评为东盟成员国中自由贸易协定利用率最高的国家，为了进一步提高自贸协定利用率，2010 年，菲律宾贸易和工业部（DTI）联合海关、关税等政府机构，以及菲律宾商会、学术机构等其他非国家机构，开展了声势浩大的"在自由贸易区做生意"贸易倡导和宣传活动，这一活动使得菲律宾的自贸协定利用率在 2012 年达到 41.15%，比 2006 年提高了20 个百分点。这项活动的目标是：

（1）有效和高效的协商机制制度化；

（2）收集利益相关者的意见；

（3）促进社会阶层之间的相互信任、理解与合作；

（4）增加公众对国家的自贸协定政策和承诺的认识；

（5）顾及利益相关者的利益，特别强调透明度和问责制；

（6）最终得到健康、理性和平衡的自贸协定政策。

在这项活动中，除了公众参与，活动的发起者还包括政府间机构的协调，以及贸易政策研究网络。

研讨会是推进这项活动的主要手段之一。在公开研讨会中，贸工部及其伙伴组织，提供有关菲律宾企业在自由贸易协定伙伴国家的市场机会，然后再逐步讨论关税削减、原产地规则、海关手续等问题。研讨会还包括"自贸协定诊所"，即：允许公司的个人代表就如何更有效地利用自由贸易协定，进一步寻求有关官员进行更深入的指导。

　　另一重要举措是菲律宾贸工部成立贸易培训中心，对自贸协定信息培训师进行培训。2011 年在马尼拉和宿务的菲律宾贸易培训中心培训了 154 名信息培训师。

　　"在自由贸易区做生意"的公共宣传计划几乎覆盖在全国甚至延伸至国外。2011 年，在全国重点城市，以及在日本东京，奥克兰和惠灵顿举行了 78 场针对新西兰目标进口商的宣传会。此外，2012 年使得 11169 个私营部门的利益相关者学习了该计划，2013 年第一季度另有 1746 名利益相关者参与学习了该计划。

　　努力的结果不言而喻。根据菲律宾贸工部报道，在 2012 年 6 月，东盟—澳大利亚—新西兰自由贸易贸协定利用率从 2010 年 64.1%，一跃至 2011 年的76.1%。

三、中国自贸易协定利用率不高的原因

　　在生产能力，包括获得合格原材料的能力有限、生产工艺符合原产地规则的前提下，自贸协定利用率不高的原因如下：

（一）信息缺乏是影响自贸协定利用率的最大障碍

　　根据中国商务部、菲律宾商务部、毕马威公司以及我们课题组等调查，企业"缺乏自贸协定信息"位列所有影响因素之首。自贸协定虽然是由政府出面商谈和签署，但内容处处涉及企业利益，如果鲜有企业了解和落实已签署生效的自贸协定，那么这些由政府费时费力谈成的自贸协定就形同虚设。比如自贸协定原产地证书，是享受自贸红利的基本依据。原产地证书的签发有明确规定，有的企业因对规定不熟悉与政策优惠失之交臂。中韩、中澳自贸协定生效后，仍有部分企业不了解不关心相关政策，有的企业货物已出运才匆匆忙忙来申请原产地证书。大部分外贸企业，特别是中小型民营企业和新成立的外贸企业，对优惠原产地证相关规则和政策掌握不透彻，对原产地业务缺乏系统了解，往往申领不及时。有些企业甚至还不清楚原产地证书对自己意味着什么。

（二）原产地规则困扰企业利用自贸协定①

　　毕马威公司的调查显示，79% 的调查对象表示，原产地规则的复杂性或收集

---

　　① 　主要自贸协定区原产地主要规则条件见附表。

文件方面的困难是利用自由贸易协定的主要障碍之一。

例如，在实际进口过程中，如果产品不是以整机方式交付，而是以模块或者部件形式交付，那么这些部件和模块会存在多个原产地的情况，但是企业如何向海关证明这些模块和部件符合自贸协定，则更加复杂。

以中国—东盟自贸协定为例，要享受中国—东盟自贸协定有两个基本条件，一是原产地证明，二是符合直接运输条件。在原产地证明方面，如果一个中资企业作为进口商想享受关税福利，那么就需要供应商配合提供原产地证明，双方之间可能需要一个商业谈判过程，讨论如何让利、共享。现在很多产品不太可能是完全在一国生产加工的，会涉及多方采购、多方生产加工。中国—东盟自贸协定有本地加工增值不低于该产品总价值的40%要求，那么就要跟踪并收集每一个原材料原产地证明。而大部分企业对此采用的是手工计算的传统方法，少数公司开始采用自动化采集。这也增加了原产地证书申办的难度。

关于直接运输条件，商业贸易安排其实远比规定复杂。货物发出后可能会途经第三方国家中转，此时就需要到第三方出具相关中转证明文件。因此，现在很多企业因为上述情况而对自贸协定处于观望状态。

而亚洲采用自由贸易协定的情况尤其复杂，因为区域内存在许多相互交叠的协定。6个亚洲国家是10个以上自由贸易协定的签订方，12个国家是至少5个协定的签订方。此外，亚洲各国与中国之间有大量的区域内贸易，同时另有战略性协定在其他更多国家生效。从一个亚洲国家向另一个亚洲国家发货，例如将中国制造的车载电池运往印度，则可能涉及不止一个自由贸易协定。亚洲的自由贸易协定非常复杂，且原产地规则尤其多样。企业会使用可能带来最高回报的自由贸易协定，但是若放弃其余的，也会造成利润损失。在对外投资方面，企业在"走出去"时，设备材料出口也不知如何通过原产地证书获取关税优惠收益。

（三）利用自贸协定可获益的其他条件缺乏了解

很多企业都是应客户要求被动来申办原产地证书，在产品定价、签订合同、采购原材料等环节未考虑优惠原产地政策因素，在贸易结算时往往采用FOB、CIF等完税前交货模式，从而未能充分享受优惠原产地证书所带来的经济效益，相关关税减让优惠基本上由进口商独享。

自贸协定是不同国家或地区之间的互惠协议，企业进口货物时也可使用原产地证书，享受进口关税优惠。在进口时，未充分考虑自贸试验区优惠原产地政策的双向性，从而没能享受我国海关的关税优惠。

根据自贸协定，中国企业可以在自贸协定国设立生产基地，来自中国的原料可利用自贸协定实现零关税，并利用当地低廉劳动力资源和优惠的外资待遇，在当地进行增值加工，满足规则后，再享受优惠进入到与该国签订自贸协定的其他国家和地区。

（四）专业人才缺乏，拓展国际市场的能力有限

接受毕马威公司调查的企业中，59% 的企业是因为内部缺乏具有识别能力或合规管理能力的专业人才而错失了可用的自由贸易协定。因此，内部缺乏相关专业人士，尤其是中小微企业，是企业充分利用自贸协定的另一挑战，拓展国际市场的能力受限。

（五）对外投资方面自贸协定知晓率低

经过对 94 家企业的调研及问卷调查结果显示，52 家企业完全不知自贸协定，占被调查企业的 55.3%，即超过半数的企业不知自贸协定；另外 42 家企业知道中韩、中新、中澳、中国内地与中国香港等自贸协定。

调研结果表明，企业对自贸协定的实际利用率比我们预想的要低。企业"走出去"更多的是基于企业的生产和产品竞争力角度而做出的投资决策。

第三节 自贸协定对上海企业的影响与对策分析

一、自贸协定对上海企业的影响

（一）对上海进出口企业的影响

根据上海统计年鉴上可获得数据，我们梳理了自贸协定签订年份后，上海对这些国家和地区进出口的变化，以观察自贸协定对上海企业进出口的影响。

2003 年中国内地与香港签订 CEPA 协议后，2004 年、2005 年对香港的出口大幅度增加，分别是 41%、258%，之后进入平稳增长期；CEPA 协议签订之后，进口则反而减少了，且呈现逐年降低趋势（见表 2-2）。

表 2 – 2   2003～2014 年上海对香港进出口货物总额   单位：亿元

年份	2003	2004	2005	2006	2007	2008
出口	14.22	24.06	85.66	102.02	125.08	125.72
进口	15.66	11.62	11.33	8.63	14.61	12.18
年份	2009	2010	2011	2012	2013	2014
出口	109.86	134.09	161.46	159.69	167.7	184.65
进口	9.91	12.61	10.47	8.54	7.24	7.9

资料来源：根据历年《上海统计年鉴》整理得出。

2008 年中国—新加坡自贸协定签订后，进出口均未显著变化（见表 2 – 3）。

表 2 – 3   2007～2014 年上海对新加坡进出口货物总额   单位：亿元

年份	2008	2009	2010	2011	2012	2013	2014
出口	51.06	48.43	59.01	67.50	68.63	70.45	78.64
进口	28.67	26.75	39.42	48.08	47.89	50.64	49.21

资料来源：根据历年《上海统计年鉴》整理得出。

2008 年中国新西兰自贸协定签订之后，2009 年对新西兰的进口额近 2008 年的 7.5 倍，2009 年及以后，进口额虽然超过 2008 年，但远远低于 2009 年；出口则没有数据（见表 2 – 4）。2006 年，中国—巴基斯坦自贸协定签订，出口没有显著变化，而进口则没有数据（见表 2 – 5）。2009 年，中国—东盟自贸协定签订，有进出口数据的国家仅马来西亚、泰国、新加坡、菲律宾 4 国有进出口数据。2010 年出口增加 30%，2011 年出口增加了一倍多；进口方面，则分别增加了 44%、60%。之后仅小幅增长，甚至大幅度降低。2014 年出口比 2011 年降低 40%，进口降低 74%（见表 2 – 6）。

综上所述，自贸协定签订后，对上海对进出口没有显著影响，可以判断对上海企业的作用不大。

表 2 – 4   2007～2014 年上海对新西兰进出口货物总额   单位：亿元

年份	2008	2009	2010	2011	2012	2013	2014
进口	3.57	26.75	7.48	9.29	11.53	16.31	17.27

资料来源：根据历年《上海统计年鉴》整理得出。

表 2 – 5　　　　　　　2006 ~ 2014 年上海对巴基斯坦进出口货物总额　　　　单位：亿元

年份	2006	2007	2008	2009	2010	2011	2012	2013	2014
出口	2.92	3.16	3.45	2.39	3.08	3.97	5.24	5.09	5.53

资料来源：根据历年《上海统计年鉴》整理得出。

表 2 – 6　　　　　　　2007 ~ 2014 年上海对东盟进出口货物总额　　　　单位：亿元

年份	2009	2010	2011	2012	2013	2014
出口	92.98	125.67	257.96	273.95	143.94	156.15
进口	141.56	203.7	325.14	331.45	266.57	240.05

资料来源：根据历年《上海统计年鉴》整理得出。

（二）对上海企业“走出去”的影响

通过对总投资额 43 亿美元、240 家企业对外投资目的调研发现，极少数企业投资于自贸协定国家，自贸协定对企业“走出去”的影响不大。

从投资流向地域角度，到香港地区投资的企业数量最多，达到 90 家，占 37.5%；其次是美国，达到 44 家，占 18.3%；再依次是开曼群岛、新加坡，分别是 16 家、10 家，分别占 6.57%、4.17%（具体见表 2 – 7）。共有 122 家亚洲企业投资到中国香港，以及其他有自贸协定的国家，如新加坡、澳大利等，占总数的 51%。除了中国香港外，仅有 32 家企业到自贸协定国家（地区）投资，占企业总数的 13.33%。

表 2 – 7　　　　　　　浦东新区企业“走出去”企业数与比重

国家和地区	中国香港地区	美国	开曼群岛	新加坡	日本	澳大利亚	维尔京群岛
企业数	90	44	16	10	9	7	6
百分比（%）	37.50	18.33	6.67	4.17	3.75	2.92	2.50
国家和地区	英国	加拿大	印度尼西亚	德国	法国	韩国	中国台湾地区
企业数	6	6	5	5	4	4	3
百分比（%）	2.50	2.50	2.08	2.08	1.67	1.67	1.25

注：比重 1% 以上国家和地区。
资料来源：根据调研企业数据整理得出。

从投资额角度，投资到开曼群岛和维尔京群岛的资金总额高达 14.5 亿美元，占总额的 33.6%；投资到香港地区的有 10 亿多美元，占总额的 23.35%；其次是投资到美国 7 亿多美元，占总额的 16.35%；到加拿大的投资为 0.54 亿美元，占总额的 12.43%；以上合计达到 55.79%。除了香港地区外，合计投资到自贸协定国家的总额 3.65 亿美元，仅占总额的 8.46%；加上香港地区，投资总额 13.65 亿美元，占投资总额的 31.81%（具体见表 2 - 8）。

表 2 - 8　　　　　浦东新区企业在不同国家和地区的投资额及比重　　　单位：千美元

国家和地区	开曼群岛	中国香港地区	美国	加拿大	印度尼西亚	维尔京群岛	新加坡	瑞典
投资额	132512.5	100582.6	70457.7	53556.2	21337.5	12491.7	7991.24	6453.9
百分比	30.76%	23.35%	16.35%	12.43%	4.95%	2.90%	1.85%	1.50%

注：比重 1% 以上国家和地区。
资料来源：根据调研企业数据整理得出。

　　横向比较来看，上海对自贸协定国家的投资也不算高。我们统计了从 2008 年到 2014 年，各个省、直辖市在不同自贸协定签订以后，对自贸协定签订国家和地区投资的企业数量。由于省的行政范围要大于上海，因此，与不同省份比较欠公平。根据统计数据，虽然上海和北京在不同自贸协定国家的投资企业数量各有高下，但总体而言，北京则略胜于上海（见表 2 - 9）。

表 2 - 9　　　　2008 ~ 2014 年到自贸协定国家和地区投资企业数量省际比较　　单位：家

CEPA		智利		巴基斯坦		新西兰		新加坡		东盟	
省份	企业数	省份	企业数	省份	企业数	省份	企业数	省份	企业数	省份	企业数
广东	3394	北京	54	浙江	9	辽宁	12	北京	90	江苏	328
浙江	898	浙江	13	山东	7	河北	6	上海	54	湖南	253
江苏	808	山东	8	广东	6	广东	5	山东	42	云南	225
上海	586	福建	7	四川	6	浙江	4	江苏	41	山东	225
北京	583	上海	5	上海	4	上海	1	广东	37	北京	141
山东	567	河北	4	北京	1	北京	0	福建	24	上海	80

资料来源：根据商务部网站上公布的数据整理得到。

　　经过对 94 家企业的调研及问卷调查①结果显示，但只有 7 家企业知道自贸协定并且因为自贸协定而对外投资，仅占被调查企业的 7.4%，说明自贸协定对企业"走出去"的影响也不大。

——————————

①　共发放问卷 100 份，收回 92 份，其中 2 份无效。

二、提高上海企业自贸协定利用率的对策

（一）监测自贸协定出口利用率

要提高上海企业自贸协定利用率，首先得对情况变化有所了解。因此，建议由上海海关监测上海企业自贸协定利用率，以出版物的形式或者在官方网站定期发布信息。目前网上可以查到不少省市有关自贸协定利用率、原产地证书签发等总量信息，而基本没发现上海的这类信息。

（二）加大宣传力度，各方协调、互动的宣传活动常规化制度化

首先，在全市范围内举办公开讲座，提高公众对国家的自贸协定政策和承诺的认知；以中小微企业为主要服务对象，讲解如何利用自贸协定，原产地规则等；为企业如何利用自贸协定编写易于理解的原产地证书申领、优惠政策等指导手册，帮助企业分析具体问题，提出应对措施，妥善应对隐性贸易壁垒，提高自贸协定利用率。

其次，在官网不断推送有关信息；通过媒体，如广播，电视，印刷材料，以及社交网络传播自贸协定新闻快讯。

（三）不定期举办研讨会

除了公开的研讨会，还应为企业提供内部研讨会，帮助企业研究如何利用原产地规则；辅导企业如何争取与进口商分享关税减让、采用 DDP 交货（完税后交货）方式独享关税减让优惠。掌握关税减让清单和减让幅度，尽量扩大关税减让清单内的产品出口。

（四）商业成功案例学习

收集整理典型成功案例，以案例学习的形式辅导企业，包括"走出去"的企业，如何利用不同自贸协定条件获益。如原产地比例、与进口商分享进口关税优惠、独享关税减让优惠等。

（五）对培训师进行培训

由于外贸发展迅速，部分企业原产地申报工作人员更换频繁，申报工作质量不稳定。因此，可以借鉴菲律宾、泰国的经验，首先对培训师进行培训，以快速

扩大培训覆盖面，以加强对原产地证申领人员培训，使之及时掌握自贸试验区原产地关税优惠政策。在和外商谈判的过程中，主动提供符合要求的自贸试验区原产地证书，充分利用自贸试验区关税优惠政策，把自贸试验区的谈判成果及时转化为企业实实在在的利益。

（六）自贸协定谈判阶段过程中听取企业的意见

在今后的自贸协定谈判中，及时把阶段性成果向社会公布，举办不同利益相关者的公众听证会，鼓励政府部门与企业双向交流，收集利益相关者的意见，集思广益，分析对中小企业每个业务部门的影响；使企业能更好地利用自贸协定。

（七）简化流程便捷原产地证书签证服务

在风险总体可控的基础上，积极推行原产地签证无纸化管理，最大限度地简化申报手续，提高签证效率。信用等级 B 级以上、申报质量长期稳定的企业，可以申请凭电子数据直接办理证书，不再需要提交商业发票、装箱单、提单等纸质资料。

附　表

| 附表 2-1 | 中澳自贸协定关税减免计划表 |

牛肉:
12%~25%的关税在 9 年内逐步取消, 目前对中国出口的牛肉价值达 7.22 亿澳元

羊肉:
12%~23%的关税在 8 年内逐步取消, 目前对中国出口的牛肉价值达 3.85 亿澳元

乳制品:
乳制品的关税在 9 年内逐渐取消, 15%的婴儿奶粉关税在 4 年内逐渐取消

活牛出口
5%的关税在 4 年内逐步取消, 目前的出口额为 1.36 亿澳元

皮, 皮毛和皮革
最高可达 14%的关税在未来 2~7 年逐步取消, 目前的出口额为 8.96 亿澳元

海鲜
所有的关税在 4 年内取消, 包括鲍鱼、龙虾、大虾、带子和生蚝

大麦和高粱
立即取消 3%的关税, 目前对中国的出口价值接近 5 亿澳元

园艺产品
所有的关税在 4 年内取消

酒类出口
14%~30%的关税在 4 年内逐步取消, 目前的出口额为 2.17 亿澳元

注: 未能在糖和大米方面达成协议, 可能在 3 年后重新考量

矿业
在矿产品诸如氧化铝、锌、镍、铜和铀上的关税取消, 炼焦煤 3%的关税立即取消, 动力煤 6%的关税在 2 年内逐步取消

外国投资
外国投资审核委员会 FIRB 检查的门槛翻了 4 倍, 由 2.48 亿澳元上升到 10.87 亿澳元;
农业用地的 FIRB 审查门槛下降, 农田价值 1500 万澳元以上, 购买澳洲农业企业价值 5300 万澳元以上, 即需由 FIRB 进行审查;
国有企业的投资意向需得到 FIRB 的审查

服务领域
中国企业取得进入诸如私立医院和养老院这样的澳洲企业的可能, 旅游业经营者可购买餐馆和酒店, 澳洲的保险公司可进入第三方保险市场被视为中国给予外国的最好的贸易协议

资料来源: FTA。

附表 2 - 2　　　　　　　　　中澳服务贸易澳方有条件开放领域

	部门	政府级别	限制条件
安保服务		地区政府	地域限制
专业服务业	代理人	中央政府	居民身份限制
	许可受托公司	地方政府	禁止状态
	审计	中央与地区政府	常住居民限制
	建筑设计	地区政府	注册地、经营地限制
	移民代理	中央政府	居民身份限制
	报关经纪人	中央政府	服务地限制
通信服务	信件与快递	中央政府	专营权限制
	电讯服务	中央政府	股比≤35%或≤5%，董事长身份及经营地注册地限制
研发服务		地区政府	利益分享限制
房地产与分销服务		地区政府	居民身份限制、经营地、注册地限制
渔业与珍珠养殖业		中央与地区政府	授权经营、绝对控股
采矿与相关服务		地区政府	用工、承包报价、发包定价限制
其他商业服务		地区政府	经营许可、管理许可
分销领域	大米	地区政府	对大米保留经销管理局制度
	烟酒	地区政府	许可证限制
	葡萄酒	地区政府	许可证限制
旅游与旅游相关服务业		中央政府	许可证及营业地限制
文化、娱乐与体育服务		地区政府	野生动植物保护授权
运输服务	国际班轮货物运输	中央政府	澳方居民
	国际航运	中央政府	股比限制≤49%
	出租车	地区政府	许可证的居民身份限制
金融服务	经营业务	中央政府	经营业务限制
	信贷业务	地区政府	总部和经营场所限制
	典当	地区政府	经营场所限制

附表 2 - 3　　　　中韩自贸试验区实施不同阶段中韩两国各产业双边进口关税

产业	中国对韩国的进口关税（%）			韩国对中国的进口关税（%）		
	2012 年基期	生效 10 年	生效 20 年	2012 年基期	生效 10 年	生效 20 年
谷物	50.26 *	49.93 *	49.93 *	460.18	457.18	457.13
蔬菜水果	14.1 *	2.48 *	0.12 *	77.48	59.26	55.09

续表

产业	中国对韩国的进口关税（%）			韩国对中国的进口关税（%）		
	2012 年基期	生效 10 年	生效 20 年	2012 年基期	生效 10 年	生效 20 年
其他作物	12.6	3.06	0.94	125.78	124.04	123.55
动物及其产品	11.94	2.02	0	15.32	12.42	11.6
加工食品	18.72	12.63	11.03	26.75	21.55	20.6
其他农产品	19.58	13.82	10.3	39.16	36.56	35.07
渔业	10.97	0.46	0	16.22	9.29	4.97
森林矿产	2.25	0	0	2.57	0.5	0
纺织	8.97	2.88	0.31	9.38	2.8	1.78
服装	16.42	1.19	0	12.48	5.62	5.27
皮革	7.42	2.03	0.22	7.94	0.39	0.37
木材造纸	3.45	2.78	2.58	2.23	1.27	0.92
石油化学产品	6.12	2.25	1	5.04	0.32	0.06
金属非金属	7.65	2.31	1.39	4.16	0.8	0.57
运输设备	9.76	6.5	4.94	4.64	0.85	0.17
电子产品	0.66	0.29	0.22	0.68	0.06	0
其他制造业	7.61	2.79	1.87	6.02	0.5	0.06

资料来源：根据中韩自贸协定关税减让表计算得来。周曙东、肖宵、杨军：《中韩自贸试验区建立对两国主要产业的经济影响分析——基于中韩自由贸易协定的关税减让方案》（表1），载《国际贸易问题》2016 年第 5 期。

附表 2-4 　　　　　　　　　中韩服务贸易韩方有条件开放表

部门	分部门	市场准入限制	国民待遇限制
专业服务	法律服务	服务提供形式、执业资格限制	居住时间
	会计、审计和簿记服务	公司形式与执业资格限制	没有限制
	税收服务	公司形式与执业资格限制	没有限制
	飞机租赁	股比限制（50%）	国籍限制
其他商业服务	成分和纯度技术测试和分析服务	商业存在需进行经济测试	没有限制
	人员安置服务，不包括《船员法》下的船员安置服务	服务形式	没有限制
通信服务	速递服务（包括快递服务）	国内货运执照需进行经济需求测试	没有限制

续表

部门	分部门	市场准入限制	国民待遇限制
电信服务	电话服务、分组交换数据传输业务、电路交换数据传输业务、电传业务、电报业务、传真服务、私人租用电路服务、其他蜂窝数据服务、寻呼服务过程控制系统服务（PCS）、无限通信系统服务（TRS）、移动数据服务、互联网接入服务（IAS）、连接到公共交换电话网（PSTN）的互联网语音服务（VoIP）	电信设备服务、广播电台不对外开放；股比限制（49%）；最大股东限制	没有限制
分销服务	批发服务（红参和淀粉制品以及肥料除外）	有些服务要求经济需求测试	没有限制
	零售服务不包括与液化石油气相关的零售贸易和加油站服务、稻米、人参和红参	有些零售服务需通过经济需求测试；不允许通过电话或电子商务销售酒精饮料；验光师执业资格限制；眼镜商、药品零售的提供形式限制	没有限制
教育服务	高等教育不包括：（1）与健康和医学相关的教育；（2）培养未来学前、中小学老师的高等教育；（3）法律专业研究生教育和（4）广播、通信和网络大学教育	法人限制、地域限制、学位学分限制、专业限制	不承诺
	成人教育不包括：（1）承认文凭，或授予国内外教育学分、学历或学位证书；（2）由政府财政支持的职业培训服务；（3）通过广播提供的教育服务；（4）由政府授权机构专门提供的职业培训服务	省级教育主管部门负责人可以调整私人辅导机构的学费，首尔市区及其附近的教育机构的设立和/或扩张可能受到限制	不承诺
金融服务	所有保险及其相关服务	只允许设立商业存在	没有限制
	非寿险	只允许设立商业存在	没有限制
	再保险和转分保服务	只允许设立商业存在	没有限制
	保险经纪和代理服务	仅允许设立商业存在	没有限制
	保险辅助服务：仅适用于索赔和调整服务、精算服务	仅允许外国索赔、调整公司和精算公司设立商业存在	

续表

部门	分部门	市场准入限制	国民待遇限制
银行及其他金融服务	存款、贷款、金融租赁、支付和汇划服务、担保和承诺、外汇结算和清算	股比限制；证券储蓄和信贷发放受额度限制；信用卡服务各种利率限制；CDs 的到期日限制（≥30 天）	没有限制
	a）货币市场（包括支票、账单、存单）；b）外汇；c）金融衍生产品（包括期货与期权）；d）汇率和利率产品（包括互惠信贷和远期利率协议）；e）可转让证券；f）其他票据和金融资产（包括黄金）	只允许商业存在	没有限制
	参与各类证券的发行：证券发行、证券承销、安置、其他相关证券服务	仅允许设立商业存在	没有限制
	资产管理：仅适用于现金或投资组合管理、各种形式的集体投资管理、托管、信托、（包括分散投资咨询服务）	仅允许设立商业存在；设立办事处需预先通知；从事企业以外银行业务和信托业务都需获得金融服务委员会的审批；不动产信托业务不作承诺	没有限制
	信用信息服务	除持股低于现有金融信息公司股权 50% 情况以外，不作承诺	没有限制
	金融咨询、中介服务机构和其他辅助机构，仅适用投资咨询、信用评级和分析	仅允许外国投资咨询公司设立商业存在，设立办事处需预先通知	没有限制
运输服务	海运服务：国际运输，不包括沿海运输服务	国际海上客运：不作承诺；国际海上货运：仅允许根据《商业法》约定的股份有限公司	没有限制
	海上货物运输服务	允许按照商业法案规定的股份公司	没有限制
	航运经纪服务	只允许依照《商业法》设立的股份有限公司（股份公司）	没有限制
	船舶的保养和修理	允许按照商业法案规定的股份公司	没有限制
	铁路运输服务	铁路运输服务	不作承诺
	公路运输服务（不包括沿海运输）	只授予国际航运公司许可证	货物仅限于进出口集装箱货物

注：仅从投资角度考虑，因此在服务提供方式中，只梳理了商业存在的限制。

附表 2－5　　　　　　　中国新加坡服务贸易新方有条件开放表

部门	分部门	市场准入限制	国民待遇限制
专业服务	会计、审计和簿记服务	公共会计师居住地限制	没有限制
	税收服务（其他与税务有关的服务）	执业资格限制	没有限制
	建筑设计服务	公司条件限制	没有限制
工程服务	土木工程服务、生产工程服务、机械工程服务、电气工程服务、电子工程服务、航空工程服务、海洋工程服务、海军工程建筑服务、工业工程服务、化学工程服务	有限责任公司、无限责任公司、合伙制企业设立的条件限制	没有限制
医疗服务	一般医疗服务和专门医疗服务	新注册的外国医生人数限制	没有限制
房地产服务	基于收费或合同的住宅或非住宅房地产管理服务	地域开发项目限制	地域开发项目限制
电信服务	基础电信服务（基于设施），包括公共交换服务、电路租用服务；移动服务，包括公共移动数据服务（PMDS）、公共集群无线电服务（PTRS）、公共无线电寻呼服务（PRPS）、公共蜂窝移动电话服务（PCMTS）	股份限制（73.99%，其中直接投资上限为49%，间接投资上限为24.99%）	没有限制
	增值网络（VAN）服务，包括电子邮件、语音邮件、在线信息和数据库检索、电子数据交换、在线信息和/或数据处理、存储转发（S&F）、存储检索（S&R）	许可限制	没有限制
教育服务	其他高等教育服务，包括传统中医教育服务、中文培训服务及中文教育测试服务	可报考医学学位的人数限制	没有限制
金融服务	保险及保险相关服务，人寿险服务（包括年金险、伤残收入险、意外险和健康险服务）	股权比例上限为49%，最大股权持有者限制	没有限制
	非人寿保险服务（包括伤残收入险、意外险、健康险服务和忠诚保险契约、履约保证保险或类似保证合同）	股权比例上限为49%，最大股权持有者限制	没有限制
	再保险和转分保	除再保险公司只能设立分支机构或子公司外	没有限制
	保险中介，包括经纪和代理服务	子公司注册条件限制	不做承诺
银行及其他金融服务	接受公众存款和其他应付公众资金	存款牌照限制；不允许设立新的全面银行和批发银行；允许设立商人银行分行；不允许设立新的金融公司；股份比例或表决控制权比例限制；金融公司经营币种限制	业务额度限制（单笔不低于250000新加坡元）商人银行及金融公司选址限制

续表

部门	分部门	市场准入限制	国民待遇限制
银行及其他金融服务	所有类型的贷款，包括消费信贷、抵押信贷、商业交易的代理和融资	单笔贷款额度（大于等于 500 万新加坡元）汇出限制	对居民贷款总额不得超过 5 亿新加坡元
	金融租赁	单笔贷款额度（大于等于 500 万新加坡元）汇出限制	对居民贷款总额不得超过 5 亿新加坡元
	支付和汇划服务，包括信用卡、赊账卡和贷记卡、旅行支票和银行汇票	业务提供机构限制	没有限制
	担保和承诺	履约保证限制	没有限制
	在交易市场、公开市场或其他场所的以下自行或代客交易：货币市场工具/票据（包括支票、汇票和存款证明）、外汇、衍生产品（包括但不限于期货和期权）、汇率和利率契约（包括掉期和远期利、汇率协议）、可转让证券、其他可转让的票据和金融资产（包括金银条块）	业务提供机构限制	业务提供机构限制
	参与所有种类证券的发行，包括作为代理商进行承销和销售新发行证券，并提供与证券发行相关的服务	交易金额限制（不能低于 15 万新元）	交易金额限制（不能低于 150000 新元）
	货币经纪	对新的货币经纪人不做承诺	没有限制
	资产管理，例如现金或证券投资组合管理、各种形式的集体投资管理、养恤金基金管理、有价证券的保管、受托和信托服务	服务机构限制	没有限制
	金融资产包括证券衍生产品和其他可转让票据的结算和清算服务	清算结算服务机构限制	不做承诺
	咨询和其他辅助金融服务，包括信用参考和分析、投资和证券投资组合研究和咨询、并购和公司重组战略咨询	金融咨询服务提供者可以设立分公司、子公司或代表处，但代表处不能开展业务或担当代理机构	没有限制
	提供和传输其他金融服务提供者提供的金融信息、金融数据处理和相关的软件	保密限制	没有限制

续表

部门	分部门	市场准入限制	国民待遇限制
与健康相关的服务和社会服务	医院服务	除外资股权可达100%	不做承诺
	由住宿机构提供的针对老年人和残疾人的社会服务；由住宿机构提供的针对儿童和其他客户的社会服务；日间儿童看护服务，包括残疾人的日间看护服务、职业康复服务；别处未列明的儿童指导和咨询服务；非通过住宿机构提供的福利服务；其他不包住宿的社会服务	不对国有资本开放	依靠国家资金支持服务不做承诺

注：仅从投资角度考虑，因此在服务提供方式中，只梳理了商业存在的限制。

附表2-6　　　　　　中国新西兰服务贸易新方有条件开放表

部门	分部门	市场准入限制	国民待遇限制
专业服务	工程服务	没有限制	国籍限制
其他商业服务	与畜牧业有关的服务	许可证限制	没有限制
通信服务	电信服务，包括语音电话服务、分组交换数据传输服务、电路交换数据传输服务、电传服务、电报服务、传真服务、专用电路租用服务、电子邮件服务、语音邮件服务、在线信息和数据库检索服务、电子数据交换服务、增值传真服务、编码和规程转换服务、在线信息和/或数据处理以及其他（包括寻呼服务、电话会议、个人通信服务、蜂窝服务、集群无线电系统服务以及移动数据服务）	没有限制	股权限制（49.9%）。董事会成员至少有半数为新西兰公民
视听服务	视听作品的制作、发行、展览和放映播放	没有限制	拨给毛利节目的预算不低于6%。政府资助限制
金融服务	保险及相关服务，非寿险服务、保险中介（例如保险经纪和代理服务）	《1992年意外事故康复与赔偿保险法案》通过对车辆所有者、雇主、雇员和自谋职业者征费为工人提供强制性赔偿险；根据新西兰1971年《苹果、梨营销法案》，苹果梨局有权代表种植者组织强制性冰雹保险，并要求种植者交付该险种的保险费；新西兰地震委员会是住宅灾难保险的唯一提供者，赔付额度为每个住所10万新西兰元和个人财产2万新西兰元。赔付额度可能会依法提高	没有限制

续表

部门	分部门	市场准入限制	国民待遇限制
运输服务	海洋运输服务，国际运输（货运和客运）	对于旨在运营以新西兰为船旗国的船队而注册成立的公司不作承诺	对市场准入栏的描述内容不作承诺

注：仅从投资角度考虑，因此在服务提供方式中，只梳理了商业存在的限制。

附表 2 - 7　　　　　　中巴服务贸易巴方有条件开放表

部门	分部门	市场准入限制	国民待遇限制
专业服务	法律服务（不包括陈述/辩护）	股比限制（≤60%）	非巴基斯坦国民需1年居留期。与中国的法律从业者的互认
	会计和簿记服务（不包括审计服务）	非自然人股比限制（≤60%）	自然人需要 180 天居留期
	建筑设计服务	非自然人股比限制（≤60%）	认证和临时许可要求
	建筑物基础设施的工程服务：仅包括港口、大坝、电和机场	股权限制（≤70%）需要合资设立	没有限制
	医疗和牙医服务	外国股权限制（≤60%）	医疗资格互认的安排，执业资格注册
	兽医服务	外国股权上限为60%	居留要求 大学和学位要求
	助产士、护士、理疗师和类似医护人员提供的服务	股权限制（≤60%）	资格需要进行互认
计算机和相关服务	与安装计算机硬件相关的咨询服务、软件实施服务、数据处理服务、数据库服务，包括计算机在内的办公机械设备的维修服务	就业机会给巴方	没有限制
研发服务	自然科学的研发服务	外国服务提供者可以在合资企业中控股	没有限制
	社会和人文科学的研发服务、边缘学科的研发服务	外国服务提供者可以在合资企业中控股	不作承诺
无操作员的租赁服务	与其他运输设备相关	股权限制（≤60%）	没有限制

续表

部门	分部门	市场准入限制	国民待遇限制
其他商业服务	技术检测和分析服务、与农业和林业相关的服务（不包括渔业和狩猎）、与采矿相关的服务、农业贮存设备服务（其他）、草场服务（其他）	股权限制（≤60%）	没有限制
	印刷出版	股权限制（≤60%）	需满足根据2002年出版物、报纸、新闻社和图书注册法令规定，仅适用于外国服务提供者/法人的所有要求和条件
通信服务	快递服务	股权限制（≤60%）	需满足所有适用于外国实体的要求和条件
	电信服务，包括语音电话服务、数据包交换、电子邮件、互联网和局域网服务、数据线路交换、传输服务、国内数据服务的卫星小数据站、电传服务、电报服务、传真服务、私人租赁线路服务、在线信息和/或数据处理、在线信息和数据库检索、中继无线电服务、电视会议、远程医疗、远程教育终端服务、移动通信服务	股权限制（≤60%）	没有限制
	卫星电话服务包括卫星营运增值服务	股权限制（≤60%）	技术、国界和安全限制与保护公共电话交换网线路
建筑和相关的工程服务	桥梁、高速公路、隧道和地铁土建工程的建筑工作；水路、港口、大坝和其他供水系统土建工程的建筑工作	股权限制（≤70%）设立合资和/或合伙公司	没有限制
	建筑物的一般建筑工作；土木工程的一般建筑工作；安装和组装工作；建筑物竣工和修整工作；施工现场建筑物树立前期作业、专业建筑工程，配有操作人员的土木工程建筑施工或清拆设备的租赁服务	特殊技能和特别技术，可给予外国建筑者或外国施工者许可证；股权限制（≤70%）	a）在质量和效果与外国同类服务相当的条件下，优先使用当地服务；b）外国服务提供者应在项目建设过程中通过在职培训和分享最优做法等途径向当地员工传授技术和管理经验

续表

部门	分部门	市场准入限制	国民待遇限制
分销服务	批发贸易服务，不包括佣金代理服务（啤酒、葡萄酒、烈酒，酒精饮料等除外）；特许经营	股比限制（≤70%）	没有限制
	零售服务	股比限制（≤70%）及需要经济需求测试	没有限制
教育服务	高等教育服务、成人教育、其他教育服务	允许建立外资拥有多数股权的合资企业，但须经有关主管部门批准	不做承诺
环境服务	排污服务、固体废物处理服务、卫生服务、废气清理服务、降低噪声服务	允许建立外资拥有多数股权的合资企业。必须经主管部门包括相关地方主管部门批准	不做承诺
金融服务	保险（寿险、非寿险）	股比限制（≤60%），此外不作限制	最低投资额为 400 万美元，其中外资不少于 200 万美元
	接收巴基斯坦公众存款和其他应付公众资金	有条件从事银行业务；商业银行许可限制分行数量≤50；收益股权限制（≥5%）	有条件转让
	所有类型的贷款，包括消费信贷、抵押信贷、商业交易的代理和融资	除分部门市场准入	银行外汇贷款需遵守外汇规则和法规
	所有支付和汇划服务，包括旅行支票和银行汇票（不包括信用卡、赊账卡和贷记卡）	基金转让要获准许可	提供货币转递服务的当地和外国金融机构进行货币转递要遵守由 FER 颁布的外汇法规和指南
	担保和承诺	外汇担保与承诺和代替非居民从事外汇担保与承诺服务的要遵守外汇法	不做承诺
	自己账户交易仅限于：货币市场工具；外汇；可转让证券；其他可转让票据	出售和购买外汇和旅行支票许可限制、股比限制（≤50%）外汇基金授权转让活期贷款市场许可限制	不做承诺
	参与各种证券的发行，仅包括代理公开承销、公募和提供相关服务	证券的公共发行和承销比例限制（≤30%）	不做承诺
	可转让票据（仅包括支票、汇票和本票）的结算和清算	清算业务许可	不做承诺
	金融租赁	有条件从事租赁业务	没有限制

续表

部门	分部门	市场准入限制	国民待遇限制
金融服务	资产管理，仅限以下： a）现金管理或投资组合管理； b）所有集体投资管理形式； c）保管和存款服务	投资组合管理服务许可限制	没有限制
	金融和投资的咨询服务	金融和投资的咨询服务许可限制	没有限制
与健康相关的服务和社会服务	医院服务	除外资股本不超过 60% 外，没有限制	医生注册限制
旅游和与旅游相关的服务	饭店和餐饮服务（包括外卖服务）；旅行社和旅游经营者服务	股比限制（≤60%）	没有限制
	主题公园娱乐服务	股比限制（≤60%）且应得到旅游部的批准	除水平承诺中内容外，没有限制
	会议中心	股比限制（≤60%）且应得到批准	除水平承诺中内容外，没有限制
娱乐、文化和体育服务	图书馆、档案馆和博物馆	股比限制（≤60%）且应得到教育部和文化部的批准	按照对外资实体的相关法律规定
	体育服务，包括体育活动推介服务、体育活动组织服务、体育设施运营服务以及其他体育服务	允许设立外资拥有多数股权的合资企业。在体育部批准前提下允许体育俱乐部	不做承诺
运输服务	铁路运输服务，包括客运、货运	a）股比限制（≤60%）； b）允许商业存在	按照对外资实体的相关法律规定
	集装箱站、铁路运输设备维修、铁路运输服务的支持服务；公路运输，包括客运、货运、租赁有操作员的商业交通工具、公路交通工具的维修；所有运输方式的辅助服务，包括货物处理服务、仓储服务	股比限制（≤60%）	按照对外资实体的相关法律规定
	公路交通工具的支持服务	股比限制（≤60%）	没有限制

注：仅从投资角度考虑，因此在服务提供方式中，只梳理了商业存在的限制。

附表 2 - 8　　　　　　　　中瑞服务贸易瑞方有条件开放表

部门	分部门	市场准入限制	国民待遇限制
专业服务	法律服务（法律咨询服务）	没有限制	地域限制
	专利代理人服务，包括商标（权）服务	没有限制	永久邮箱地址、服务经验限制
	工程服务	没有限制	许可证限制
	医疗及牙医服务	不做承诺	除独立执业时必须是瑞士国籍外，没有限制
	兽医服务	不做承诺	除独立执业时必须是瑞士国籍外，没有限制
	不配备操作人员的租赁服务，与船舶相关，航运	100% 由瑞士公民持有或控制，其中 3/4 的公民需在瑞士居住	没有限制，除悬挂瑞士国旗航行的船舶公司的董事会董事及管理层须由瑞士公民构成，并且其中的绝大多数在瑞士居住
	莱茵河的内部水道运输	66% 的资本和投票权	海航行权限制
其他商业服务	广告服务，户外广告服务，不包括进口许可的商品，医药产品，酒精饮料，烟草制品，有毒物质，爆炸物以及武器和弹药	除公共场地的户外广告外，没有限制	没有限制
	笔译和口译服务	没有限制	地域限制
	建筑及相关工程服务，安装和组装工作	没有限制	气、水、电表、燃气管道、电力及主要供水线不作承诺
分销服务	批发服务，不包括进口许可证、药品、有毒物质、爆炸物、武器和弹药，以及贵金属	审批程序限制	没有限制
	零售服务，不包括与货物进口许可、药品、有毒物质、爆炸物、武器和弹药，以及贵金属的服务；也不包括移动销售单位的零售服务	审批程序限制	没有限制
金融服务	保险和保险相关的服务	服务机构形式限制	从业经验限制
	银行及其他金融服务（不包括保险）	最终股东或者受益人限制	公司名称以及原产国的金融机构的法规的具体要求限制

续表

部门	分部门	市场准入限制	国民待遇限制
运输服务	海洋运输服务（客货运业务）	悬挂瑞士国旗	总部驻地限制 投票权的本国居民限制（2/3、3/4以上）
	内陆水路运输，旅客运输、货物运输、配备船员的船只租赁	资本和投票权限制（66%）	航权是受限
	航空运输服务（销售及市场推广、计算机订座系统服务）	没有限制	由计算机订座系统母公司提供的航空预订服务的分销不作承诺外
	铁路运输服务，客运、货运、拖吊服务	特许权限制	没有限制

注：仅从投资角度考虑，因此在服务提供方式中，只梳理了商业存在的限制。

附表 2-9　　　　　　　　中哥服务贸易哥方有条件开放表

部门	分部门	市场准入限制	国民待遇限制
其他商业服务	广告服务	法律实体资质限制；股份和配额的门槛限制	国籍限制
通信服务	电信服务	受让权、授权和许可限制及经济需求测试；资本比例限制（≤49%）	国家电信基金信托协议应与国家银行系统的公有银行签署
旅游及旅行相关服务	旅行社和旅游经营者服务	经济需求测试	没有限制
	导游服务	没有限制	国籍和居住地限制

注：仅从投资角度考虑，因此在服务提供方式中，只梳理了商业存在的限制。

附表 2-10　　　　　　　　中冰服务贸易冰方有条件开放表

部门	分部门	市场准入限制	国民待遇限制
专业服务	法律服务（国内法的法律咨询活动）	律师资格限制	不做承诺
	兽医服务	没有限制	需具备冰岛语能力
研究与开发服务	人文社会科学研究与开发服务	没有限制	考古研究限制

续表

部门	分部门	市场准入限制	国民待遇限制
房地产服务	涉及自有或租赁资产的房地产服务；以收费或合同为基础的房地产服务	个人授权限制	许可限制
租赁服务	不含操作者的租赁服务	有限责任公司（租赁公司）、注册商业银行或储蓄银行提供	董事会中的多数应为冰岛居民。经理应为冰岛居民及某一北欧国家的公民
	有关船舶的租赁服务	国籍限制	没有限制
	有关航空器的租赁服务	居住地限制	没有限制
	与其他运输设备相关的租赁服务	没有限制	居住地要求
其他商业服务	印刷和出版	居住地要求	没有限制
环境服务	排污服务、固体废物处理服务以及其他	需取得环境经营许可	没有限制
金融服务	保险及其相关服务	设立分支机构需经授权批准。收购限制	某些职位的居民限制
	银行及其他金融服务	设立分支结构或代表处授权限制	经理及大部分董事会成员应为冰岛居民
旅游及与旅游相关的服务	饭店和餐馆服务（包括餐饮）	没有限制	取得执照的条件为本地居民
	旅行社和旅游经营者	为避免因破产而对客户造成损失，需提供保证金或投保责任险	取得执照的条件为经理是本地居民
娱乐文化和体育服务	娱乐服务（包括剧院、乐队现场及马戏团服务）；图书馆、档案馆、博物馆及其他文化服务	没有限制	对特定地方、地区或国家活动的定向金融支持
	通讯社服务	管理职能须经有关部门酌情授权批准	没有限制
	体育和其他娱乐服务	赌博、自动贩卖机及类似活动需经发放许可。职业拳击为非法	对特定地方、地区或国家活动的定向金融支持

续表

部门	分部门	市场准入限制	国民待遇限制
运输服务	海运服务，国际运输（货运和客运），包括内水运输	注册公司及其他商业存在形式	（a）不做承诺；（b）没有限制
	公路运输服务（客运）	授权与许可限制	没有限制

注：仅从投资角度考虑，因此在服务提供方式中，只梳理了商业存在的限制。

附表 2-11　　　　　　　　中秘服务贸易秘方有条件开放表

部门	分部门	市场准入限制	国民待遇限制
专业服务	法律服务	商业存在的公证人职位数目限定如下：a）首都为 200 个，b）大区首都为 40 个和 c）各省首都为 20 个（包括卡亚俄省）	任公证人出生地限制
	会计、审计和簿记服务	会计师资格认证	除了市场准入（模式 3）内容外，没有限制
	建筑设计服务、城市规划和景区建筑设计服务	临时许可限制	登记费不同，取得临时许可限制
计算机和相关服务	研发服务	经营许可或授权限制	考古注册机构注册限制
无操作员的租赁服务	与船舶相关	国籍限制；办公地点及总部所在地限制；营运许可限制；最高为 25% 的石油水运运输为秘鲁海军船舶保留	
	与航空器相关	包机合同获得授权限制	除了市场准入（模式 3）内容外，没有限制
其他商业服务	广告服务	商业广告，秘鲁艺术家比重（≥80%）、薪酬比重（≥60%）	除了市场准入栏（模式 3）内容外，没有限制
	与渔业相关的服务	不做承诺	银行保函及支付的金额的 25%；工资支付方式限制；秘鲁成员比重限制（≥30%）
	调查和安保服务	没有限制	国籍限制

部门	分部门	市场准入限制	国民待遇限制
通信服务	电信服务，包括：语音电话服务、分组交换数据传输业务、电路交换数据传输业务、电传服务、电报服务、传真服务、私有线路租赁服务、其他	需获取特许、授权、注册限制	没有限制
	电子邮件服务、语音邮件服务、在线信息和数据检索服务、电子数据交换（EDI）、加强/增值传真服务，包括存储和转发、存储和检索、编码和规程转换、在线信息和/或数据处理（包括交易处理）	特许或授权限制	没有限制
教育服务	其他教育服务，仅指：中医课程和研究生专业	不做承诺	仅限与合法设立的秘鲁大学或研究生中心
金融服务	保险和与保险相关的服务，包括人寿保险服务；非人寿保险服务；海运、空运和其他交通运输保险服务，以及国际上的货物运输；再保险与转分保；咨询、精算、风险评估、理赔服务，保险中介，如保险代理和保险经纪；其他辅助性保险服务	资金限制	管理人员、董事会成员国籍限制
	接受公众存款和其他应付公众资金；所有类型的贷款，包括消费信贷、抵押信贷、商业交易的代理和融资；具有购买期权的金融租赁；所有支付和汇划工具，包括信用卡、支付卡和类似的卡、旅行支票和银行转账服务；担保和承诺	资金限制	管理人员及董事会成员国籍限制
	自行或代客交易，无论是外汇交易、柜台交易市场还是其他以下项：货币市场工具（支票、汇票、存单等）、外汇、衍生产品，包括但不仅限于期货和期权、汇率与利率工具，例如以下产品：互换、远期利息协议等，可转换证券，其他票据和金融资产，包括金银；参与所有种类有价证券的发行，包括机构承销与募集（公开或定向）以及提供与发行相关的服务（不包括资信证明、信息分析）	设立分支机构限制	管理人员及董事会成员国籍限制

续表

部门	分部门	市场准入限制	国民待遇限制
金融服务	货币经纪	设立分支机构限制	管理人员及董事会成员国籍限制
	资产管理，例如现金或证券管理，各种形式的集体投资管理，养老基金管理，托管、托存和信托服务；对金融资产的交收和结算，包括有价证券、衍生产品和其他票据	禁止设立分支机构	管理人员及董事会成员国籍限制
	对此表所列项的咨询与其他辅助性金融服务，包括：资信证明与分析，投资和投资组合的研究咨询，并购、企业重组、战略咨询	设立分支机构限制	管理人员及董事会成员国籍限制
	提供和转让金融信息，金融数据处理以及其他金融服务者提供的相关软件，不包括资信证明和信息分析	设立分支机构限制	管理人员及董事会成员国籍限制
休闲、文化和体育服务	娱乐服务	艺术家比重（≥80%）和薪资比重（≥60%）限制	国籍限制
运输服务	海运服务，包括客运、货运、带船员的船只租赁、船只保养和维修服务、推脱服务、海运支持服务	不做承诺	某些岗位人员国籍限制；办公地点、总部地点限制；营运许可限制；51%股本须由秘鲁公民拥有；沿海运输权限制；最高为25%的燃料水运运输为秘鲁海军船舶保留
	所有运输方式的辅助服务（货物装卸服务、仓储服务）	没有限制	服务提供人员国籍限制
	货运代理服务	服务提供人员国籍限制	服务提供人员国籍限制

注：仅从投资角度考虑，因此在服务提供方式中，只梳理了商业存在的限制。

附表 2-12　　　　　　中国主要贸易协定区原产地规则比较

自贸协定区	性质改变标准	微量条款	直接运输	产品特定原产地规则	区域累计计划
中国—东盟	增值百分比40%	无	有	部分产品	40%
中国—智利	增值百分比40%	8%	有	部分产品	40%，特定产品适用5%

续表

自贸协定区	性质改变标准	微量条款	直接运输	产品特定原产地规则	区域累计计划
中巴	增值百分比 40%	无	有	暂未规定	40%
亚太贸易协定	增值百分比 45%，但对不发达成员国 35%	无	有	暂未规定	60%，对最不发达成员国 50%
中国新西兰	税则归类改变，加工工序，混合标准	10%	有	暂未规定	根据产品 40% ~ 50% 不等
中国新加坡	税则归类改变，增加值 40%，加工工序	10%	有	部分产品	40%
CSEPA	税则归类改变，增加值 30%，加工工序，混合标准	无	有	部分产品	无
CEPA	税则归类改变，增加值 30%，加工工序，混合标准	无	不允许转运	部分产品	无
ECFA	税则归类改变，加工工序，增加值百分比	10%	有	全部产品	根据产品 40% ~ 50% 不等
中澳	税则归类改变	10%	有	部分产品	无
中韩	税则归类改变	10%	有	部分产品	40% ~60%

附表 2 - 13　　　　　　　　　　调研机构

机构	时间	地点
浦东新区商委外经贸处	6 月 23 日	锦带路 22 号
浦东新区市民中心	7 月 2 日	合欢路 2 号
上海市商委对外经济合作处	7 月 20 日	世博村路 300 号
鼎信投资	6 月 28 日	金海路 1255 号
华一纺	6 月 27 日	东方大厦 1302 室
朝日广日企业管理	6 月 30 日	金茂大厦 56 楼咖啡厅
上海相秦投资管理有限公司	6 月 28 日	电话调研

第三章

中美 BIT 谈判对中国金融开放
影响及上海对策研究[*]

中美 BIT 谈判至今已进行了 25 轮，其过程直接影响着中美以及亚太地区的经济合作，对全国的发展战略和对外经贸、投资及金融等各个方面都产生重要的催化作用。"十三五"时期争取迈入全球金融中心前列的上海无疑起着"排头兵"的作用。上海自贸试验区需要继续发挥好"试验田"的作用，为上海乃至全国进一步接轨更高标准国际贸易投资规则起到先行先试的作用。所以，我们必须把上海国际金融中心和上海自贸试验区的建设进一步纳入中美 BIT 谈判的框架之下，这也正是本课题的研究意义所在。本书的基本思路是基于中美 BIT 谈判进展和可能结果的研判，深入分析其对中国金融开放、上海国际金融中心及自贸试验区建设的影响，并按照前瞻性与针对性相结合的要求，研究提出上海应对中美 BIT 谈判和协议影响的总体思路和相应的对策及建议。本章技术路线框架如图 3-1 所示。

第一节 中美 BIT 谈判进展及可能结果预测

双边投资协定（Bilateral Investment Treaty，BIT）可分为传统型与现代型两大类，传统的双边投资协定内容主要在友好通商航海条约中体现；现代型的是指两个主权国家之间订立的有关投资事项的约定契约，主要包括投资定义、适用范围、最惠国待遇、国民待遇、征收、转移、代位、税收、一般例外、争议解决等重要内容，主要有美国式双边投资保证协定及德国式促进与保护投资协定这两种

---

* 本章内容的研究时限截止到 2016 年 12 月 31 日。

形式。中美 BIT 属于典型的美国式双边投资保证协定，并且是我国第一个涉及负面清单和准入前国民待遇的双边投资协定，因此备受瞩目。

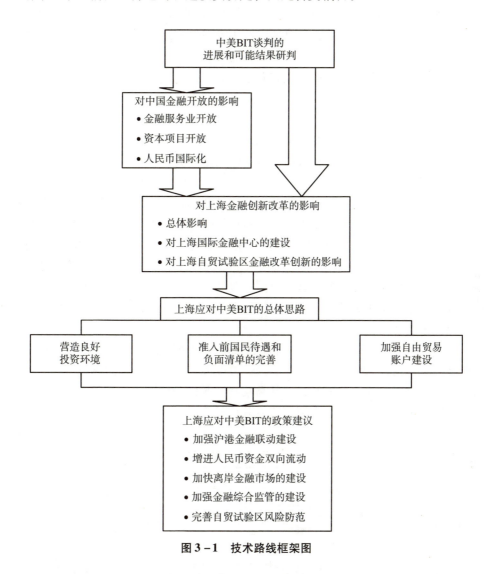

图 3 -1　技术路线框架图

一、中美 BIT 谈判主要进程及当前现状

　　一直以来，中美 BIT 谈判作为双边经贸关系的重要内容，被双方寄予厚望。自 2008 年至 2016 年，中美 BIT 谈判已走过 8 年历程。2016 年 6 月，第 25 轮中

美双边投资协定（BIT）谈判又在美国华盛顿举行，双方交换了新一轮负面清单的改进出价。2015 年中美贸易额达到 5584 亿美元，双边直接投资额已经超过了 1400 亿美元，而且还在迅速增加。在中美双边投资深入发展，尤其是中国对美国投资大幅增长的大背景下，尽早达成双边投资保护协定，可以为双方的投资贸易活动创造更为公平便利的环境，对双方而言意义重大。但事实上，谈判进展并不如预期的那样顺利，今后依旧充满着很大的不确定性。

（一）中美 BIT 谈判主要进程

中美双边投资谈判的理念启蒙于 20 世纪 90 年代，自 2008 年中美第四次战略经济对话中美双方领导人正式启动 BIT 谈判达成共识以来，谈判已经进行到第 25 轮（见表 3 - 1）。2013 年，中方同意以"准入前国民待遇"和"负面清单"为基础与美方进行投资协定实质性谈判。在 2014 年 7 月举行的第六轮中美战略与经济对话上，双方同意于 2014 年年底前就 BIT 协定文本的核心问题和主要条款达成一致，并于 2015 年早期启动负面清单谈判。随着 2016 年 6 月 6 ~ 7 日第八轮中美战略与经济对话（S&ED）在北京召开，加之遭遇奥巴马总统任内最后一届，能不能加速谈判，并为其画上更完美的"句号"自然备受瞩目。从另一方面而言，出于对美国大选的政治周期问题考虑，是否需要持续推进与美国的双边投资谈判还有待商榷。

中美投资协定（BIT）谈判从目前达成的成果来看，文本谈判的重要核心内容已经结束，已进入负面清单磋商阶段，可以说快到谈判进程的终点了。当然最后阶段的艰难程度也可想而知，尤其是某些"关键问题"上，需要中美双方以更大的力度去推动、去协调、去消弭这些分歧与争议。

表 3 - 1　　　　　　　　　　　中美 BIT 谈判主要进程

时间	会议名称 （或者提出部门）	内容	意义
2008 年	中美第四次战略经济对话	双方领导人就正式启动 BIT 谈判达成共识	正式启动
2012 年 4 月	美国贸易谈判代表办公室	经过历时 3 年的研究和讨论，奥巴马正式发布了美国 2012 年双边投资协定范本（2012USModelBIT）	2012 年范本取代之前的 2004 年双边投资协定范本，以作为美国对外进行双边投资协定谈判的基础
2013 年 7 月	第五轮中美战略与经济对话	双方商定进入实质性谈判	实质性谈判阶段的开端

时间	会议名称 （或者提出部门）	内容	意义
2013 年 10 月 21～25 日	第十轮中美投资协定谈判	这是中美双方在 2013 年 7 月第五轮中美战略与经济对话期间双方商定进入实质性谈判后举行的首轮谈判。中方同意以"准入前国民待遇"和"负面清单"为基础与美方进行投资协定实质性谈判，以期达成一项互利共赢、高水平的投资协定	实质性谈判阶段的首轮谈判，中美双方均表达出合作共赢、推进达成高水平投资协定的愿景
2014 年 7 月	第六轮中美战略与经济对话	双方同意于 2014 年年底前就 BIT 协定文本的核心问题和主要条款达成一致，并于 2015 年早期启动负面清单谈判	期待负面清单的交换磋商早日进入谈判议程
2015 年 6 月 8～12 日	第十九轮中美投资协定谈判	双方首次交换了负面清单，正式开启负面清单磋商模式	标志着谈判进入到新阶段
2015 年 6 月 23～24 日	第七轮中美战略与经济对话	双方同意在 2015 年 9 月交换第二轮负面清单	第二轮负面清单交换议题提上日程
2015 年 9 月 9～11 日	第 21 轮中美双边投资协定（BIT）谈判	在本轮谈判中，双方按照第七轮中美战略与经济对话中的承诺，交换了各自的负面清单改进出价。双方将对对方的改进出价进行全面评估，推动谈判取得积极进展	不断敲定负面清单，期望进一步缩小清单范围
2016 年 6 月 6～7 日	第八轮中美战略与经济对话	双方一致同意将于 2016 年 6 月中旬交换新一轮中美双边投资协定负面清单，争取早日达成一个互利共赢的中美双边投资协定	负面清单似乎阻碍着 BIT 谈判的推进，双方处于博弈和妥协的胶着状态
2016 年 6 月 14～17 日	第 25 轮中美投资协定谈判	中美两国已交换了第二轮负面清单改进出价，并就各自改进出价进行了磋商	双方以期为此共同作出退步和努力，标志着 BIT 谈判加速进程的到来

（二）中美 BIT 谈判当前现状

1. 谈判的难点

自 2013 年 7 月 10～11 日的第五轮中美战略与经济对话中，中方表示同意采用负面清单的形式展开后续谈判起，中美 BIT 谈判已进入实质性谈判阶段。中美已于 2015 年 6 月和 9 月分别提交了两次负面清单，然而，负面清单的交换由一开始的加速中美 BIT 进程的助推器，现在俨然成为双方谈判的绊脚石，快车道模式渐已变速进入慢车道模式。

从技术层面而言，负面清单通俗意义上体现的是"法无禁止即可为"的思想，一方面由于经验的缺乏，目前主要应用于全国 4 个自贸试验区的外资引入问题上，国内其他领域运用的还是正面清单和负面清单混合的模式；另一方面，负面清单的引入就相当于对外资环境管理的大改整，以期调整到一个全新的面貌，因此关系重大，需要审慎对待。基于此，负面清单必然成为谈判的难点与核心问题。目前而言，负面清单的难点问题主要体现于以下三点：一是更复杂。正面清单只需要确定本国优势产业，负面清单则要识别并囊括敏感行业，细化限制措施。二是遵从"棘轮"原则。放开了不准再收紧，开放程度不能再倒退，要一击制胜。三是要有预见性。针对未来的新兴行业，制定清单要留有余地。

从非技术层面而言，首先，我们可以看到美国恰逢政治周期，中国现在也有自身政治方面的因素，出于对改革期以及新政府的巩固等不确定性过大的考量；其次，美国面临着对 TPP 以及中美 BIT 策略先后的选择困扰；再次，国内在积极引入外资的同时也在不断推动企业"走出去"的步伐，深化企业改革，不断破除美国对中国国有企业的偏见，这些双向、多层的考虑以及措施为中美 BIT 负面清单的交换磋商议程又设置一道关卡。

2. 谈判的阶段性进展

2016 年 6 月举行的第八轮中美战略与经济对话中的具体清单成果也于 6 月 8 日早上 10 点公布进行了公布，具体成果清单含 9 大领域共 120 项，其中与金融相关的不多。这些表述比较笼统，没有较强可操作性，似乎双方有意延后继续讨论金融领域的双边开放与协调。此轮对话一直被外界期许为窗口对话，这样的结果难免令外界感到较为失望。

但是，继具体清单成果公布当日之后，晚间又出示了另一个对话联合成果情况说明，该成果的出现重新使大家提振信心。从简要版的文件来看，已经达成的进展可以归纳为以下几点：

（1）加强货币政策与金融宏观审慎政策合作。联邦储备委员会将对其政策对国际金融体系的影响保持敏感，并将保持美国国内和国际金融稳定作为自身关键目标之一。中美双方支持 G20 对监测和分析资本流动的努力，包括识别风险。

（2）提高中国金融监管政策透明度。在监管措施包括规范性文件的制定和发布中，透明度对于提高市场参与者的可预见性的重要性。除了特殊例外情况，中国金融监管部门将继续提前公布影响到外国金融机构权利和义务的行政法规和部门规章，并提供自公布之日起通常不少于 30 天的公众评议期。

（3）加强人民币汇率政策的协调合作。中方将继续推动汇率市场化改革，允许汇率双向浮动弹性。中方强调人民币不存在持续贬值的基础。

（4）发展在美人民币交易与清算能力。双方强调保持中国和外国金融机构公平参与人民币交易和提供清算服务的重要性。中方承诺在美指定人民币清算行，作为人民币代理行清算之外的一个机制。美方欢迎中方初步给予美方 2500 亿元人民币合格境外机构投资者（RQFII）额度，并期待 2016 年底前美国机构获得牌照。中国将根据市场发展和需求提高美国的 RQFII 额度。美财政部和中国人民银行至少每年对在美人民币交易和清算机制联合评估一次。

（5）扩大在深化中国金融市场的同时，改善美国机构投资者参与中国资本市场的渠道。中方承诺将逐步提高符合条件的外资金融机构参股证券公司和基金管理公司的持股比例上限。中方欢迎符合条件的外商独资和合资企业申请登记成为私募证券基金管理机构，按规定开展包括二级市场证券交易在内的私募证券基金管理业务。中方将颁布外资机构参与此项业务的监管和资质要求。美方欢迎中方出台实施细则，允许合格境外投资者直接投资银行间债券市场，包括利率掉期和用于对冲目的的债券远期交易。美方欢迎中方宣布给予合格美国金融机构结算代理人资格和债券承销许可证。中方承诺通过明确启动破产案件的标准，确定明确且具体的破产门槛，提供自申请之日起的自动冻结程序等，加强国内外投资者的债权人权利。中方承诺简化 QFII 和 RQFII 的法规和审批程序，以便利跨境投资。

（6）开放银行卡清算业务。作为国务院《关于实施银行卡清算机构准入管理的决定》的后续工作，中方发布了《银行卡清算机构管理办法》，规定了向境内支付卡交易提供电子支付服务的国内外机构发放牌照的程序。

二、中美 BIT 协定最后签署面临的主要障碍

近期中美 BIT 谈判要取得更大进展仍存在以下制约因素：

（1）美国选举周期影响较大。现适逢美国政府奥巴马任期即将结束，从务实角度考虑，目前不是两国签署协议的合适时机，双方政府也不会为了"赶进度"而做出让步。

（2）中方关键领域改革进展与美方期望值存在落差。从历史看，中国与加拿大签署《加中外国投资促进及保护协定》耗时 18 年。如果中国不加大金融、国企等领域的改革开放力度，中美 BIT 谈判仍将持续较长时间。

（3）谈判的综合性本身给进展带来较大限制。中美 BIT 谈判是一个系统工程，从内容看是一个缩减版的中美自由贸易谈判，涉及内容远远超过过去中国与其他国家签署的投资保障协定，妥协难度更大。

（4）双方谈判策略的变化产生一定影响。中美 BIT 协议的内容带有全局性、综合性，涉及领域与政府部门众多，签了之后还面临执行压力，加之政治冲突因素限制，双方谈判组织者对于短期内最后签署的期望值有所较低，在策略上选择采取更加务实的"边谈边做" ＋ "早期收获"方式，导致最后签署的象征意义更大，实质性推进将更多通过子项对话等渠道进行。

三、中美 BIT 金融及投资条款预测

历时 5 年、涉及 12 国的 TPP（跨太平洋伙伴关系协定）谈判于 2015 年 10 月 5 日收官，而历经 8 年、对话 25 轮的中美 BIT 谈判却仍在路上。如果要研判 BIT 条款发展方向，已经达成、更快步入实践并且代表美国与其核心伙伴间游戏规则的 TPP 无疑具有很大参考价值。TPP 条款对 BIT 条款发展具有一定的前瞻性指引，几个方向包括：

（一）投资与投资者的界定

TPP 投资谈判将"投资"界定为投资者直接或间接拥有或控制的各种资产，只要该资产具有资金或其他资源承诺、利润或收益预期以及风险承担等"投资特征"，就可以界定为"投资"。以非穷尽列举的方式进行了说明，即包括但不限于：直接投资设立企业；股份、债券、股票及其他类型的公司参股；弃权、期货及其他衍生工具；交钥匙工程、建设、管理、生产、特许经营、收益共享和其他类似的合同；知识产权；法律允许的许可、授权等类似权利等。

上述界定基本与美国 BIT2012 范本一致，当然目前资料显示 TPP 投资界定稍广，因为它还延伸至对附属企业的债券或贷款以及对其他企业至少 3 年才到期的债券或贷款；并借鉴北美自贸试验区的相关条款，将货物或服务合约价款的请求权、商业信贷、其他货币求偿权明确排除在投资界定之外。而"投资者"指缔约方、缔约方的自然人或法人在缔约另一方境内寻求投资、进行投资或已设立投资的实体均属"投资者"范畴。

（二）实体规则

实体规则包括国民待遇、最惠国待遇、损失补偿时给予非歧视待遇、业绩要求、征收和补偿、转移等条款。以投资条款中最关键的国民待遇为例，要求给予各方投资者准入前和准入后国民待遇，即在准入、设立、获得、扩大、管理、运营、清算、销售、处置等方面给予不低于其在同等条件下给予其本国投资者及其

投资的待遇。而在最惠国待遇方面，要求给予投资者准入前和准入后的最惠国待遇，即在准入、设立、获得、扩大、管理、运营、清算、销售、处置等方面给予投资者不低于其在同等条件下给予任何其他缔约方或第三国投资者及/或其投资的待遇。这些要求与 BIT2012 范本的要求一致，上述条款特别是国民待遇条款，通过赋予投资者投资前准入待遇，极大程度约束了东道国通过行政审批的方式约束、控制外资进入的做法，成为推动投资自由化最实质的条款。

资金转移条款规定，任一缔约方应允许任何其他方投资者在该缔约方境内投资的所有转移不延误地自由汇入或汇出该方领土，并能以转移当日外汇市场现行汇率兑换为可自由兑换货币。但也规定，缔约一方可以通过公正、非歧视和善意地履行其法律规定来禁止或延迟资金转移：破产，解散或保护债权人权利；证券、期权、期货或金融衍生产品的发行与交易；刑事犯罪和犯罪所得的追缴；必要时用于协助执法或金融管理机构的财务报告或转移备案记录；确保遵守司法或行政程序中做出的法令或裁决；社会安全、公共退休或强制储蓄计划。特别是社会安全、公共退休或强制储蓄计划的例外，使得 TPP 投资条款在一定程度上比 BIT2012 范本的相关条款更为谨慎，这有可能源于部分 TPP 谈判方国内实施强制储蓄计划或者养老金制度，担心大规模资金转移会干扰金融市场并影响政局。尽管如此，其绝大部分内容仍与 BIT2012 一致。

"业绩要求"条款要求在涉及建立、收购、扩大、管理、指导、运营、出售和其他资本处置活动时，不得采取传统上发展中国家经常采用的违反国民待遇的歧视性做法，例如必须出口特定比例产品的"出口实绩要求"；取得特定程度或比例的"国内含量要求"；购买、使用或偏向国内产品的"国内投入要求""贸易平衡要求""技术转让要求"等多个方面的限制性做法。特别是 TPP 投资条款增加了"国内科技要求"条款，即"禁止缔约方强制投资者购买、使用或优先考虑国内科技"，该条款与 BIT2012 范本的"缔约方不得为保护本国投资者、投资或技术，进而要求投资者承诺或保证购买、使用或优先考虑国内技术；也不得阻止投资者购买、使用或优先考虑特定技术"内容高度一致，充分表明美国政府全面加强了对"国内技术要求"的规制，以应对新兴经济体在强化应用国内技术方面的业绩要求。

征收和补偿条款规定，一缔约方只有在特定的几种情况下才可以对另一缔约方投资者的投资实施征收、国有化或采取其他等同措施，一是为公共目的；二是以非歧视的方式实施；三是付出迅速、足够和有效的补偿；四是符合法律程序。补偿不应拖延，应以征收公布时或征收发生时被征收投资的公平市场价值计算，以适用者为准。公平市场价值不应因征收事先被公众所知而发生任何价值上的变化。补偿应可有效实现并可在各方的领土之内自由转移。该条款与 BIT2012 范本的相关条款内容一致。

（三）"投资者—国家"争端解决

TPP 的"投资者—国家"争端解决机制基本建立在 BIT2004 范本相关条款基础上，这与 BIT2012 范本的情况一致。该争端解决机制提出尽可能通过磋商寻求友好地解决争端，这种磋商与谈判包括利用非约束性的第三方程序。磋商与谈判的要求应当以书面形式提出且应当说明争端的性质。如果提交或收到磋商请求后 180 天内未能解决，则可提交仲裁方式予以解决。

"投资者—国家"争端解决条款提供了四种仲裁程序供投资者选择，即（1）如果争议双方或者起诉方是《华盛顿公约》成员，适用该程序；（2）如果争议双方或者起诉方是《额外便利程序规则》成员，则适用该程序；（3）联合国国际贸易法委员会（UNCITRAL）制定的仲裁程序规则；（4）如果争议双方同意，亦可适用其他仲裁规则或者仲裁机构（如科伦坡区域仲裁中心）。"投资者—国家"争端解决条款中，第 12.19 条"缔约各方对仲裁的同意"约定，缔约方同意按照本条约提起规定仲裁，这表明只要相关投资者提出要求，无须相关缔约国同意，就自动构成同意的意思，而此同意构成启动国际仲裁的必要前提。该条款还对相关仲裁庭选择、裁决、透明度、合并等做出非常详尽的规定。

（四）其他条款

TPP 投资条款中，不符措施条款规定缔约国提供国民待遇、最惠国待遇、高级管理与董事会等义务不适用于政府采购或贴补等领域。并设立附件对缔约国各自的敏感部门予以例外，但是仅限于国民待遇、最惠国待遇、业绩要求以及高级管理与董事会等四项义务，该条款内容与 BIT2012 范本基本一致，仅附件内容有细微差别。

TPP 投资条款中，制定了健康安全与环境措施条款和企业社会责任条款，相应地对应于 BIT2012 范本中的投资与环境条款和投资与劳工条款。但是值得注意的是，由于 TPP 涉及多国谈判，特别是有众多发展中国家参与，TPP 投资条款中的健康安全与环境措施条款较 BIT2012 范本中的投资与环境条款更为简略。而企业社会责任条款更是仅从原则上对企业社会责任加以说明和鼓励，未作出强制规定，所采取的做法类似于经济合作，保护力度低于 BIT2012 范本。

从 TPP 谈判来看，TPP 投资条款与 BIT2012 范本的内容基本一致，都强调了国民待遇、业绩条款、高级管理人员及董事会、资金转移、国有企业、投资者—

国家争端解决机制等核心条款内容。事实上，从条款全面性而言，BIT2012 范本的内容完全覆盖甚至超越了 TPP 投资条款的相关内容，可以说缔结 BIT 是参加 TPP 投资条款的充分条件。因此，从这个角度可以说，BIT2012 范本与 TPP 投资条款绝大部分内容高度重合，而且 BIT2012 范本强于 TPP 投资条款。

BIT2012 范本较 BIT2004 范本而言，在业绩要求、透明度、国有企业、金融服务、环境条款、劳工条款等方面的规制力度有了明确的提高，细化了较多条款，增加了与世界经济形势变化相对应的内容，以更好地应对未来与新兴经济体谈判、签署 BIT 的可能性。研究同时表明，TPP 投资条款与 BIT2012 范本一脉相承，绝大多数条款内容一致，仅少数条款为了在 TPP 多边谈判中协调发展中国家的要求，稍作了修改。值得注意的是，BIT2012 范本内容超出了 TPP 投资条款内容，例如透明度、不减损、公布投资法规与决议、基本安全、信息披露、金融服务、税收等条款，TPP 投资条款均未涉及，可以说 BIT2012 范本是参加 TPP 投资条款的充分条件。从这个角度看，BIT 范本是美国对外谈判的最高期望值，具体谈判中会根据实际下移相关领域要价。

第二节　中美 BIT 谈判对中国金融开放的影响

中国金融市场开放，尤其是资本市场开放，是中美 BIT 谈判的主要议题，随着中美贸易的不断扩大，国内外企业对金融服务的需求逐步增加，外汇结算业务进一步扩大，人民币跨境流动更加频繁，进而影响中国金融开放进程，尤其是对中国的金融服务业、资本项目开放和人民币国际化造成一定的影响。

此外，中美 BIT 涉及政府审批流程、金融市场、行政监管等领域，这些又直接跟中国金融市场监管改革以及政府与市场关系等问题有关，对政府的金融自由化改革、行政改革、监管制度等提出了高要求。总体来说，中美 BIT 谈判将对中国金融的开放与改革起着倒逼的作用，对外开放深化可以增进市场效率，最终形成金融市场一体化的效果。

一、金融服务业开放

金融服务业开放，即允许外国服务者及其服务进入本国市场，公平、自由地开展竞争和提供服务。我国金融服务业整体上有较高的开放度，但是商业领域，存在的限制较多。我国金融服务业开放仍然面临许多问题，如市场准入限制较多，外资金融机构审批程序透明度不高、金融服务业结构不合理等，中美 BIT 谈判会在以下几方面影响金融服务业的开放。

（一）金融机构准入条件

金融服务业准入的内涵表现在市场准入最低标准和市场准入限制条件。市场准入最低标准即任何成员国进入该成员国市场时所需承担义务的最低标准，准入限制条件包括服务提供者数量、交易或资产总额、雇员总数和经营方式等。

中美 BIT 谈判要求中方在市场准入条件方面有所降低，并且负面清单要求建立非歧视性的金融服务业准入制度，将会刺激更多的中小规模金融实体、非银行金融机构、金融中介公司来中国投资，一方面丰富中国金融服务业机构，有利于业务的细化，提高国内金融机构的竞争力；另一方面，市场准入条件的降低，大量外资企业的进入，带来成熟的业务和优秀的管理人才，这就考验国内产业应对来自外国同业的业务竞争和人才竞争的能力，同时，如何确定外资金融机构在国内经济中的比重适度，避免给实体经济以及金融市场的稳定性带来不可控因素，也是需要考虑的方面。

（二）金融服务行业

中美 BIT 谈判，使负面清单和准入前国民待遇逐步成为中国金融服务业开放的新趋势。而在金融服务行业存在一些问题，诸如，金融服务业结构不合理和金融服务行业受限等问题。

中美 BIT 谈判有助于我国金融服务产业升级，优化金融服务业结构，推动证券业、保险业、信托业等非银行机构的引进，以满足中美 BIT 谈判带来的市场运行的多样化需求，改善我国的外资银行资产水平处于全球较低水平的现状。另外，在中美 BIT 谈判下，负面清单慢慢在减少对金融服务行业的限制，比如 2014 年版负面清单相比 2013 年版，取消了对外资小贷企业和投资租赁担保性企业的限制，并有继续缩减负面清单的趋势，外资进入我国的领域和行业将会被逐步扩大和完善。

值得注意的是，鉴于中国金融市场法律法规的不完善以及安全因素，中国金融服务业的开放应该分层次、分领域依次开放，如何有效地规划金融服务业开放次序，依次层层推进开放的进程，也是需要政府审慎考虑的方面。

（三）金融监管制度

金融服务业对外开放在给一国带来巨大的经济利益的同时，也对一国的监管能力提出了更高的要求。中美 BIT 谈判带来金融服务业的进一步开放，但也会在诸多方面威胁着中国金融安全，刺激金融市场的稳定性，进而要求现有的金融监管制度有所改善。

中美 BIT 谈判会加大中国与国际市场的密切联系，国际市场的波动更容易传入到国内，世界金融体系对我国金融安全产生的影响越来越大，而我国的金融体系尚不稳定，在金融服务业开放还处于尝试阶段，与国际的密切接触是否会影响国内金融市场的稳定以致放缓金融服务业开放的步伐。再者，我国金融服务业目前实行"分业经营、分业监管"，而金融机构的增加、金融服务的深化，逐渐出现金融业混业经营的趋势，要如何提高各行业主管部门间的协调效率，并加强部门之间的合作，这对中国金融服务业的监管提出了挑战。

另外，由于我国外资银行、外资保险公司、外资证券公司的设立均需要经过审批流程，审批流程的透明、公平、公正成为金融服务业开放的重要部分。金融服务业开放的步伐加快，一系列金融创新品的产生，对金融监管部门审批程序的透明度、效率和合理性的要求也有所提高，这会促进审查机制的完善，推动实现外资金融机构的准入前国民待遇。

二、资本项目开放

资本项目的开放会不断解除进出我国资本市场的限制，允许境外的投资主体及其资本进入我国资本市场，并允许我国投资主体及其资本走出我国资本市场，鼓励资本的双向流动。中国在推动资本项目开放进程中，通过沪港通、沪伦通和沪纽通的发展来进一步推进。中美 BIT 谈判要求的投资自由化无疑会刺激中国资本项目的开放。

国际经验表明，资本市场开放度提高，有利于完善居民和企业投融资渠道；有助于分散国际投资风险，提高本国居民福利；有利于引进国际先进管理技术，促进金融创新和市场竞争。因此，我国在资本项目开放方面进行了大量的探索，如资本项目开放进展表①所示：

我们总结了自 2001 年以来资本项目开放的新进展，呈现出以下三个特点：一是在中国加入 WTO 之后为推动资本项目开放，实行了多样的资本项目的政策，并且在外商直接投资、外债、对外担保、境外投资等方面健全相应的部门指导性法规；二是整体的开放步伐仍然较为谨慎。直接投资政策已分多次逐步调整，额

---

① 见本章附表 3-2。

度审批步伐平缓，沪港通除总额限制外，也有每日额度的限制；三是近期在资本和货币市场的开放上有加速趋势，资本市场将更加开放，未来将推出沪伦通，并继续研议沪纽通。

综上所述，中国资本开放势头正猛，如何顺应全球投资自由化趋势，同时在顺利应对内部体制和外部金融风险的前提之下积极探索资本开放的路径就成为我国资本项目发展的重要课题。因此，我们亟须借助外力为中国资本市场的开放开疆拓土。股港通已经成功推出两周年，以中美 BIT 的谈判契机，借鉴沪港通的经验持续推进沪纽通的进展，会是中美 BIT 谈判视角下的资本开放的主要借力方向。沪港通已经实施，沪伦通可行性研究已有良好进展。2015 年习近平访美期间确认，中美两国将在符合本国法律法规的前提下支持为加强两国金融市场互联互通所作出的努力。其潜台词的落脚点是上海和纽约的股市要联通，明确传递了对外投资的信号。另一方面，2016 年 6 月中美 BIT 谈判已经进入第三轮负面清单磋商阶段，双方关系可以说也处于一个僵持的阶段，在这样一个特殊的时间点，沪纽通的加速推进，是从金融开放实践的角度表明双方合作的决心，有助于打破僵局，为双方创造缓和的气氛并进一步有效切实地推进负面清单的交换早日达成共识。

在借助中美 BIT 谈判促进资本项目开放的同时，也要考虑到伴随而来的风险因素。大量资本的流入，可能会引起宏观经济的波动，增加汇率风险；一旦资金快速抽离，有可能加速东道国外部流动性危机。中美 BIT 谈判的投资自由化需要完善的监管制度来配合，而现有的中国不完善的金融市场难以控制可能到来的危险，这需要对资本项目谨慎开放，特别是在推进沪港通、沪伦通和沪纽通的实施方面。

三、人民币国际化

人民币国际化是指人民币跨越国界，成为国际上普遍认可的计价、结算、储备以及市场干预工具的过程。目前，中国通过多种途径加快人民币国际化进程，包括与多国签订双边贸易协定以及"一带一路"等的签订。其中，中美 BIT 谈判会在促进境外人民币的交易，拓宽投资、贸易渠道，调整国际收支双顺差，资本项目自由兑换等方面产生一定的影响，而这些又是影响人民币国际化的因素，它们通过内外部共同刺激中国经济的运行状况，对人民币国际化进程造成影响。

中美 BIT 谈判在投资者范围方面达成共识，将所有投资者（包括国有企业）

涵盖在内，但不包括缔约方。中国市场给予美国投资者的开放程度提高，同时美国市场对中国投资者的态度也更加积极，中美市场准入限制的放松，更加开放透明的市场规则的建立，为两国企业进入对方市场开创更加开放和有利的条件。纵观历史，几个主要国家货币国际化都伴随着其对外投资的全过程。对外投资带来资本项目的流出，能够抵消经常项目下的顺差，减少货币升值的压力，维持货币的稳定，人民币币值稳定有利于提高货币信心，增强持有意愿，当购买力水平稳定，各国对中国运行情况看好，对人民币信心越强，人们出于保值就越倾向于选择人民币。

我国长期以来实行对人民币的"宽进严出"，导致我国国际收支长期双顺差，资本和金融项目的顺差在一定程度上制约了人民币的境外流出。而中美 BIT 谈判，会加大对外贸易流量和对外投资规模，这些会相应缓和金融项目的顺差，同时，推进跨境人民币的结算，在中美双边贸易过程中，人民币成为合法交易和投资货币，政府可以引导企业之间在大型投资项目上使用人民币，在进出口贸易中增加以人民币结算的环节，打破以美元结算的惯例，推动人民币的"走出去"。

由于中国内地的金融体制改革没有完成，资本账户仍有管理措施，人民币没有实现完全的自由兑换，在应对中美 BIT 谈判时，一些制度缺陷的问题就会显现出来。

中美 BIT 范本中的第一条条款对投资做了非常宽泛的定义，宽泛的定义和资金自由转移条款可能对宏观经济造成风险。夹在国际直接投资中巨额"热钱"的流入会导致一些投资报酬高的行业的泡沫化，一旦这些热钱在获得高额报酬后快速撤离，大量资金的外逃会造成人民币汇率的贬值压力，不利于人民币的国际化。同时，资本的大量流入也对人民币风险管理和银行服务水平提出挑战，一方面，中国内地在人民币跨境结算与流通的监测与管理系统的建设，以及如何建立有序的人民币回流体系，控制人民币风险等，面临着许多亟待解决的问题。另一方面，为解决人民币结算和资金管理的需要，中国银行需要向境内外企业和客户提供优质的金融服务。但由于长期以来中国金融发展滞后，金融机构对外服务功能较弱，在产品开发、定价策略、服务提供等方面还有待提高。

毫无疑问，中美 BIT 带来的巨大的经济规模和贸易量为我国建立有深度的和高流动性的金融市场提供了内生条件，有助于人民币国际化进程。但是，人民币若想进一步发展，必然要面临许多经济结构、增长模式和经济体制等根本性的阻力，从这个方面考虑，人民币国际化是一个渐进的、漫长的过程。

第三节　中美 BIT 谈判对上海金融创新改革的影响

中美 BIT 谈判无疑影响着中国金融改革开放，作为接轨中美 BIT 谈判起着先行先试作用的上海，在面对中美 BIT 谈判带来的丰富交易活动、多样的投资业务以及层出不穷的金融创新时，上海金融改革创新也会受影响，尤其是自贸试验区的改革以及上海国际金融中心的建设。

一、总体影响

中美 BIT 谈判带来的高标准投资自由化、负面清单管理模式和国民准入待遇，会倒逼中国金融对外开放，加快资本项目的开放，为上海金融创新改革带来动力。中美双边贸易谈判，使上海在投资高度自由化和便利化中，获得投资和服务贸易的快速增长，有利于上海国际金融中心的建设和自贸试验区金融创新改革。其中，为上海国际金融中心"一个核心、两个重点"的推进思路提供动力，丰富金融机构的种类，完善金融市场体系，构建良好的金融市场环境。而自贸试验区是承接中美 BIT 谈判内容的试验点，外资的大量流入，人民币交易结算的频繁，会刺激实体经济的发展，随着贸易和投资的加大，金融机构对区内金融业务和投融资便利会提出更高的要求，这些现象都会进一步推进自贸试验区内相关人民币汇率改革、投融资兑换便利以及金融机构的发展。

但是，考虑到上海在金融体制、法律法规、外汇管理等方面的不完善，对于大量短期或长期资金的流入，如何防范投机性资金对市场冲击的同时又能确保资金得到有效利用，如何对资金流动进行有效监督，这些都是需要深入考虑的方面。

二、对上海国际金融中心的建设

"十二五"规划对上海国际金融中心的发展目标是：到 2020 年把上海建设成为与我国经济实力以及人民币国际地位相适应的国际金融中心。以"一个核心、两个重点"为推进思路，即以金融市场体系建设为核心，以金融改革开放先行先试和营造良好金融发展环境为重点。中美 BIT 谈判在投资准入、透明度和国有企业等方面的核心议题，会对上海的金融市场的运行机制，金融机构的竞争力、人民币跨境投融资、金融市场的改革创新造成一定的影响，从而影响上海国际金融中心的推进。

（一）金融市场体系

进一步拓展金融市场的广度和深度，优化市场参与者结构，提高现有的市场功能，形成比较发达、多功能、多层次的金融市场体系，是建设上海国际金融中心的核心任务。中美 BIT 谈判将在金融机构体系、金融产品的丰富和创新等方面造成一定的影响。

中美 BIT 谈判要求降低投资准入条件，实行准入前国民待遇和最惠国待遇，外资准入条件的放宽将会吸引大量的金融机构来国内投资，上海市作为中国的金融中心，无疑成为外资金融机构投资的首选地。一方面，外资金融机构的集聚有利于健全金融体系，各类功能性金融机构和新型金融机构不断出现，金融机构类型的丰富也会创新金融业务，提高金融服务水平；另一方面，通过外资金融机构和本地金融机构合作，可以突破经营管理瓶颈，多元化金融业务，增强机构创新能力，打造具有国际竞争能力的骨干金融企业。金融机构是上海国际金融中心建设的主要力量，这些市场参与者的竞争力和活跃度提高了金融市场体系的层次。

中美 BIT 带来的企业投融资热潮，会为金融市场的发展带来新一轮刺激，以此为契机，加快股票、债券等基础产品的发展，推行合适的企业债、短期融资券、中期票据和外汇债券等债券品种。积极探索并推行稳定的金融衍生产品，精细化产品的功能，增强金融市场产品的丰富度，深化金融市场体系的功能。从另一个角度看，大量的外资可能会流入到流动性较强及有投机性质的股票市场和房地产市场，导致股票和房地产泡沫，不利于上海金融市场的稳定，其次，人民币汇率和利率尚未实现市场化，大量短期的热钱流入冲击人民币市场，导致在岸和离岸人民币市场的套利和套汇行为大行其道，动摇金融市场的稳定。

（二）金融改革开放先行先试

金融改革开放的进一步深化，鼓励金融创新，形成以市场需求为导向、金融市场和金融主体的金融创新机制。中美 BIT 谈判带来的企业与机构对人民币业务和产品需求的增加，有利于相关机构的构建和产品的推行，推动上海金融改革开放先行先试，为建设上海国际金融中心提供广阔的成长空间。

中美 BIT 谈判将推动人民币的输出和结算，加快发展人民币的跨境投融资，增强了人民币作为结算货币的地位。以中美 BIT 为契机，推动跨境贸易金融发展，境外人民币市场发展，在业务方面，推动在沪金融机构在跨境人民币融资和担保等人民币业务的试点的进行，在投资渠道方面，境内参与境外金融市场渠道有扩大的趋势，境外投资者在境内发行债券的限制也有可能会放宽。建设人民币跨境支付投融资中心，提高金融国际化程度是未来一段时间提高国际金融中心影响力的关键。

在开展业务先试先行的情况下，也需要考虑到上海金融市场的管理能力能否跟上步伐，金融开放下引进的资金和机构存在良莠不齐的情况，仔细甄别并降低风险因素，在推动金融改革开放的同时又做好防御工作，使上海国际金融中心健康地成长。

（三）良好的金融发展环境

金融法制环境的健全是金融市场大环境稳定的基石，法制的完善为国际金融中心的稳定发展提供有力的支撑，使企业的运行得到有效的规范，市场的运作处于正常轨道上。

中美 BIT 对透明度的高要求会倒逼市场规则的改革。随着投资相关法规的公开，投资审批体制简化，权益保护的扩大，外国投资者会更加放心地进入上海金融市场，提供先进的技术，带动经济的发展，提高上海金融市场的国际竞争力。再者，中美 BIT 所倡导的中立原则要求加强对国有企业行为的规范，减少国有企业的特权，把主导权移交市场，通过政府减少对资源的直接配置，发挥市场调配资源的作用，价格在竞争中由市场决定，推动企业的竞争公平，为外资企业创造公平公正的环境。

但是放松国有企业的保护，可能会影响政府对一些关键领域的控制力度，强大的外资企业在市场形成垄断，阻碍金融市场的正常运行。由于上海金融市场还处于发展完善期，很多体制机制不健全，市场定价机制也在尝试中进行，放宽对市场的控制，允许中立原则的进行，给予市场太多的期许，反而可能造成市场的混乱，市场定价机制也难以有效地开展。

三、对上海自贸试验区金融改革创新的影响

上海自贸试验区的部分内容是用来进行中美双边贸易谈判可能达成协定内容的试验田。其中，负面清单和准入前国民待遇是中美 BIT 谈判的重点，也是会在自贸试验区进行先试先行的内容，这将会推动投资自由化，增加以人民币为主的贸易结算，促进自贸试验区人民币跨境业务的创新，对人民币利率市场化改革、

金融机构市场准入和投融资兑换等方面带来一定的影响。

（一）利率市场化改革

在中美 BIT 谈判中，美方在关于金融服务、资金汇兑以及征收和补偿等条款中，一直坚持"赫尔三原则"，要求我国"及时、充分和有效"地将涉及投资和投资者利益进行计价、汇兑和转移，资金自由转移对资本项目的开放提出了高标准。而在人民币汇率和利率机制尚未充分市场化的背景下，资本的自由流动会改变一定区域内资金的供给状况而影响利率水平，影响人民币汇率市场，容易导致金融危机的爆发。

根据央行利率市场化"先贷款后存款，先外币后本币"的步骤，在外币利率市场化后，央行可能会推动人民币存款利率市场化的改革，而利率市场化的核心也就在于人民币存款利率市场化。随着区内实体经济发展需求的多元化、金融市场参与者的优化、带来了金融业务的创新，理财产品和债券对贷款的代替程度增加，都为人民币利率市场化改革带来动力。

但是需要注意的是，在流入自贸试验区内的资本中存在一些套利资本，也有一些是为了寻找资金安全避风港的国际游资，要加强监测和防范机制，有效地疏导资金的流动，防止这些资金对自贸试验区金融市场造成的冲击。

（二）投融资汇兑

投融资汇兑便利是自贸试验区金融改革的重点之一，投融资汇兑的改革创新可以自由贸易账户为载体，围绕服务实体经济的合理需求，推动投融资汇兑的改革。自由贸易账户是自贸试验区内探索投融资兑换便利、扩大金融市场开放和防范金融风险的一项制度安排，其主要目的是满足实体经济投资贸易便利化的合理需求。

中美 BIT 谈判带来外资审批制度的改革，有利于大量外资机构进入自贸试验区，各类金融机构的增多会要求更加便利的投资服务，这会推动自由贸易账户体系的改革深化，进而促进"分类别、有步骤、有管理"的人民币资本项目可兑换。值得注意的是，可以开立自由贸易账户的主体暂时只有五类，而目前只有银行类机构可以开立同业机构自由贸易账户，在对投融资需求度提高的背景下，自由贸易账户的设立主体也会有所改变。贸易账户体系的完善为金融市场建立一个畅通的清算机制，在保证资金安全管理的同时，又便利交易资金和盈利的汇入汇出。

中国在投融资汇兑管制上，一直严格把控。贸易项下的投资基本开放，但是资本项下的投资资金进出仍然处于严格管制中。区内企业、非银行金融机构和个体工商户等跨境投融资主体的增多，会迫使上海自贸试验区探索投融资汇兑便利化更深改革。包括在办理兑换业务、跨境收付等程序的调整，区内企业向境外融资要求的变更等，对 QFII 和 RQFII 的投资限制会有所影响，以便外资可以充分利用这一渠道参与到资本市场。

（三）金融机构的市场准入

自贸试验区金融改革的总体要求是促进金融服务的扩大开放，而金融服务的扩大开放离不开金融实体的多样性。中美 BIT 谈判提出的准入前国民待遇条款，要求在同等条件下，给予外国投资者在设立、并购、扩大阶段的待遇不低于国内的投资者，这一条款的设立降低外国投资者投融资的门槛，考虑到中国正处于经济转型期，对外资企业准入条件的放宽是否会冲击自贸试验区内的民族产业、影响整体的产业结构，也是需要注意的问题。

在负面清单的管理模式下，政府进行了简政放权的改革，在金融活动更加自由化的情况下，短期性投机资本和不法资金易流入区内，危害经济安全。再加之自贸试验区的监管重事前审批、轻事后监督，事后因没有对金融机构进行及时的动态反馈，没有对投机资本的及时跟踪，外资的流向和用途不清楚，事后监督的缺失将会引起自贸试验区内金融市场的动荡，阻碍金融改革的进程。

第四节 上海应对中美 BIT 谈判的思路与金融创新建议

一、上海应对中美 BIT 谈判的思路

中美 BIT 谈判以外力的形式推动中国金融对外开放、上海金融市场改革以及自贸试验区的金融创新，在上述研究中美 BIT 谈判对上海金融市场、上海自贸试验区等造成的影响后，上海的应对措施成为一个亟须探讨的课题，而上海自贸试验区当仁不让扮演着重要角色。上海自贸试验区建设作为国家战略，肩负着政府职能转变、探索管理模式创新、为深化改革和扩大开放探索新途径的重要使命。

（一）总体思路

对中美 BIT 谈判的应对思路可先从上海自贸试验区的整体管理入手，深化自

贸试验区体制改革，在外汇转移、权益保障和金融创新等体制方面进行完善，营造一个法制健全、业务完善、体制灵活的投资环境。

在对自贸试验区进行整体的投资氛围调整后，可着重于在负面清单和准入前国民待遇上进行试点，管理模式的制定与中美 BIT 谈判之间必须实现联动，通过高效的制定负面清单和准入前国民待遇来降低高标准的承诺，根据中国国情，进行合理的制度设计，为以后对具体情况做解释提供空间。

自由贸易账户体系是上海自贸试验区金融改革政策中备受瞩目的一个环节，提供了一个探索金融管理制度创新和改革的实验平台，如何利用自由贸易账户来改革创新自贸试验区，从而为中美 BIT 谈判铺路，是可以探讨的方面。在自由贸易账户的深化改革中，先强化其主要功能，特别是自由贸易账户一体化进程，便利资金的结算和融资，为更多的企业和个人提供投资贸易便利，其次，要完善自由贸易账户的专有业务，吸引银行外的金融机构利用贸易账户开展金融创新，丰富自贸试验区内的金融活动，推动自贸试验区与中美 BIT 谈判的联动发展。

(二) 营造良好投资环境

中美双边 BIT 谈判以上海自贸试验区为投资管理体制改革的重要试验地，在自贸试验区内进行制度改革、金融创新和管理模式试点，以达到中美 BIT 谈判的标准。一个公平公正的投资环境是吸引外资来我国投资的关键，上海自贸试验区可以试行公平竞争原则，并在劳工权益、业绩要求和权益保护制度等方面营造一个公平、健康的投资环境。

在劳工权益保护方面，中美 2012BIT 范本提出要给予劳工自由结社、集体谈判的权利，自贸试验区可以将这个方面纳入运行条款中，加大外商劳工权利，保障合法权益，增加外商投资的愿意度。另外，业绩一直是考核投资者投资准入的一个标准，自贸试验区可以考虑宽对外资业绩的要求，把考核标准放在是否会带动上下游产业，促进相关行业的繁盛，拉动经济需求，影响中国行业结构等方面。

外商投资最担心的问题就是外汇转移的安全性，现有的外汇转移制度对外汇币种有所限制以及要求各种单证，需要进行一定的改革。首先，精简外商投资的外汇登记手续，将权力释放给相关的部门；其次，简化外汇转移需要提供的单证审核，进行多证合一的改革；最后，增加外汇管理的透明度，出台的政策法规公众能够在平台上查阅，外汇审批要求和流程清晰透明，积极回收公众的信息反馈，以便及时改进管理政策。

（三）准入前国民待遇和负面清单的完善

准入前国民待遇和负面清单是中美 BIT 谈判的核心内容，高水平负面清单的设置能够降低高标准的义务，降低投资自由化带来的风险，维护本国经济主权。中美在行业结构、风险防范、市场监督和外资管理等方面存在较大的差距，通过完善准入前国民待遇和负面清单来防范美国外资的进入对中国经济的冲击，是上海自贸试验区应对中美 BIT 谈判的关键之处。

1. 准入前国民待遇

准入前国民待遇要求一国政府在外企设立、并购、发展阶段给予的待遇不低于本国企业相同阶段的待遇。这一设置意味着外资准入更加开放，为了应该外资流入可能带来的问题，需要进行三个方面制度的"转移"：管理方式由"审批制"向"备案制"转移，由"双轨制"向"统一立法"转移，管理重心由事前严格审查向事后监督转移。

外资准入逐案审批制，虽然在实行监管方面具有一定的合理性和必要性，但是存在审批环节多、行政成本高、等待时间长以及容易滋生权力寻租等问题。备案制能够简化外资审批流程，提高审批效率，有效地适应当前外商投资规模不断扩大，外资进入方式多样化、外资行业逐步细化的趋势，达到有效管理外资的目标。

双轨制，即对外国投资者的管理制度与对国内投资者的管理制度不一致，这有悖于市场公平竞争原则，容易引起外商不满，很多企业会因为投资制度问题而踌躇于进入中国市场。制定专门的外资管理法有利于增强市场的公平性、法律的透明度，降低分别管理的成本。

事后监督重在加强反垄断的调查，一些企业进入中国市场后利用倾销、恶性并购等方式大举占领市场份额，导致国内很多企业遭受重创，特别是对于一些幼稚产业，更需要政府的扶持。反垄断机构需要加大对外企的调查和监督，规范调查程序和惩罚力度，在引进外资的同时维持好行业秩序。

2. 负面清单

从本质上看，负面清单是建立在国民准入前待遇基础上的外商投资特别管理方式，为了应对中美 BIT 谈判提出的高标准投资自由化，需要对负面清单进行完善，主要从表达方式、透明度机制以及内容设置这几个方面入手。

负面清单一旦建立，缔约方的投资活动就需要参考负面清单，由于各国文化、法律、经济情况等的不同，难免会产生一些纠纷，为了尽量减少双方在"负面清单"的纠纷，在制定时应该要注意表达方式。首先在禁止投资领域和定义上要措辞严谨，防止模棱两可的局面，其次，在产业列举中尽量加入"等""之类"这种字样，这种兜底条款不仅增加灵活性又能在产生纠纷时有解释的余地。

负面清单的完善的核心部分在于透明度，透明度体现在负面清单制定的全过程中，在准备负面清单时，首先考虑与国内法律的一致性，若存在缔约双方的不符措施的条约义务规定和现行法律法规不一致的，可以考虑将其删除或通过谈判纳入负面清单中。其次允许不同的利益集体参与到负面清单的讨论过程中，在负面清单制定完后，要及时地在公共网站上发布并提供咨询平台，给予公众足够的知情权和评论权。

上海自贸试验区"负面清单"承载着对中美 BIT 谈判"负面清单"的先行先试的功能，而自贸试验区负面清单的内容制定与美国的 2012 年范本还存在一些出入，需要进行完善。首先，通过对上海自贸试验区负面清单（2014 年版）与美国 2012 年范本的对比分析表①进行分析，我们可以发现：从服务行业来看，出于对国情问题的内在性考虑，上海在此领域并非具备完全的自主性，因此迫于中美 BIT 谈判的压力，这会对上海自贸试验区形成一个外在的推动力，进行主动积极地寻求支撑和解决方案，对负面清单进行进一步压缩的同时也使得自贸试验区自身建设真正成为可推广的范本。

其次，对于未来的新兴行业而言，如果只是大范围地概括为本国尚未出现的行业和领域，期待日后再次进行更正添加的话，这样的做法就失去了对负面清单的"棘轮"约束。但是要求一味符合"只减不增"的原则的话将会使得政府对于外资进入的把控监管难以操作，毕竟市场走在前端，而且我国的市场经济是社会主义形态下的。因此应对中美 BIT 谈判，在未来的新兴行业领域，考虑到可能出现的情况并做好防御准备，达成一个对于未出现行业负面清单进行增加的可进行二次沟通的协议。

（四）加强自由贸易账户建设

中美 BIT 谈判将推动更多的企业对外投资，对于大量企业进入市场，跨境资金汇入/汇出和投融资便利要求的提高等问题，可以从加强自由贸易账户的建设来应对，以自由贸易账户为基础构建一个"网上自贸试验区"，深化自贸试验区的改革，在满足实体经济投资便利化的需求下，又能加强与国际经济市场的联动性。

自由贸易账户的主要功能包括：本外币一体化管理模式、非居民账户准入前

---

① 见本章附表 3 - 1。

国民待遇管理模式、跨境资金管理模式。自由贸易账户分账核算代表一体化账户管理模式，即开设一个主体账户，下设不同币种和不同业务类别的子账户模式，在这个体系里，分账核算业务及资金与其他业务分开核算，创建了一个与境内市场有限隔离、与国际市场高度接轨的金融环境。其次，自由贸易账户体系也把本外币账户体系在不同的账户体系间的业务规则进行统一管理，简化了资金的管理，促进了资金的快速流动。

自由贸易账户的管理采取"一线"宏观审慎和"二线"有限渗透的管理模式，这种管理模式相当于一道防火墙，使自贸试验区的套利行为不会对境内区外的市场造成影响，在保证资金具有一定的流动性的同时又做好防御手段，对于中美 BIT 谈判带来的资金大量的流动、跨境结算和投融资汇兑等需求，是个有效的应对措施。

自由贸易账户体系是特殊的在岸账户，适合那些有大量国际资金往来，同时在一定程度上有跨境资金流动需求的企业和个人。自贸试验区内主体可以在人民币账户和外汇账户的基础上，根据自身情况选择开立自由贸易账户，自由贸易账户内的资金统一进行管理，为企业开展跨境业务，参与国际经济活动提供便利服务，有效地应对中美 BIT 谈判带来大量外资企业的便利服务需求。

对于自由贸易账户建设的完善，体现在业务种类和监管制度方面。金融业务种类的完善会让更多的企业和个人有机会接触自由贸易账户，扩大自由贸易账户的使用度，在满足不同机构的需求的同时也会推动自由贸易账户的成熟。在监管制度方面，既要严格审查外资，也需要对境内资金的流出做好审核，对洗钱、逃税等行为加强监督。

在自由贸易账户体系的基础上，金融市场实行资金封闭管理、分层清算，既可以便利外资交易、资金的自由流动，又能隔离境外游资对境内的冲击，确保国内市场平稳健康地运行。自由贸易账户的完善是应对中美 BIT 谈判对中国对外贸易影响的重要举措，能够推动中国金融市场和国际市场接轨，参与到全球贸易一体化进程中去。

二、上海应对中美 BIT 谈判的金融创新建议

中美 BIT 谈判的不断深入对我国金融开放起着重要催化作用，而"十三五"时期争取迈入全球金融中心前列的上海无疑起着"排头兵"的作用。上海自贸试验区需要继续发挥好试验田的作用，为上海乃至全国进一步接轨更高标准国际贸易投资规则起到先行先试的作用。本节将立足于前面几章有关中美 BIT 谈判对中

国金融开放、上海国际金融中心及自贸试验区建设影响分析的基础之上，前瞻性地结合中国金融改革的未来进程，并就加强沪港金融联动建设、增进人民币资金双向联动、加快离岸金融市场建设、加强金融综合监管和完善自贸试验区风险防范几个方面，提出针对性的政策建议。

（一）加强沪港金融联动建设

上海正向国际金融中心和具有全球影响力的科技创新中心迈进，有着巨大的成长性与更多的金融服务需求。香港作为成熟的金融中心城市，在金融产品、金融人才、金融监管、专业服务、法律体系及争议处理等方面拥有丰富的经验。随着"十三五"规划的逐步落实，上海国际金融中心和上海自贸试验区建设的不断深入推进，两地金融业联动发展将面临新的重要契机。

未来，沪港联动可以在已有基础之上，把握人民币国际化、上海自贸试验区和中美 BIT 谈判等重要机遇，使沪港金融联动迈上新的台阶。具体来说，需要加强以下几个方面的联动：

1. 沪港机构联动

当前大量境内企业"走出去"亟须内地金融机构设立海外分支机构为其提供相应服务，同时随着内地金融市场、金融业务对外开放的扩大，香港金融机构来沪设立分支机构的条件将更为宽松，这为两地机构互设提供重要契机。借此我们可以鼓励上海金融机构在港上市，通过设立或并购等方式在港设立分支机构；并降低进入内地市场的门槛，放宽业务范围、提高持股比例，为香港金融机构在上海开展业务提供更多支持和良好服务。

2. 沪港业务联动

围绕自贸试验区"新金改"40 条方案，在不断完善跨境贷款、双向资金池等现有业务的基础上，加快金融产品和业务创新，将人民币跨境业务进一步扩大到投融资领域，拓宽境外人民币回流渠道，促进人民币资金跨境双向流动；深化证券业务合作，鼓励符合条件的上海金融机构和企业赴港发行人民币债券、H 股等有价证券；鼓励上海金融机构在港分支机构参与设立更多 RQFII 及 QFII 试点计划，拓展资产管理业务；探索开展保险业务合作，鼓励香港保险机构为内地企业"走出去"提供风险保障，为国内巨灾保险、特殊风险保险提供再保险支持；鼓励发展香港人民币保险业务，探索推进保险"沪港通"。

3. 沪港市场联动

"沪港通"给两地金融市场互通开了一个好头，下一阶段，要不断完善相关制度和规则，扩大交易额度与标的物范围，要开展好内地与香港基金互认工作；

加快推进上海自贸试验区面向国际的金融交易平台建设。要继续完善配套措施，吸引香港金融机构参与上海自贸试验区面向国际金融市场平台建设，开展跨境投融资。

4. 沪港监管联动

要加强两地金融监管部门的信息共享，构建金融信息监测和风险预警防范机制，牢牢守住不发生系统性区域性金融风险的底线；当前上海正在不断完善金融开放创新的制度框架体系，这方面香港拥有较为成熟的金融监管体系，因此可以充分学习和借鉴香港在金融监管和防范风险等方面的经验。

（二）上海在推进沪港金融联动方面做出以下几方面探索

1. 继续完善人民币离岸业务

（1）建立沪港两地货币沟通渠道。为适应人民币离岸市场发展后中国央行有效的货币调控，沪港两地货币当局需要定期沟通境外人民币流通状况，共同评估现有人民币在香港地区及周边国家的市场供需状况及对中国央行的货币调控、利率、汇率水平的影响等问题。香港货币当局要建立相应离岸"人民币账户"，并出台相关管理规定。可允许香港强制性公积金、寿险公司等机构投资者开立人民币账户，并逐步放开人民币账户的开立限制。

（2）共同完善人民币现钞与资金的清算渠道。应及时根据业务发展需要，修改清算协议，适时增加香港清算行，改进服务，促进竞争。但需要保证渠道的唯一性和中国央行的可控性。

（3）香港与上海证券交易所互相创设、挂牌交易所 ETF 产品，逐步实现两地交易所的融合。还可以发展商品期货市场方面的合作，如股权合作，支持香港设立商品期货交易所。鼓励内地相关方面投资入股香港商业期货交易所。

（4）香港设立石油、黄金、大宗原材料等的人民币计价和美元（或港币、欧元）计价的期货产品，其中人民币计价部分只能使用境外人民币交割。大陆在现有交易所（或整合后的交易所）原有产品的基础上，开设美元标价的产品，但参与主体只能是非居民，或者以 QFII 形式批准的以机构为主体的外汇资金。

2. 有效管理"沪港通"交易存在的市场风险

在日常的监督管理过程中，汇率的波动也会在一定程度上影响沪港通的流动交易，为此，中央银行应当建立适当的干预机制，制定一定的波动幅度区间以及时间方面的约束，尽可能地减少国内金融市场汇率出现大规模剧烈波动。与此同时，还应当尽快地建立汇率波动对冲机制，以市场的自动调节机制减少金融风险带来的不良影响。

（三）增进人民币资金双向流动

在当前中美 BIT 谈判的大背景下，上海要进一步寻求开放，需要鼓励资金"走出去"，也要考虑资本引进来，实现人民币资金的双向流动，这是当前中央和上海市都较为关注的问题，上海自贸试验区无疑成为这一先行先试的重要场所。

目前而言，关于上海自贸试验区进一步拓宽境外人民币回流渠道，便利人民币资金双向流动的主要建议包括：

（1）按宏观审慎原则，自贸试验区内企业和金融机构可以从境外借用人民币资金，投于符合国家宏观调控方向的各领域。允许自贸试验区内银行在宏观审慎管理框架下从境外银行间市场拆借人民币资金。使得区内主体从境外募集低成本资金、降低经营成本、扩大业务规模，同时也为区内主体进一步盘活运营资金、提高资金使用效率、寻求更大更广的盈利空间，提供了政策支持。

（2）自贸试验区内金融机构和企业按规定在境外发行人民币债券所募集的资金可调回区内使用。积极稳妥推进人民币国际债券市场建设，促进在岸离岸人民币债券市场协调互动发展。在风险可把控的前提下，逐步拓宽债券发行主体和资金募集使用范围，减少对资金跨境使用的限制，扩大资金跨境流出途径和方式，完善债券发行方法、类型、期限和定价机制，加大市场监管力度以防范系统性风险。

（3）自贸试验区在充分利用全国统一金融基础设施平台的基础上，可进一步完善现有的以人民币计价的金融资产、股权、产权、航运等要素交易平台，提高人民币计价结算规模，进一步简化流程手续，面向自贸试验区和境外主体提供更加便利的人民币计价的交割和结算服务。

（4）加快以自由贸易账户为依托，以人民币作为计价、交易和结算货币，在自贸试验区内建立一批面向国际的大宗商品和金融交易平台。已经建立平台的，要进一步适应市场需求开发新品种，积极推出以人民币计价、结算、交易的大宗商品衍生品，谋求大宗商品定价权。发展壮大国际会员队伍，在交易、结算、托管、转口、交割等方面为国际投资者提供优质服务，制定面向国际投资者的交易规则。

（5）自贸试验区内符合条件的跨国企业集团可开展跨境双向人民币资金池业务，可不受经营时间、年度营业收入和净流入额上限的限制，使资金可以自由跨境调拨、免去相应审核手续，实现人民币资金账户与外汇账户的实时衔接，货币流动更为便捷。

（6）向自贸试验区内就业并符合条件的境内个人适当开放各类人民币境外投

资。区内推出合格境内个人投资者境外投资制度，允许区内就业及符合条件的境内个人以人民币投资境内、外债券、股票、期权等金融市场。

（四）加快离岸金融市场的建设

上海自贸试验区的设立加快了国内企业"走出去"的步伐，这些企业对离岸金融服务的需求较大，一般是通过把资金放在中国香港、新加坡等银行，由于国内企业与这些境外机构没有长期的业务关系，加之信用评级要求较高，国内银行在境外融资成本较高。若在上海自贸试验区内建立离岸金融市场，则方便为企业提供离岸金融服务，降低企业融资成本，推动企业更多地向海外市场开拓，法人企业能够在自贸试验区内自由兑换人民币，将资金控制在自贸试验区内，防止国际资金对国内金融市场造成冲击；其次，创建离岸金融市场是上海建设国际金融中心的基石，能够完善上海的金融体系，是上海金融市场与国际接轨的重要一步。

1. 上海离岸金融市场的构建

离岸金融市场总共有三种模式，分别是内外分离型、内外混合型和渗透型，鉴于我国金融市场并不完善，金融体系不完整，金融自由化程度不高等情况，在上海建立内外分离型模式比较符合现实，在岸和离岸金融市场分离能够保证国内金融市场的稳定性，随着国内汇率市场的改革完成，金融体系慢慢完善，监管程序的出台，可以逐步向内外渗透型过渡。

2. 上海离岸金融市场的差异化建设

对于上海离岸金融市场的建设，可以和香港离岸金融市场有所分别，进行错位化建设，这也是基于大陆特殊的经济形势以及上海独特的金融地位考虑的。

香港离岸金融中心的运行模式是内外混合型的，金融业务的开展是以银行为媒介的，不需要设立离岸账户，但存在人民币回流问题。而上海方面，可以把离岸金融市场作为独立于银行之外的一个金融机构，将离岸和在岸账户严格分离，金融当局对两个账户分别管理，从而保持国内金融市场的稳定。

香港离岸金融中心的主要内容是建立离岸人民币市场，离岸人民币市场有助于推动人民币成为区域投资和储备货币，实现人民币区域化。而上海离岸金融业务建设主要为自贸试验区内企业提供离岸金融服务，便于企业"走出去"，此外，依托国内强大的经济创造力以及广大的金融市场，开发新的金融衍生品，离岸金融业务，以期吸引外资，为国内的经济发展提供来源。

3. 上海离岸金融市场建设的建议

当前，上海自贸试验区实施"内外分离混合型"离岸金融市场建设的主要建议包括以下几方面：

（1）加快分类别离岸金融参与主体的扩增。

相比香港，上海自贸试验区存在外资银行及其他金融机构主体相对不足、融资实质业务偏重于国内的缺陷，因而扩展适合内外分离混合型的参与主体规模对于自贸试验区离岸金融业务的建设格外重要。

首先，放开黄金、外汇以及国债市场的离岸金融主体准入，在一般人民币离岸业务中，开辟外资主体优先办理模式，豁免其营运税费负担，并给予境内外主体准入前国民待遇，放宽业务主体筛选，引导主体参与人民币经常项目、非居民外汇交易、股息和利息交易，并引入证券、全外资财务、信托投资等非银行金融机构。

其次，调高"混合"阶段利息、外汇项目盈利能力占比至 10% 左右，以优化主体利率市场化适应能力及离岸金融中心总体业务发展。

最后，分阶段管理，逐步推行区内直设离岸银行，扩展境、内外离岸金融主体平等权覆盖，有条件、分步骤开放单一外资金融机构设立离岸分支银行及自贸试验区内中资银行的离岸金融业务，推进"混合"离岸、在岸业务的可控自由流动。

（2）实现分阶段风险调控与税收调节。

上海自贸试验区要建立起适应内外分离混合发展模式的动态风险调控机制，以应对离岸、在岸账户资金流动隔离的弱化，避免金融与宏观管理风险的输入。

首先，设定离岸主体与母银行间头寸抵补量不超过上一年限离岸总金融资产 10% 上限、2% ~4% 的上下浮动幅度，以控制业务"分离"并防范变相融通。

其次，设立准备金以防范外汇汇兑、非居民存贷的在岸融资等基础风险，并按离岸金融主体 30% 生息资本比例、流动性资产对负债比底限 25%，控制境内、外主体的离岸融资、人民币自由兑换衍生在岸居民存贷等业务的模式外"混合型"流动风险。

再次，应继续减征企业所得税，确保离岸业务税收低于境内同类税负，自贸试验区内税负低于周边区域及国家离岸金融的平均水平，并对入驻自贸试验区离岸金融主体豁免利息税、营业税及印花税、资本利得税、股息预扣税，对 1 ~2 年业务主体返还补贴纯离岸金融业务营业税，鼓励引导离、在岸业务分离。

最后，上海自贸试验区借助托宾税发挥离岸金融业务主体税负的风险防控转移效应，以完善其风险动态调控，根据现有国际金融离岸中心发展经验，应对自贸试验区离、在岸资金出现严重不匹配或遭遇国际离岸金融市场波动情形，提高短期流动资金收益征税比重，以约束离、在岸业务"混合"走向规范化。

（3）完善分步离岸业务融资导向。

融资的运用走向决定离岸金融发展收效，因此对于上海自贸试验区离岸金融的发展模式选择，要配以稳步合理的融资走向引导与管理。

首先以严格分立、分离原则，控制账户资金占比、境内行业投资优惠控制融资"分离"，允许非居民间离岸账户交易，严禁离岸、在岸账户的本外币兑换，实现境外资金的内向单向流动。其次，利用资产证券化引导贸易、物流服务业务与主体资信剥离后的融资、溢价发行和资产偿债，以更稳定抗险结构实施"混合"融资。最后，以境内外金融机构的统一账户资金、离岸交易的储备金制度、业务主体自然人或法人存款指标设限、资产负债及表外业务审核控制、人民币自由兑换风险评估等手段管控"混合型"的利率融资、外汇自由投资的融资走向，借助额度管理控制长远期离岸向在岸的资金渗透。

（4）落实分目标法律监管。

上海自贸试验区应实施分目标法律监管，以解决分离—混合模式离岸金融市场发展过程中"特立芬"难题。

首先，通过禁止个人准入，核准人民币离岸业务的分行或分部建制，明确总行、总部的最后风险责任确保离、在岸融资分离，杜绝离岸金融套利投机。

其次，补充完善境内外银行及其业务融资为"分离"模式主要调节对象的法律法规，优先宽松境外、合资银行离岸业务法规监管，优化离、在岸账户及混合业务法律监督。

最后，针对中资外投离岸业务，特别是借由在岸业务衍生的离岸业务机构设立需求，逐步加大对其先期在岸业务资产、离岸业务范围、资金流动比、离岸业务机构投资比等指标的分目标监管，规范"混合"为主模式阶段的主体审核监管制度。

（五）加强金融综合监管的建设

我国现在主要由"一行三会"对金融业实施分业监管，但是为了推进便利化，上海自贸试验区可建立综合金融监管平台，进行"一站式"管理。同时，应该对这个机构尽可能地放权，以应对跨国公司的混业经营和其财务中心的各币种全球调拨。职能上，逐步从机构监管转向功能监管和目标监管，减少监管职能冲突和重叠，弥补监管真空。与此同时，建议中国人民银行、银监会、证监会和保监会加强金融监管的协调与合作，提升监管协调工作规范法和制度化水平，形成监管合力，共同防范金融风险，保障金融安全。

目前而言，上海自贸试验区在发挥创新优势、开展综合监管试点以及探索功能监管方面可以做到以下几方面：

第一个突破点是说要实施全面覆盖，解决监管难区和监管空白的问题，方案可以建立对机构、人员、产品的全面覆盖的分工、协作的体系，凡是从事金融业务或者变相从事金融业务的行为都将纳入监管的范畴，改变现在类金融、新金融活动监管不足、无序发展的情况。

第二个突破点是加强跨界协作、解决监管重叠和监管套叠的问题。通过进一步加强国家部门和地方管理部门比如像管融资租赁的商务部、管小贷、融资担保的金融办，还有工商的协作，推动政策的协同和行动的协同，特别是对跨界产品和交叉产品的监管，建立有利于弥补现有监管不足的监管机制。推动监管的转型，顺应综合经济发展的大趋势。对国内从事同一类的金融机构推动大体一致的监管，消除同一类性质业务接受不同尺度监管的情形。

第三个是推动金融基础设施的建设来实现信息的互联互通，提高金融风险的预警能力，防范区域性金融风险的发生。

具体措施方面，上海可以在推进综合监管方面做出以下几点探索：

1. 在上海成立金融监管的联席会议

联席会议由市政府分管金融工作的副市长和副秘书长分别作为第一召集人和召集人，机构包括市金融办、人民银行上海总部（外汇局上海市分局）、上海银监局、上海证监局、上海保监局，以及各区（县）政府等部门。联席会议建立例会制度，原则上每季度召开一次，围绕难点重点议题，明确工作职责，议定实施方案，也可以根据需要临时召开。主要功能就是业界代表发现问题后及时向联席会议进行提交。

之前类似 P2P 等一直存在风险，没有渠道进行处理，同时，也没有负责人进行回应。现在通过联席会议的设置，可以享有回应的主体，如果第一时间有新的情况可以在会议上由专门负责人进行回应，以此来解决责任主体缺位这个问题。在现有法律无法界定的情况下，这样大家便可以通过讨论来进行决定。

2. 搭建基础设施建设

通过政府采购来搭建一个信息收集平台，并对收集的信息进行专项归集，这主要是因为不同于传统金融机构需要上报经营数据，对 P2P／股权众筹等新金融来说，监管部门无法掌握太多的信息，所以主要还是通过市场化渠道来购买和采集。比如北京市政府就委托拓尔思，采集微信、微博以及市场上的其他信息，并结合自身拥有的数据，打造一个云平台，涵盖了几十亿的数据。同时，在分析的时候结合数据以及模型，每家机构有一个冒烟指数，根据冒烟指数对这几家机构进行重点监管，这就相当于网格化监测预警平台。

3. 继续发展行业协会

我国当前的行业协会发展较之前差别较大，以基金业行业协会为例，之前是地区性的，而现在是全国性的，全国的私募基金都统一向它申报，它解决了专业性的规模化问题，而先前，上海市单独一个，这样就导致规模不够的情况，以至于不太可能开展制定法规这种强势监管，因而现在的行业协会监管力度会不断加大。

同时，行业协会中关于那些从业人员的信息也可以实现共享，例如 P2P 里面的很多人都是先前阿里从事保险代理和经纪人跳槽离职过去的，然而现在就较难掌握这些人员的信息。如果实现人员信息联网共享，这将对从业人员的管理起到很大帮助。

（六）完善自贸试验区风险防范

以 2012 年 BIT 范本为参考标准，美方将在透明度、外资保护和国有企业方面提出高要求，基于中国现有的市场环境和法律制度，难以达到标准规定，中美 BIT 谈判达成后会在一些领域对中国市场造成一定的影响，通过研究 2012 年 BIT 范本，找出关键问题，提出相应的风险防范措施，以便能够在享受中美 BIT 谈判带来的利益同时维持国内市场的稳定。

1. 应对透明度

按照中美 BIT 可能达成的谈判的预测结果可知，美方要求中方提高透明度，透明度要求两个方面的信息公开，一是要求中方尽可能提前公布拟发布的法律条规，以让投资者有机会参与到规则制定的过程中，确保投资者的诉求得到回应；涉及技术法规和标准制定，缔约一方有权参与到过程中。二是要求争端的解决程序公开透明。在中美 BIT 谈判中，我们需要坚持透明度原则，但是在实现透明度的过程中，需要循序渐进，先在法律法规上公开，公众可以查阅到所公开的全部法律条款，其次是逐步完善公众参与的相关规章制度，放宽参与的限制条件和领域。

2. 外资流动

外来资金的涌入有利于缓解中国资金缺乏的局面，但随着对资本流动，也需谨慎外来资金对中国金融市场的冲击，如何有效地引导外来资金支持中国的市场建设，并且监控资金的动向，是需要关注的方面。

对于外资流动的防范可以参考美国经验，例如，中国的国家安全委员会介入到对外来投资的安全审查中，设立安全指标，通过指标给外来投资企业进行安全评级，对于评级低的企业进行不定期的检查，一旦低于最低标准给予惩罚措施或禁止经营。在资金流动方面，对于大额资金需设立严格的监管流程，包括资金的来源、用途及涉及的金融领域都应该有数据记录，以方便查找资金的流动路径，监控资金去向。

3. "高标准"外资保护

对于中美 BIT 提及的"高标准"外资保护，中国要小心对待，避免中美 BIT 不适当的限制我国对外资的管理权限，近年来，我国的对外投资速度加快，由投资输入国慢慢转变为兼投资输入和输出双重身份的国家，虽然投资速度加快，但是我国在对外投资保护制度方面的改革却没有突破。外国市场常以"竞争中立"为由制约我国企业在国外的投资贸易活动，认为中国的国有企业享有政策和资源优势，美方要求加强国有企业的企业责任。由于"高标准"外资保护的倡导，中国国有企业的对外贸易活动经常受到干预和控诉，因此，国内需要建立一定的机制来确保我国企业在国外的合法权益得到保证。

国有企业是中国经济的主要组成部分，美国要求的竞争中立原则不适合中国国情，国企改革需要根据不同性质分层次改革，对于公益性企业。可以考虑适当减少国有持股比例，而对于关系国家安全、国民重要命脉的关键性行业，政府还需加强控制，禁止或减少外资进入。

4. 金融对外开放

中国金融领域的改革已经进入关键期，内改的速度决定对外开放的程度，中美 BIT 谈判会加大中国金融领域的开放程度，要维持金融的稳定性，需要控制好金融开放的速度，分层次、分领域逐步推进。第一层次：保险业和银行业；第二层次：证券业；第三层次：跨境提供、征信和支付业。中国是个间接融资主导的国家，会把银行业的开放作为重点。人民币国际化和国内资本市场的开放是金融开放的主要着力点。人民币加入 SDR 货币篮子加快了人民币国际化进程，但是国内经济增速放缓、经济结构转型遇到瓶颈，人民币国际化进程可能会放缓，金融业的开放是否会促进人民币的国际化进程，要取决于如何防范外资对人民币的冲击，如何维持汇率的稳定性。

附　表

附表 3－1　　上海自贸试验区负面清单（2014 年版）与美国 2012 年范本的对比分析

总体类别	细分类别			分析
	细分行业	上海自贸试验区负面清单	2012 年范本	
服务业	金融业	金融业高级管理人员应具有相应专业资质和不少于 3 年从业经验，商业服务业允许中国香港、澳门地区服务提供者设立独资人才中介机构并且其他国家或地区只能设立中外合资人才中介机构等	"缔约方给予另一缔约方投资者的待遇应不低于其在类似情形下在设立、获取、扩大、管理、经营、运营、出售或其他投资处置方面给予国内投资者的待遇"或者是"其领土内本国投资者的投资的待遇"	我国自贸试验区负面清单对于服务行业限制较多，尤其是金融等行业，而中美 BIT 的推进就是为了进一步促进金融行业资本的互动，同时也不利于拓宽我国自身金融服务行业的开放度
	运输业	明确提出投资航空客货运输、通用航空服务、航空运输辅助活动的经营年限不得超过 30 年，在公路旅客运输方面明确提出主要投资者至少一方须是中国境内从事 5 年以上道路旅客运输业务的企业		
	外资股权比例和外国投资者投资比例的限制	投资农作物种子中方投资比例应大于 50%，铁路、汽车制造业、互联网和相关服务、寿险等行业的外资比例不得超过 50% 等		
空白领域	劳动者保护	没有涉及	"缔约双方认识到通过削弱或降低国内劳动法所承担的保护义务来鼓励投资是不恰当的"并且详细列数了与国际公认的劳动权利直接相关的条款	我国第二产业占主导，第三产业发展态势迅猛，劳动者是这两大产业的主力，忽视劳动者的利益将不利于产业的良性发展
	知识产权保护	没有涉及	第 6 条征收与补偿中就明确指出"本条不适用于根据《与贸易有关的知识产权协定》颁发关于知识产权的强制许可，也不适用于撤销、限制、创造知识产权，只要这种颁发、撤销、限制或创造行为是与《与贸易有关的知识产权协定》相符合的"	再次忽略知识产权的保护将为以后国际争端的发生埋下定时炸弹

续表

总体类别	细分类别			分析
	细分行业	上海自贸试验区负面清单	2012 年范本	
空白领域	政府透明度	没有涉及	第 11 节整个都是关于透明度问题,从公布、信息提供、行政程序、审查和上诉、标准制定等方面进行了详细的规定,第 29 节则对仲裁程序的透明度进行了规定	政府是一国的核心所在,政府透明度的提升将为外资的进入提供一个优良的投资环境,一定程度上消除外商投资者的后顾之忧
	纠纷解决机制	没有涉及	BIT 文件第二部分列明了投资者与东道国争端解决的途径,包括国际仲裁。另外,涉及金融投资的争端解决还有特别解决机制	国家条例的发布会因为语言和思维方式的差异而导致双方争端时常发生,缺乏对纠纷解决的处理机制一定程度上会使发展中国家处于劣势地位
差异对待领域	行业	在航空运输业方面除中国香港、澳门地区服务提供者可以独资形式提供代理服务、装卸控制和通信联络及离港控制系统服务、机坪服务、飞机服务等 7 项航空运输地面服务外,在金融业方面投资证券投资咨询机构仅限中国港澳地区证券公司	BIT 文件第 5 节待遇的最低标准规定"各缔约方应当根据习惯国际法给予涵盖投资待遇,包括公平公正待遇和充分保护和安全"	公平、透明的合作环境是全球经济一体化进程中所倡导的。由于我国特殊的国企体制的存在一直为外资企业所诟病,消除差异化思维,在倒逼国企改革的同时也放松了外资进入的警戒心理
	企业所有制	对于中方控股的企业可以投资,其他企业就不能投资,这主要体现在对农作物新品种、特殊和稀缺煤类、大洋锰结核和海砂的开采、专业技术服务业、船舶的设计制造与修理等行业		
尚未出现行业		对于目前不存在的领域和部门也没有相关措施。目前上海自贸试验区颁布的负面清单改编于《外商投资产业指导目录》《中国(上海)自由贸易试验区总体方案》等行政文件,即按照我国现行"国民经济行业目录"来看,我国现行目录中没有出现的部门和领域同样不会出现在负面清单中。这种"转化型"列举方式并不能穷尽将来待开发的新兴产业		由于金融行业的门类太过于复杂,新兴产业日新月异。为了杜绝"易租宝"类似事件的发生,我们需要拿捏好新兴行业是否出现和怎样出现的问题。在该领域的谈判中我们一定要坚守自己的利益不放松

附表 3 – 2   资本项目开放进展

阶段	资本项目开放案例	时间	重要举措		意义
			法规政策	典型事件	
2001 年之前（资本项目开放实行严格限制，无明确定义）		2000 年之前	我国在外商直接投资、外债、对外担保、境外投资等方面仅有非常初步的部门指导性法规，实行严格的审批管制		
		2000 年	汇管理局颁布了《资本项目外汇管理业务操作规程》		具有比较明确、规范的制度依据，在 2000 年亚洲金融危机情况之下宗旨仍然是继续实施严格的资本项目外汇管制政策
2001 年之后（资本项目逐步放开，进行发展与改革）	B 股市场	2001 年	证监会和国家外汇管理局联合发布了《关于境内居民个人投资境内上市外资股若干问题的通知》		对境内居民开放 B 股市场，允许境内居民用外汇认购及买卖 B 股
	合格境外机构投资者，即"QFII"	2002 年 11 月	发布了《合格境外机构投资者境内证券投资管理暂行办法》及《合格境外机构投资者境内证券投资外汇管理暂行规定》		合格境外机构投资者开始进入中国市场，试水中国证券市场投资。但是 QFII 在境内 A 股市场的投资总额必须经过外汇管理局的审批，必须建立专户对投资资金的进出、结售汇进行监控，必须通过国内托管银行对投资资金及投资账户的活动进行监控
		2006 年中和 2009 年中	对上述两个法规进行了修改与进一步完善		
	境内机构投资者境外证券投资（QDII）	2007 年	颁布了《合格境内机构投资者境外证券投资管理试行办法》		这在制度上也是一个非常大的突破，QDII 制度进一步贯彻了"走出去"的发展战略，促进了我国资本跨境流出进行境外投资的发展

续表

阶段	资本项目开放案例	时间	重要举措		意义
			法规政策	典型事件	
2001 年之后（资本项目逐步放开，进行发展与改革）	境内个人境外投资	2004 年底	发布了《个人财产对外转移售付汇管理暂行办法》		个人资金的对外转移在政策法规层面有了依据，但仅限于境内个人移民资产转移和境外个人继承境内人民币资产的对外转移
		2005 年后	发布了《关于实施〈个人财产对外转移售付汇管理暂行办法〉有关问题的通知》		
		2005 年 4 月	国家外汇管理局发布了《关于境内居民个人境外投资登记及外资并购外汇登记有关问题的通知》		首次从政策上进一步体现了国家对境内个人对外投资实行严格的审批和监控制度
		2006 年 4 月	颁布了关于代客境外理财的法规		明确了境内个人可以通过境内银行在允许的范围进行对外证券投资
		2006 年底 2007 年初	颁布了《个人外汇管理办法》及其实施细则	2007 年 8 月，经外汇管理局批准我国一度也在天津滨海新区试点"直通车"的境内个人境外直接投资方式。允许居民个人可使用自由外汇资金及人民币购汇直接从事境外证券投资，投资规模不受《个人外汇管理办法》及其实施细则规定限制；但是由于本次国际金融危机及中国境内个人并未完全做好境外投资的准备，使得该项试点没有得到推广	个人项下的资本项目有了比较明确但仍非常框架性的规定，规定境内个人对外投资必须经过审批，并在国家规定允许的投资范围内，根据相关的法规进行。但是除了代客境外理财的法规外，并没有颁布过关于个人境外投资的其他任何相关法规，我们只能认为是在法规在立法时进行的框架性安排，并作出的方向性指导，以便日后发布更详细、具体的法规

续表

阶段	资本项目开放案例	时间	重要举措		意义
			法规政策	典型事件	
2001 年之后（资本项目逐步放开，进行发展与改革）	合格境内个人投资者计划（QDII2）	2013 年	亚洲金融论坛上，时任证监会主席的郭树清就提出要改善投资环境，适时推动 QDII2		较之前的 QDII 有所升级（QDII 只允许个人投资者在一定限额和一定范围内进行海外投资），QDII2 将 QDII 扩大至个人投资层面；帮助内地投资者扩大投资范围，增加资产配置的有效性，有助于增加资产流动性，更有益于资产全球配置
		2015 年 10 月 30 日	10 月 30 日下午，央行官网发布了《进一步推进中国（上海）自由贸易试验区金融开放创新试点加快上海国际金融中心建设方案》，共 40 条内容，研究启动 QDII2 试点		
		2016 年 3 月	央行行长周小川在公开场合透露中国人民银行正在考虑放宽中国居民个人海外投资限制及其他一些规定。国家外汇管理局局长易纲也曾表示，中国要稳步推进资本项目可兑换		
		2016 年 6 月	央行在《人民币国际化报告》中称要打通个人跨境投资的渠道，考虑推出合格境内个人投资（QDII2）境外投资试点，央行副行长潘功胜也称，目前央行会同有关部门研究在条件成熟的地区推出		

续表

阶段	资本项目开放案例	时间	重要举措		意义
			法规政策	典型事件	
	境外机构境内融资	2005 年 2 月 18 日	由中国人民银行等四部委联合发布了《国际开发机构人民币债券发行管理暂行办法》		允许国际金融机构在中国市场举债，允许国际金融机构在国内发行人民币债券，进行人民币融资，这标志着我国债券市场的开放
		2005 年 10 月		中国人民银行批准国际金融公司和亚洲开发银行在全国银行间债券市场分别发行人民币债券 11.3 亿元和 10 亿元，这是中国债券市场首次引入外资机构发行主体	虽然，目前从规模上来看，对我国的债券市场影响还不是很大，但从性质上来讲，这将必然大大推进中国债券市场的国际化进程
2001 年之后（资本项目逐步放开，进行发展与改革）	人民币合格境外投资者。其中 QFII（Qualified Foreign Institutional Investors）	2011 年 12 月 16 日	证监会、央行、外管局联合发布《基金管理公司、证券公司人民币合格境外机构投资者境内证券投资试点办法》允许符合一定资格条件的基金管理公司、证券公司的香港子公司作为试点机构，初期试点额度约人民币 200 亿元，其中不超过募集规模 20% 的资金可投资于股票及股票类基金		这有利于境外人民币资金回流，侧面加速人民币的国际化
		2015 年 12 月 14 日		中国人民银行与阿联酋中央银行 14 日签署了在阿联酋建立人民币清算安排的合作备忘录，并同意将 RQFII 试点地区扩大到阿联酋，投资额度为 500 亿元人民币	
		2016 年 6 月		中国给予美国 2500 亿元 RQFII 投资额度	

续表

阶段	资本项目开放案例	时间	重要举措		意义
			法规政策	典型事件	
2001 年之后（资本项目逐步放开，进行发展与改革）	沪港通	2014 年 4 月 10 日	国务院总理李克强在 2014 年 4 月 10 日的博鳌论坛上指出，将着重推动新一轮高水平对外开放，尤其是资本市场对外开放。并称此后将积极创造条件，建立上海与香港股票市场交易互联互通机制，进一步促进中国内地与香港资本市场双向开放和健康发展。同时将在与国际市场更深度的融合中，不断提升对外开放的层次和水平		有利于通过一项全新的合作机制增强我国资本市场的综合实力；有利于巩固上海和香港两个金融中心的地位；有利于推动人民币国际化，支持香港发展成为离岸人民币业务中心
		2014 年 4 月 10 日		沪港通由中国证监会在 2014 年 4 月 10 日正式批复开展互联互通机制试点	

第四章

新一代贸易投资新规则与我国
自贸试验区开放试验研究*

第一节　TPP 服务贸易相关议题内容及分析

一、TPP 的跨境服务贸易规范

TPP 跨境服务贸易专章以 NAFTA 为基本模板，主要根据美国最近签署的自贸协定的范围和承诺制定，不仅意图实现更高水平的服务贸易自由化，更是在一个单一文本中建立起有关货物贸易、服务贸易和投资规则的系统范例，以适应 21 世纪"贸易—投资—服务相互联系"的新型贸易模式。虽然我国自贸协定缔约实践取得了新的进展，但是与 TPP 相比，在覆盖领域、谈判模式、内容框架上服务贸易规范还有一定差距。以 TPP 为代表的高标准贸易投资规则在加快促进服务贸易自由化的同时，也将对我国参与国际规则制定以及改革国内管理体制形成更大挑战。

（一）TPP 跨境服务贸易谈判的背景

服务部门是重要的经济支柱和增长引擎，占全球 GDP 的比重超过 68%。服务贸易是世界贸易当中最为活跃的部分，约占世界出口总额的 20%，占美国出口总额的 30%。服务部门也是外商直接投资最主要的流向。特别是随着用户人

---

* 本章内容的研究时限为 2016 年 12 月 31 日之前。

数增加以及电信资费下降，网络使得跨境服务贸易较之从前变得更加容易。服务贸易自由化将在创造就业机会、提高经济效率、降低交易成本等多方面带来巨大利益，因此全球经济发展强烈需要服务贸易进一步自由化。

目前，服务贸易壁垒仍然很高，发展中国家尤其如此。即便对于服务业高度发达的美国而言，服务贸易也远低于应当实现的程度。这反映出复杂的服务贸易准入限制和禁止措施，使得企业往往选择在海外投资而非从母国出口，严重影响了全球服务贸易的发展。这些限制主要包括：（1）要求提供服务之前必须建立实体，考虑到开办海外办事处的必要开支，这对中小企业来说负担较重；（2）政府垄断市场或者偏向政府垄断提供者，如交通和物流等行业；（3）有利于国内企业的监管体制不透明，或导致进口机会降低；等等。

但是，WTO多边服务贸易谈判止步不前，显然已经无法适应跨境服务贸易迅速发展的现实需要。一方面，由于发达成员与发展中成员利益关注点迥异，WTO框架下的服务贸易自由化停滞不前。另一方面，乌拉圭回合谈判结束以后，以服务为中心爆发的技术革命空前重大，在推动跨境服务贸易快速增长的同时，也对GATS服务贸易规则提出了很大挑战。而服务贸易规则的缺失和滞后对所有服务部门而言，可能导致贸易体制的长期损害。

因此，受到寻求更大的市场准入的驱使，区域、双边、诸边贸易协定迅速增长，越来越多地涉及服务贸易领域。其中，由美国主导、部分WTO成员组成的"服务挚友"（Real Good Friends of Services）开展的"服务贸易协定"（Trade in Services Agreement，TISA）谈判颇受关注。TISA于2011年开始探索不同的谈判模式和策略，致力于推动服务贸易自由化。而TPP谈判更是在一个单一文本中建立起有关货物贸易、服务贸易和投资规则的系统范例，以适应21世纪"贸易—投资—服务相互联系"的新型贸易模式，为其他自贸协定树立标杆。

（二）TPP跨境服务贸易规范的主要内容

TPP跨境服务贸易专章为第10章，共13条，2个附件。TPP跨境服务贸易专章以NAFTA为基本模板，主要根据美国最近签署的自贸协定的范围和承诺制定，旨在解决服务提供商跨境提供服务长期面临的问题。

1. 定义和适用范围

TPP所指的"跨境服务贸易"包括自一缔约方领土内向另一缔约方领土内提供服务、在一缔约方领土内向另一缔约方的人提供服务以及一缔约方的国民在另一缔约方领土内提供服务3种跨境提供服务的方式。TPP有关跨境服务贸易的定义与NAFTA的规定基本一致，包含GATS模式1跨境提供、模式2境外消费以及模式 4 自然人流动这 3 种服务提供模式。GATS 模式 3 商业存在则属于 TPP 投资专章所规范的对象。当然，有关自然人流动的条款在 TPP 第 12 章 "商务人员临时入境" 中有专门规定。

TPP 跨境服务贸易专章适用于一缔约方采取或实施的影响另一缔约方服务提供者的跨境服务贸易的措施。这些措施包括影响以下方面的措施：①服务的生产、分销、营销、销售与交付；②服务的购买、使用或支付；③获得和使用与提供服务有关的分销、运输或者电信网络和服务；④另一缔约方的服务提供者在一缔约方领土内的存在；⑤作为提供服务的条件，提供保函或其他形式的财务担保。

虽然 TPP 将服务提供模式区分为 "跨境提供" 和 "投资"，但是依据第 10 章的规定，有关市场准入、国内规制以及透明度等涉及监管法规的规定，同样适用于影响该协定所涵盖的投资行为的措施（亦即一体适用于 GATS 模式 3）。但是，第 10 章并不适用于下列措施：①第 11.1 条定义的金融服务，但若金融服务是通过不属于缔约方领土内金融机构的涵盖投资所提供者，则本章有关市场准入、国内法规以及透明度的相关规定应予适用；②政府采购；③行使政府职权时提供的服务；④一缔约方提供的补贴或援助，包括政府支持的贷款、担保与保险。可见，除了少数例外，TPP 涵盖的服务部门相当广泛，几乎包括所有的服务部门。

2. 核心义务

TPP 跨境服务贸易专章包括 4 项核心义务：A. 国民待遇。第 10.3 条规定，各缔约方给予另一缔约方的服务和服务提供者的待遇不得低于其在相似情况下给予本国服务和服务提供者的待遇。B. 最惠国待遇。第 10.4 条规定，各缔约方给予另一缔约方的服务和服务提供者的待遇不得低于其在相似情况下给予任何其他缔约方或非缔约方服务和服务提供者的待遇。C. 市场准入。第 10.5 条规定，任何缔约方不得在其某一地区或者在其全部领土内采取或维持以下措施：施加如下限制：①（a）无论是以数量配额、垄断、专营服务提供者的形式，还是以经济需求测试要求的形式，限制服务提供者的数量；（b）以数量配额或经济需求测试要求的形式限制服务交易或资产总值；（c）以配额或经济需求测试要求的形式，限制服务业务总数或以指定数量单位表示的服务产出总量；（d）以数量配额或经济需求测试要求的形式，限制特定服务部门或服务提供者可雇佣的、提供具体服务所必需且直接有关的自然人总数；或②限制或要求服务提供者应通过特定类型法律实体或合营企业提供服务。D. 当地存在。第 10.6 条规定，任何缔约方不得要求另一缔约方的服务提供者在其领土内设立或维持办事处或任何形式的企业或成为居民，作为跨境提供服务的条件。

3. 其他主要规范

A. 不符措施。根据第10.7条的规定，TPP缔约方同意以"负面清单"为基础接受TPP核心义务。这意味着除了在不符措施清单中列明的服务部门以外，所有领域均要向其他缔约方开放。上述保留在两个附件中列明：①附件一。附件一列明缔约方维持的与国民待遇、最惠国待遇、市场准入和当地存在四项核心义务不符的现有措施。对于附件一中列明的措施，缔约方承诺"维持现状"，即确保未来不符措施的限制程度不会更高，同时承诺"禁止反转"，这意味着如果未来不符措施修正后的限制程度更低，则新的、更加优惠的待遇将作为维持现状要求的基准。②附件二。附件二列明的不符措施使得缔约方完全有权维持现有措施或采取新的限制。第10.7条第3款还规定，如果缔约方认为另一缔约方的中央政府和地区政府采取的不符措施，对前一缔约方的跨境服务提供构成实质障碍，该缔约方可要求对此措施进行磋商。

B. 国内规制。第10.8条规定，缔约方应保证所有影响服务贸易的普遍适用的措施以合理、客观和公正的方式实施，同时完全承认缔约方进行监管以及采取新的法规的权利。普遍适用的措施包括有关资格要求和程序、技术标准和许可要求等的措施。国内规制条款要求授权提供服务的申请程序应当公正和透明，为此，基于美国的实践，该条纳入了新的所谓"良治"准则，包括程序的时间表、通知申请人其申请状态、收取申请费用以及其他申请问题。

C. 透明度。第10.11条对缔约方制定新的服务贸易法规的透明度提出了若干要求：①缔约方应维持或设立适当的机制以应对利害关系人就与服务贸易相关法规提出的询问；②如缔约方未能在服务贸易法规公布之前提供事先通知和评论的机会，则应在可行的范围内，以书面或其他方式通知利害关系人不提供的理由；③在可行的范围内，缔约方应允许在最终法规公布和生效日期之间给予一段合理期限。

D. 承认。根据第10.9条的规定，一缔约方可承认在另一缔约方领土内或非缔约方领土内获得的教育或经历、满足的要求或授予的许可和证明。此类可通过协调或歧视方式实现的承认，可依据缔约方或有关缔约方的协定或安排，也可自动给予。给予承认的方式不得构成在缔约方之间或缔约方和非缔约方之间实施歧视的手段，或构成对服务贸易的变相限制。这意味着缔约方可以灵活决定是否承认另一缔约方的服务提供者的证书，而无须承认所有缔约方的服务提供者的证书。

E. 拒绝给予利益。第10.10条规定，一缔约方可拒绝将本章的利益给予另一缔约方的服务提供者，如服务提供者是由非缔约方的人拥有或控制的企业，且拒绝给予利益的缔约方对该非缔约方或该非缔约方的人采取或维持禁止与该企业进行交易的措施，或者如果给予该企业本章的利益将会违反或规避上述措施，或者服务提供者在拒绝给予利益缔约方以外的任何缔约方领土内均无实质性商业活动。

　　F. 支付和转移。与跨境服务提供有关的资金应当自由和无迟延地进出，使用可自由使用的货币，并且按照转移时市场上的主要汇率进行。但允许有例外，缔约方可通过公正、非歧视和善意适用法律的方式，阻止或延迟支付和转移，以确保政府保留采取措施的灵活性，包括非歧视的临时保障措施，如经济危机下的资本控制，或采取谨慎措施保护金融系统健全和稳定。

　　G. 附件。除了列明特殊例外的附件以外，跨境服务贸易专章还包括两个特殊部门附件：①专业服务。专业服务附件主要涉及工程和建筑服务、建筑师的临时许可或注册、法律服务，鼓励就承认专业资质、许可等以及其他监管问题开展合作，以增加专业服务贸易的机会。②快递服务。快递服务附件希望各缔约方维持协定签订之时快递服务的市场开放程度，要求维持邮政垄断的各缔约方应基于客观的标准界定垄断的范围，包括数量标准如价格或重量最低限额，以解决私人服务提供者在快递领域与政府所有或授权的邮政垄断相竞争面临的特殊挑战。这对中小企业尤为重要，因为中小企业通常高度依赖快递服务嵌入全球供应链和分销网络。

（三）TPP 跨境服务贸易规范对中国的影响

　　我国正在加快实施自贸试验区战略，目前已经签署自贸协定 14 个，涉及 22 个国家和地区。入世之后直至中韩 FTA 签署之前，我国缔结的自贸协定普遍水平较低，基本以关税减让为主，在服务部门一直没有做出大的、进一步的开放承诺。中韩 FTA 是我国签署的首个新一代 FTA，首次设立单独的金融和电信专章，以及环境与贸易专章；首次涉及电子商务等 "21 世纪议题"，设立电子商务专章；首次纳入地方经济合作的相关内容，均体现了中韩 FTA "全面的、高标准自贸协定" 的定位。在随后签署的中澳 FTA 中，澳大利亚成为首个对我国以负面清单方式做出服务贸易承诺的国家，我国则列入最惠国待遇条款，承诺如果日后以负面清单签署自贸协定，将给予澳大利亚同等待遇，体现了我国自贸协定缔约实践新的进展。但是与 TPP 相比，我国自贸协定的跨境服务贸易规范水平还有一定差距，建设高标准自贸试验区仍然面临很大挑战。

1. 适用范围的差异及影响

　　除了政府采购、行使政府职权时提供的服务、补贴或援助等以外，TPP 跨境服务贸易专章几乎涵盖所有的服务部门，金融服务则由金融服务专章规范。我国自贸协定服务贸易规范的适用范围可能还会排除海运服务中的沿海和内水运输服务，影响一方自然人寻求进入另一方就业市场的措施，或在永久基础上有关公民身份、居住或就业的措施等。而且 TPP 还在部分专业服务、快递服务的自由化方面做出了进一步突破。

2. 谈判方式的差异及影响

在服务贸易领域，谈判方式不同是我国目前签署的自贸协定与 TPP 的主要区别。我国自贸协定的服务部门采用 GATS 类型的正面清单谈判方式进行市场开放的谈判，亦即只有缔约方对相关服务部门和提供模式的市场准入进行具体承诺后，才承担向外国服务和服务提供者开放市场的义务。而且，缔约方尚可在具体承诺表中列明继续保留的市场准入与国民待遇限制。再者，这些保留的限制措施通常不区分现有的不符措施以及未来将要采取的不符措施。

TPP 的服务部门采用负面清单谈判方式进行市场开放的谈判。在 TPP 负面清单谈判方式下，除非承诺表列明不符措施，否则所有服务部门都要遵守国民待遇、最惠国待遇、市场准入和当地存在的义务。并且 TPP 针对现有的不符措施以及未来的措施分别列明保留。TPP 还包含不符措施禁止反转机制，除了对越南规定了 3 年过渡期之外，任何保留措施未来的自由化都将自动锁定。可见，TPP 呈现出较高水平的自由化和透明度，因为除了数量有限的保留措施之外，实际开放程度已经阐明，并且已有适当的管理架构。可以说，虽然从理论上讲两种谈判方式可能产生大致相当的自由化结果，但是两者可能导致质的不同，而从国内和国际监管的角度来看这种差异是十分重要的。

我国正在通过上海市、天津市、广东省、福建省自由贸易试验区的先行先试，对接高标准国际贸易投资协定。但是，目前自贸试验区试点的标准仍然低于 TPP 的规范水平。例如，自贸试验区负面清单管理模式仅适用于外商投资，而不适用于跨境服务贸易，此外也没有规定禁止反转条款；再如，自贸试验区负面清单本身透明度不高，对于负面清单之内和之外的行业的投资要求，仍然难以形成一个完整的认识，广受外国投资者诟病。未来我国如果要在自贸协定中采用负面清单谈判方式，不仅需要充分预见可能对服务部门产生的影响，更加需要着力提高管理措施的透明度，依法公开行政，营造稳定、透明、可预期的法治环境。

3. 核心义务的差异及影响

TPP 跨境服务贸易专章包括国民待遇、最惠国待遇、市场准入和当地存在 4 项核心义务。我国自贸协定的相关规定则与 TPP 不尽相同。

在国民待遇条款方面，TPP 在跨境服务贸易和投资专章都有规定，不过有关规定与我国自贸协定有所不同。我国自贸协定一般规定"每一成员在影响服务提供的所有措施方面，给予任何其他成员的服务或服务提供的待遇，不得低于其给予本国同类服务或服务提供者之待遇"，TPP 的规定则为"各缔约方给予另一缔约方的服务和服务提供者的待遇不得低于其在相似情况下给予本国服务和服务提供者的待遇"。我国自贸协定的表述是"同类服务或服务提供者"，TPP 的表述则是"相似情况"，两者相比，TPP 规范的涵盖范围较宽，保护标准更高。

在最惠国待遇条款方面，我国有些自贸协定并无明文规定，有些则有规定。与国民待遇条款类似，我国自贸协定最惠国待遇条款与 TPP 的区别也在于措辞不同，即我国自贸协定的表述是"同类服务或服务提供者"，而 TPP 的表述是"相似情况"。

在市场准入条款方面，TPP 与我国自贸协定的条款制订方式有一定区别。我国自贸协定的市场准入条款表述与 GATS 第 16 条完全相同，进一步消除市场准入条款的 6 项市场准入限制措施，即为协定的主要自由化目标。TPP 跨境服务贸易专章有专门的市场准入条款，投资专章则没有。尽管不像早期 NAFTA 类型协定通常仅仅包含类似数量限制的规定，以及禁止对服务提供者的数量或经营施加任何配额类型的限制，但是 TPP 市场准入条款规范方式与 GATS 第 16 条的规定相似，不过排除了外资持股限制。排除外资持股限制并不表示其目的是促进服务贸易的高度自由化，而是因为外资持股限制可能被置于国民待遇条款中规定。

在当地存在条款方面，TPP 明确规定缔约方不得要求另一缔约方的服务提供者在其领土内设立或维持办事处或任何形式的企业或成为居民，作为跨境提供服务的条件，以降低跨境提供服务的成本，促进区域服务贸易的发展。而我国的自贸协定往往没有此项要求。

此外，TPP 规定了不符措施禁止反转条款，作为确保缔约方进一步自由化的方式。我国自贸协定则无类似规定。禁止反转条款要求缔约方未来所采取的单边自由化措施，成为具有约束效果的承诺，亦即现有限制（承诺表所保留的不符措施）一旦取消，便不得恢复。换言之，禁止反转条款的比较基础，并非协定生效时所存在的措施，而是该措施本身的优惠程度是否受到减损。设置禁止反转条款的目的在于防止缔约方自主推行的政策变革出现倒退。禁止反转条款是 NAFTA 类型贸易协定的结构特征，在跨境服务贸易和投资章节均是如此。而 GATS 类型的贸易协定几乎没有禁止反转条款。即便有，也往往采用诸如"尽最大努力""应当考虑"此类约束力不强的表述。对于越南，TPP 做出例外规定，在 3 年过渡期内仅仅要求其维持现状。所谓维持现状条款，是指要求任何新的或修正措施的待遇，不得低于协定生效时的既有措施。维持现状条款在所有 NAFTA 类型的贸易协定当中都有规定，但是只在大约 30% 的 GATS 类型的贸易协定当中有所规定。

除了自由化条款之外，在我国的自贸协定之下，商业存在模式要受到国内规制等服务贸易规范的规制。而 TPP 显然超越了我国的自贸协定，因为服务领域的投资（包括模式 3）要受到广泛的投资规范的规制，包括征收、最低待遇标准、投资者—国家争端解决等。

总的来看，相比我国自贸协定的服务贸易规范，TPP 实现了更高水平的自由化，不仅在覆盖领域、谈判模式、内容框架上大大拓展，而且"超 WTO"条款的自由化程度也不断深化。以 TPP 为代表的高标准贸易投资规则在加快促进服务贸易自由化的同时，也将对我国参与国际规则制定以及改革国内管理体制形成更大挑战。

二、TPP 中的金融服务条款

金融服务对各国实体经济的发展有着重要的资源配置作用，金融危机会从一国或地区传递到其他国家或地区，各成员方对待金融服务的谈判都持着非常谨慎的态度。TPP 的金融服务议题的谈判有着两个重要目标：金融服务业的自由化和对金融的审慎性监管，这也成为 TPP 金融服务条款中的两大重要组成内容，即市场准入和金融监管。未来国际经济秩序和国际金融秩序的竞争势必集中在规则的制定上，如果中国遵守 TPP 中的金融服务条款，在对外资金融机构的市场开放和监管模式上都面临着很大的挑战。

（一）金融服务成为 TPP 议题的演进背景

金融服务调控着一国资金等金融要素的配置，对一国的实体经济的发展至关重要，是任何一个多边或双边区域经济协定都不可忽视的重要议题。从渊源上讲，WTO 框架下的《服务贸易总协定》的金融服务附件、关于金融服务承诺的谅解和金融服务协议中的诸多内容以及各成员方在金融服务贸易方面的承诺，这些构成了当今全球金融服务贸易的多边国际规则的框架。此外，值得注意的是，WTO 框架下的市场准入、国民待遇、最惠国待遇等为国际金融服务贸易的发展拓宽了便利化的道路。

金融服务贸易和商品贸易等有很大不同，金融服务机构所提供的某些服务有着公共产品的属性，全球或地区性金融危机会从一个国家或地区传导到其他国家或地区①，因而很多的国家或地区都会对本国的金融服务业进行严格的调控和监督管理，以保证本国国家经济的安全和金融体系的健康发展。但是各个国家又具有本国的国情，经济体制、要素禀赋和传统优势行业等都各不相同，作为服务本国实体经济的各国的金融服务业发展水平和本国的经济发展水平大体是相适应的，所以各国在对本国金融服务行业进行监管时，所采取的监管模式和原则可能就会有很大不同。就 TPP 现有的成员方来看，各成员方的经济发展水平差异很大，既有美国、加拿大和日本等发达国家，也有越南和马来西亚等发展中国家，所以要求这样的国家组合成的 TPP 采取一样的开放水平和监管模式是不可能的。

如同大多数的国家或地区间的经济合作协议一样，TPP 各成员方对金融服务的谈判有着两个关键的目标：一个是金融服务业的自由化。这要求各个成员方要各自做出某种程度的让步，对其他成员方部分让渡本国市场，以达到双赢。发达国家的金融服务机构可以扩大市场规模和市场"耕耘"深度，服务更多的客户和服务更多能带来更大利润的客户，这会增加发达国家企业的收益；发展中国家的企业可以"干中学"，从外国同行学习技术，当然了发展中国家的金融服务机构也可以借助本国企业"走出去"而开拓海外市场。另一个是保证本国金融服务业的安全。TPP 各成员方会就此提出各自可以开放的领域，各自需要采取的监管原则。如果说 TPP 金融服务谈判的第一个目标是效率的话，那第二个目标就是稳健。从 TPP 金融服务条款中可以清楚地发现这两个目标在其中的体现，一方面 TPP 对各成员方在市场准入方面提出了很多高标准开放的要求；另一方面，又有监管的透明度和监管的互通等方面的要求，且通过不符措施和例外等又考虑到了各成员方监管的实际情况。

（二）金融服务条款的核心内容

TPP 中的金融服务条款独立成章，又和 TPP 条款中的第九章（投资）及第十章（跨境服务贸易）中的条款有机结合起来。TPP 中的金融服务条款定义的金融包括了跨境金融服务贸易或跨境提供金融服务的内容以及在其他成员方境内以投资（TPP9.1 条中定义的"投资"）的形式提供金融服务的内容。TPP 中的金融服务定义为具有任何金融性质的服务，这是一个外延十分宽泛的概念，不仅包括传统的保险及其相关服务、银行和其他金融服务（如参加证券的发行），而且还包括与具有金融性质的服务有关的服务或具有金融性质的服务的辅助服务。但是TPP 中的金融服务条款又对包括的内容作了限定：①该条款不适用于构成社会保

---

① 东南亚金融危机和美国的次贷危机都为我们展示了金融危机的传导性和连锁效应。

障制度组成部分的活动或服务以及以成员方财政资源为担保或使用其财政资源从事的活动或服务。但是如果该成员方允许其金融机构参加这些活动的竞争，则金融服务条款适用这些活动。②该条款不适用于金融服务的政府采购。③该条款不适用于政府支持贷款、担保和保险等。

在市场准入方面，与大多数的多边贸易协议（比如WTO协议）一样，TPP中的金融服务条款规定了国民待遇条款和最惠国待遇条款。这两大原则性条款实则为其他成员方服务提供者或投资者的市场准入提供了便利。此外，值得注意的是，TPP中的金融服务条款还对金融机构的市场准入做了专门的规定，体现为两点：一个是成员方不能在本成员方范围内限制其他成员方的金融机构的数量、金融服务交易或资产总值、金融服务业务总数或金融服务产出总量以及雇佣的提供金融服务所必需且直接有关的自然人总数；另一个是不能限制或要求金融机构以合资企业或者特定类型的法律实体的形式来提供服务。最后，TPP中的金融服务条款还对新金融服务做了规定，任一成员方应对其他成员方的金融机构提供新金融服务①的申请授权。当然了，该成员方也可以对此申请予以拒绝，但只能基于审慎原因拒绝授权。

TPP中的金融服务条款对成员方的监管方面的职责做了规定，主要包括：①任一成员方要尊重保护其他成员方金融机构的商业秘密，比如不能要求金融机构或跨境服务提供者提供或允许可获得个人客户的财务和账户有关的信息以及任何机密信息。②在高级人员的聘用和董事会组成人员方面，任一成员方不得要求金融机构雇佣特定国籍的自然人。③TPP中的金融服务条款中规定了不符措施和例外以保证TPP成员方金融监管中的独立性和自由裁量权。不符措施主要是使得TPP金融服务条款中的国民待遇、跨境贸易与高级管理人员和董事会等条款不得适用于成员方在中央、地区和地方三级政府所采取的现有的不符措施。而例外条款主要是对以下内容实施例外，如TPP成员方因审慎原因而采取或实施的措施；"公共实体为推行货币和相关信贷政策或汇率政策"而采取的"普遍适用的非歧视措施"。④在涉及金融监管的互通方面，TPP条款鼓励一成员方可以承认其他成员方或非成员方的审慎监管措施。⑤在金融监管的透明度方面，TPP条款强调了金融监管方应保证法规和政策的透明度，如允许利害关系人和其他成员方对本成员方提议的法规进行评论；在法规的公布日期和生效日期之间留出一段合理期限；迅速公布法规；建立机制答复利害关系人的咨询；对跨境金融服务的申请应

---

① 根据TPP中的金融服务条款，新金融服务是指"尚未在一成员方领土内提供，但已在另一成员方领土内提供的金融服务，且包括任何新的金融服务交付方式或销售该成员方领土内尚未销售的金融产品。"

当在 120 天内做出决定。

在对各成员方的承诺方面，TPP 条款"负面清单"管理模式，具体包括：①各成员方在附件中承诺在银行和保险及相关业务所开放的业务领域，此部分成员方更多地采用正面清单承诺模式；②各成员方在投资组合管理、信息的转移、邮政保险实体提供保险、电子支付卡服务和透明度考虑方面做了具体承诺，此部分成员方既有正面清单承诺模式也有负面清单承诺模式。

此外，TPP 金融条款中还通过磋商和争端解决机制条款为各成员方提供了沟通交流平台。各成员方采取书面形式可以对与 TPP 条款相关的影响金融服务的任何事项进行磋商，比如不符措施。TPP 条款中对争端解决机制做了详细规定，比如专家组、仲裁。

（三）金融服务条款对我国可能产生的影响

1. 党的十八大以来中国金融服务业的改革

经过 30 多年年均约 10% 的经济的高速增长，中国经济当前进入了相对较低的增长区间①。2007 年开始的全球金融危机，结束了全球各主要国家经济长周期的上升阶段，也使得中国面临着十分严峻的国际经济外部环境，各国需求的疲软使得中国出口比较难快速增长。经济增长的减速也为中国金融服务业的发展带来了负面影响，比如储蓄率可能会下降，资金的供给可能会减少，银行之间以及银行和非银行之间的竞争程度加剧。金融的重要功能就是服务实体经济，在整个经济体系中承载着资源配置的重要作用。金融服务业的恶化将阻碍中国经济的未来增长。

党的十八大报告中对中国金融改革提出了顶层设计："深化金融体制改革，健全促进宏观经济稳定、支持实体经济发展的现代金融体系，加快发展多层次资本市场，逐步推进利率和汇率市场化改革，逐步实现人民币资本项目可兑换。加快发展民营金融机构。完善金融监管，推进金融创新，提高银行、证券、保险等行业竞争力，维护金融稳定。"党的十八届三中全会又提出了完善金融市场体系是对金融改革目标的具体落实。环绕市场资源配置的金融服务业的改革，实际上回答了金融如何更好地服务实体经济的问题，这更是对中国过去金融改革经验的升华，也是中国金融改革和国际接轨应当迈出去的一大步。

中国自贸试验区的建设以及由此的金融改革实验更是党的十八大提出的金融

---

① 李扬（2013）认为中国经济增长至此可能进入了结构性减速，体现为两点：一是经济增长减速，二是减速是由结构变化造成的。

市场化改革一个重要步骤。按照国家对于自贸试验区推进金融开放创新，更好地服务于实体经济和贸易投资便利化的要求，自贸试验区在金融改革方面有以下主要进展：①金融制度创新框架体系基本形成。在《中国（上海）自由贸易实验区分账核算业务实施细则》和《中国（上海）自由贸易实验区分账核算业务风险审慎管理细则》通过生效后，很多企业建立了自由贸易账户，开展跨境资金划拨和贸易融资活动。这是《中国人民银行关于金融支持中国（上海）自由贸易实验区建设的意见》（即央行30条）中最为核心的内容，两项细则落地，标志着央行30条中创新有利于风险管理账户体系的政策框架已基本成型。投融资汇兑便利、人民币跨境使用、利率市场化、外汇管理改革等也进入实际操作阶段，一批金融创新业务启动实施。②金融监管和风险防范机制加快推进。自贸试验区积极探索适应新形势的金融风险管理模式和方法，"一行三会"驻沪机构和上海市建立和完善了监管协调机制和跨境资金监测机制，人行上海总部和自贸试验区管委会建立了"反洗钱、反恐融资、反逃税"监管机制。同时，进一步完善了金融宏观审慎管理措施以及各类金融机构风险防范工作机制。③金融改革进一步深化。根据提交国务院审议的《进一步推进自贸试验区金融开放创新试点、加快上海国际金融中心建设的方案》（简称"金改49条"），金融改革创新措施主要包括以下几方面的内容：一是自贸试验区内进一步推进资本项目可兑换的先行先试，逐步提高可兑换的程度。针对自由贸易账户的人民币业务，最初将允许企业在一定限额内，进行本外币的自由兑换，这一额度将逐步扩大，最终实现资本项目的可兑换。二是在上海自贸试验区启动个人境外投资试点。三是进一步扩大人民币的跨境使用，实现贸易、金融投资、实业投资并重，使人民币成为全球主要的支付、清算、储备和定价的货币。四是探索金融服务业准入前国民待遇加负面清单模式，积极推动金融服务业对外对内的开放。五是推进面向国际的金融平台建设，进一步提升市场配置境内外资源的功能。六是结合上海科创中心建设，进一步加强金融对科技的服务。

中国自贸试验区针对外国金融机构也规定了开放领域。根据国务院公布的《中国（上海）自由贸易试验区总体方案》，在银行服务业领域，一个是允许符合条件的外资金融机构设立外资银行，符合条件的民营资本与外资金融机构共同设立中外合资银行。在条件具备时，适时在自贸试验区内试点设立有限牌照银行。另一个是在完善相关管理办法，加强有效监管的前提下，允许自贸试验区内符合条件的中资银行开办离岸业务。在专业健康医疗保险领域，试点设立外资专业健康医疗保险机构。在融资租赁领域，有两个重要的开放措施：一个是融资租赁公司在自贸试验区内设立的单机、单船子公司不设最低注册资本限制；另一个是允许融资租赁公司兼营与主营业务有关的商业保理业务。

2. TPP 金融服务条款对我国可能产生的影响

中国加入 WTO 之后，按照 WTO 制定的规则做出承诺并在政策和法规的制定和执行方面遵守了这些规则，实际上是从 WTO 的规则中获得了比较优势和利益，在制造行业等领域中赢得了很大的竞争优势，这使得以美国为首的发达国家经济体感受到了很大的压力。TPP 的出现就是发达国家经济体据此改变过去的国际经济秩序和国际金融秩序的体现之一。在 TPP 构建的这样一个跨太平洋高标准的自由贸易试验区中实行新的跨越国境的新的规则和新的体系。TPP 下对中国金融业影响最大的是市场准入和金融监管规则，尤其是市场准入规则是对中国现有的外资金融市场准入规则的一个很大的挑战，意味着如果中国要遵从 TPP 的市场准入规则的话，就要对外资金融机构全面放开，外资金融机构将有可能会大量抢夺中资金融机构的高盈利客户。

在 TPP 金融服务条款中，成员方都需要对其他成员方承诺开放本国的金融服务业领域，更值得注意的是，很多成员方都应授权其他成员方在本国从事新金融服务。既然是新金融服务，这对中国的金融机构来说就很有可能是比较竞争劣势所在。此外，在现有的中国的金融监管体系下，很多银行、保险和证券等金融机构大都从事的是传统的金融业务。倘若中国按照 TPP 金融服务条款行事，那么就会面临着在监管层如何监管这些新金融业务；在金融机构层面就面临着，如果外资同行从事这些新金融业务的话，如何与其竞争。

三、TPP 中的电信服务条款

高效的电信网络和较低的电信服务价格对 21 世纪的经济发展至关重要，但同时需解决两个关键问题：市场进入和政策障碍。为此，TPP 电信服务内容中，各缔约方确立了以下纪律：确保了公平的竞争环境，反竞争行为将受到遏制；确保境内的主要电信服务商必须以合理条件提供网际互联、租用专线等服务；发放牌照或许可时不得歧视特定技术；鼓励电信运营商以市场为基础的创新型解决方案；在国际漫游服务领域引入竞争。上述条款对中国基础电信业务及增值电信业务都造成了挑战。另外，相对 TPP 而言，我们更应关注 TISA 对中国电信服务开放的重大影响。

(一) 电信服务成为 TPP 议题的背景

高效的电信网络和价格较低的电信服务对于 21 世纪的经济发展至关重要。

电信服务不仅将生产者与消费者连接起来，而且将工业、农业、娱乐业等市场相联系起来，高质量的电信服务不仅推动了经济增长和技术创新，使供应链和物流顺利运转，而且为数字经济的发展提供了平台，而这些对中小企业更为重要。

电信行业的增长和创新源自于促进竞争政策的实施，以及给予电信服务供应商和设备制造商自由使用新技术权利的政策，正是由于实施了这些政策，才使美国等发达国家发展成为在信息和通信技术方面最大的赢家。TPP 缔约方包括了一些电信服务使用的增长率增长最快的国家——2009 年至 2014 年，越南移动用户总数从 9800 万上升到 1.36 亿，并且互联网覆盖率从 27% 上升到 48%；墨西哥移动用户总数从 8300 万上升至 1.02 亿，而互联网覆盖率从 26% 升到 44%；同期，日本移动电话用户数从 1.16 亿上升至 1.53 亿。因此，TPP 的签订使缔约方电信服务（涵盖社交网络、游戏、云计算等）的发展打开了大门，也同时给缔约方经济增长与收入增长提供了机会。此外，TPP 协议的签订也促进了包括智能手机、平板电脑及相关应用和内容等在内的互联网领域的竞争和创新。

但是，电信网络和电信服务的发展需要同时克服一系列出现在 TPP 国家、亚太地区和世界各地的潜在障碍，而这些障碍往往是政府政策导致的结果，这些政策包括：政府禁止投资或限制接入频率、号段、通路等关键资源；主导电信经营商通过控制互联、漫游安排和限制接入竞争对手的网络设施等瓶颈环节，从而限制新电信服务提供商进入市场的反竞争行为。为此，TPP 协议需要相应解决两个关键问题：市场进入和政策障碍。

（1）市场进入：即使一个市场名义上对电信行业的投资是开放的，新进入的电信服务新供应商仍会面临巨大的进入障碍。即使获得了经营许可证，一个电信服务新提供商通常还需要依赖现有运营商来获得客户。在这种情况之下，阻止竞争对手的机会是很多的，有些障碍是物理上的，包括接入建筑物、通路以及需要安装线路的特定设备以及物理上的网络互联，其他障碍如金融或运营上的，包括无法获得租用线路和互联安排等。

（2）政策障碍：其他障碍涉及各国政府是否愿意公平地提供频率、号段、政府控制的通路等稀缺资源，而新进入的电信供应商必须获得这些稀缺资源才能提供服务。其次，现有的电信运营商和政府监管部门可能会将新技术视为威胁或认为它们无法完全对新技术进行控制或监督，这会损害创新技术的运营商推出新的产品，而新的技术却又是这些创新技术运营商的竞争优势。

因此对于电信服务而言，TPP 为各缔约方主要确立了以下纪律：其一，确保其境内的主要电信服务商必须以合理条件提供网际互联、租用专线等服务；其二，发放牌照或许可时不得歧视特定技术；其三，在国际漫游服务领域引入竞争。

（二）TPP 电信服务条款的主要特征

在 TPP 协定中，涉及电信服务的条款集中在第 13 章，包括 13.1～13.26 共 26 条。内容主要包括以下几个方面：

1. 其他网络供应商的合理接入

在竞争激烈的环境下，电信业的发展依赖于供应商是否有能力接入彼此的设施和网络。电信运营商之间（甚至是竞争对手之间）也需要彼此进行互联互通，但事实上，主导运营商往往不愿意合作，反过来还阻碍竞争对手。对此，TPP 电信服务的相关条款规定，保障各缔约方电信基础设施的共享、确保各缔约方公共电信服务提供商合理、及时地提供传输网络的互联互通；缔约方承诺保障其境内主要的电信服务供应商以合理的条件和及时的方式，提供网络互联、线路租赁、共同定位、电缆接口、主机代管（co-location）、电塔电杆以及其他设备服务。

2. 公平地接入政府控制的资源

电信服务的提供通常需要接入政府所控制的资源，如频率、通路、号段等。电信服务的相关条款规定确保供应商能平等地接入必要的资源，而监管机构不会给本地供应商提供优惠接入的待遇，从而阻碍竞争。并且缔约方承诺，在发放牌照的情况下，确保其监管程序透明以及管理规则不会对特定电信技术构成一般性歧视，并且以客观、及时、透明和非歧视的方式管理其稀缺电信资源的分配和使用程序，包括频率、号段、网路权（Rights-of-way）等。

3. 立法的透明度

电信章节确保独立的监管机构对电信服务业进行监管，在制定和执行规则过程中缔约方承诺保证立法的透明度，确保企业有提出上诉的权利等内容，这对于保持竞争活力至关重要。

4. 供应商的创新自由

在许多市场中，通过实施有利于本地供应商的技术标准，而对外国供应商的技术进行限制的做法损害了外国服务供应商和设备制造商的利益。因此，电信章节规定对不同技术进行监管时，确保监管的公正性，这有助于保护技术创新的自由。

5. 以市场为基础进行监管的原则

缔约方承认在电信领域依靠市场力量和商业谈判的重要性，以此为基础来实现政策目标、避免市场失灵及市场垄断。在许多情况下，这为市场的新进入者进行创新提供了更多的自由。

6. 移动电话国际漫游的合作

为了促进电信行业的竞争，确保 TPP 缔约方承诺推动使用其他替代方式以替代漫游业务，即防止电信运营商屏蔽互联网服务（VoIP 网络电话）或禁用 Wi - Fi 服务。同时，TPP 各缔约方同意，如果某缔约方对国际移动漫游批发服务实施价格管制，那么该方应允许来自没有相关价格管制国家的运营商享受低价的优势。

7. TPP 电信服务规则的新特点

（1）在自由贸易协定（FTA）中，TPP 首次将有利于促进竞争的网络接入规则扩展至移动电话服务供应商（Mobile Suppliers）。事实上，虽然这一措施对已处于充分竞争状态的美国移动电话服务市场并不适用，但这一规则却弥补了一个漏洞，即该规则可以避免当市场上存在一个主导移动电话运营商有能力阻止竞争的情形；同时，促进竞争也有助于消费者从创新产品具有竞争力的价格中获得利益。

（2）消费者常常抱怨手机漫游费用不合理，导致旅游者和商务旅客减少了对语音通话和数据服务的使用。而 TPP 是第一个试图解决这一问题的自由贸易协定，它促使 TPP 缔约方之间的合作，即通过引入市场竞争的条款来实现漫游费用的降低。

从上述 TPP 的电信服务内容来看，TPP 电信章节的主要目的有助于建立一个强有力的贸易规则框架，以确保 TPP 区域内电信服务市场的竞争性，首先，它将有利于新的电信运营商在统一的 TPP 市场进行运营，并同时保证所有相关行业可通过这种网络接入获得数亿潜在的新客户，这一规则框架确保了公平的竞争环境，而反竞争行为将受到遏制；其次，这一规则框架鼓励电信运营商以市场为基础的创新型解决方案，以促进新技术的开发与试验，并允许市场以更快、更有效、更经济地帮助电信服务提供商提供服务；最后，这一规则框架将有利于将竞争扩展到移动服务上，而移动服务是目前电信行业增长最快的部门，未来将成为世界上大多数人访问互联网和其他服务的主要渠道。

（三）TPP 电信服务条款对中国的影响

推动 TPP 成员方的电信市场开放以及提高有关电信市场规定的透明度是美国的谈判重点。电信服务的开放与商品和其他服务的开放不同，它将影响国家信息系统安全，发展中国家很难与发达国家竞争，电信市场开放会使国家安全处于风险之下。

提升电信服务国际竞争力需要进一步扩大对外开放。总的来说，在法律法规和政府监管相对完善的条件下，电信服务对外开放有利于产业国际竞争力的提升。从发达国家的经验看，美国和欧盟国家在电信服务领域开放水平远高于日本，相应地，这些国家电信服务的国际竞争力也明显高于日本。加入 WTO 后尽管我国电信行业快速发展，出口规模不断扩大，但由于电信服务对外开放管制过多，国际竞争力并没有得到明显提升；2013 年我国电信服务业竞争力不但远低于美国、英国等发达国家，甚至低于印度、巴西等发展中国家。在国家对电信服务的绝对垄断中，我国电信行业的发展与世界强国的差距越来越大。因此，我国需要在不断完善法律法规和政府监管的基础上，平衡协调好开放和监管的关系，进一步加快电信行业的市场化改革和对外开放，不断引进良性竞争，促进行业健康发展。

电信服务作为一个基础性的战略性产业，其产业的自然垄断性和开放涉及国家信息和网络安全，因此，主权国家对电信服务的开放都是慎重的，在对外开放中保持了较多限制。

1. 我国电信对外资开放历程

（1）自 2001 年加入 WTO 以来，中国根据 WTO 承诺开放部分电信业务（基础电信业务与增值电信业务）①，经营基础电信业务（无线寻呼业务除外）的外商投资企业的外方出资比例不得超过 49%；经营增值电信业务（包括基础电信业务中的无线寻呼业务）的外商投资企业的外方出资比例不得超过 50%。另外，由于增值业务开放项目是按 WTO 提供的承诺减让表内容所列出的，与我国《电信业务分类目录》（2003）中的业务名称并不一致，因此在实践中无法明确确定哪些业务对外资开放。② 此外，在加入 WTO 时并没有的电信业务，外资是不可以进入的。

（2）从 2010 年开始对离岸呼叫中心试点不设外资股比限制对外开放，试

---

① 在基础电信业务方面，中国电信业对 WTO 承诺开放的业务范围包括：话音服务、分组交换数据传输业务、电路交换数据传输业务、国内专线电路租用服务、国内专线电路租用服务、传真服务、电报服务、国际闭合用户群话音和数据服务。增值电信业务方面，中国电信业对 WTO 承诺开放的业务范围包括：电子邮件、语音邮件、在线信息和数据检索、电子数据交换、增值传真服务、编码和规程转换、在线信息和数据处理。

② 因此，在《电信业务分类目录》（2003）中指出：我国承诺的 WTO 减让表中所列出的服务项目与本分类目录中的业务名称不一致时，其对应关系如下：增值电信服务中，"在线信息和/或数据处理（包括交易处理）"和"电子数据交换"属在线数据处理与交易处理业务；"电子邮件""语音邮件""增值传真服务（包括存储与传送、存储与调用）"属存储转发类业务；"在线信息和数据检索"属信息服务业务等。

点地区包括北京、天津、上海等21个服务外包示范城市。①

（3）根据2014年8月新修改的《中华人民共和国电信管理条例》规定，外商在中国设立电信企业，其股权比例不得超过49%，并且对其经营的业务范围有限制。

（4）上海自贸试验区进一步开放。2014年《关于中国（上海）自由贸易试验区进一步对外开放增值电信业务的意见》提出将在上海自贸试验区新增试点开放呼叫中心业务、国内多方通信服务业务、为上网用户提供的互联网接入服务业务、国内互联网虚拟专用网业务等四项业务，其中前三项业务外资股比不设限制；国内互联网虚拟专用网业务外资股比不超过50%。值得注意的是，除互联网接入服务业务的服务范围限定在自贸试验区内，其他业务的服务范围可以面向全国。除了新开放的电信业务领域，《意见》还提出进一步放宽此前已对WTO承诺开放的电信业务领域的外资股比限制。②

（5）2015年1月进一步允许上海自贸试验区经营电子商务平台的外资股权比例最高将达到100%。2015年6月，在上海自贸试验区放宽部分试点开放增值电信业务服务设施设置的地域限制。③ 随后，《关于放开在线数据处理与交易处理业务（经营类电子商务）外资股比限制的通告》，决定在全国范围内放开在线数据处理与交易处理业务的外资股比限制，外资持股比例可至100%。虽然上海自贸试验区对外企开放的电信业务内容和范围，但仍要求严格的审查制度。增值电信业务尺度放开后，对于以信息数据为主的服务业和服务外包产业来说，更为关键的是知识产权保护、资本流动以及贸易便利化。我国电信服务业的对外开放较好地引进了外部竞争，极大地促进了电信产业尤其是增值领域的市场化改革和创新，提升了行业的整体水平。

但是，上海自贸试验区中尽管进一步开放了电信服务，但由于这种进一步开放是在基本处于充分竞争的增值业务领域，而且对外资不管是注册地和服务设施，还是股权方面依旧保留和较多限制。此外，外资企业面临的监管壁垒（如将产品安全凭证与知识产权来源地挂钩等）、有别于国际惯例的网络安全政策等，

---

① 参见《国务院办公厅关于鼓励服务外包产业加快发展的复函》《国务院办公厅关于同意简化外资经营离岸呼叫中心业务试点审批程序的复函》《国务院办公厅关于鼓励服务外包产业加快发展的复函》和《国务院办公厅关于同意简化外资经营离岸呼叫中心业务试点审批程序的复函》。

② 如信息服务业务中的应用商店业务、存储转发类业务两项业务外资股比不再设限制；在线数据处理与交易处理业务中的经营类电子商务业务外资股比放宽到55%。

③ 根据公告，呼叫中心业务座席设置的地域范围由试验区放宽至上海市；将国内互联网虚拟专用网业务边缘路由器设置的地域范围由试验区放宽至上海市；允许网站加速服务器节点在全国范围内设置，但仅限于为自身网站提供加速，不得违规开展内容分发业务。

也构成了外资企业进入通信领域的事实壁垒，导致外资即使以组建合资企业的方式也无法进入大部分的服务市场。

（6）2016 年 8 月，为扩大广东省对香港、澳门服务业进一步扩大开放，广东省人民政府转发《国务院关于在内地对香港、澳门服务提供者暂时调整有关行政审批和准入特别管理措施决定的通知》，暂时调整相关规定的行政审批以及资质要求、股比限制、经营范围限制等准入特别管理措施，具体涉及电信服务业的包括：《外商投资电信企业管理规定》第 2 条、第 6 条第 2 款、第 11 条、第 12 条、第 14 条、第 15 条、第 16 条。

（7）目前除 CEPA 与 ECFA 外，其他自贸试验区电信业开放水平基本与中国入世承诺一致，并未承诺进一步的开放。① CEPA 及 ECFA 框架下，除向 WTO 承诺开放的电信业务外，向港资和澳资增开了互联网虚拟专用网、互联网数据中心业务、呼叫中心业务、互联网接入服务业务 4 项增值电信业务。

从上述国电信对外资开放历程来看，呈现出以下特点：对外资进入以股权限制为最重要方式之一；基础电信业务限制程度比增值电信业务要更多；对涉及电子商务、在线数据处理与交易处理业务类的电信业务开放步伐较快；以主动开放为主，在双边自贸试验区协议中较少进行承诺。

2. TPP 电信服务条款对中国的影响

从现实情况来看，目前外资进入中国电信业速度还较为缓慢，由于近年中国加快对增值电信业务的开放，外资电信增值业务在国内已经有一些布局，但在基础电信业务上尚举步维艰，主要原因如下：中国相关法律法规对外资电信企业进入中国规定很严，外资难以迅速进入中国市场；其次，基础通信领域设施建设成本很高，而国内三大运营商早已经在这个领域很成熟，深耕 20 多年，优势相当明显；中国的电信基础业务是国家垄断，而且牌照以及频谱都没有进行拍卖，目前中国三大运营商的牌照，属于行政许可，并没有支付费用，如果外资要进入中国市场，估计要支付一笔巨大的费用。

根据上述分析，影响中国电信服务市场最为重要的 TPP 条款如下：

（1）"确保其境内的主要电信服务商必须以合理条件提供网际互联、租用专线等服务"规定对于打开中国电信服务市场意义重大，这意味着假如中国加入TPP，外资公司可以合理价格和条件租用中国三大电信公司的基础设施服务，这

---

① 目前中国在建自贸试验区 19 个，涉及 32 个国家和地区。其中，已签署自贸协定 14 个，涉及 22 个国家和地区，分别是中国与东盟、新加坡、巴基斯坦、新西兰、智利、秘鲁、哥斯达黎加、冰岛、瑞士、韩国和澳大利亚的自贸协定，中国内地与香港、澳门的更紧密经贸关系安排（CEPA），以及中国大陆与台湾的海峡两岸经济合作框架协议（ECFA）等。

会明显打破电信服务市场垄断的要求，尤其对中国对外资开放迅速的增值电信业务造成挑战；

（2）TPP 协议规定，在发放牌照的情况下，确保监管程序透明及不会对特定电信技术构成一般性歧视，并不会给本地供应商提供优惠接入的待遇，此举将打破中国电信运营商垄断特定某些电信业务的权力，而且对基础电信业务及对外资还没有完全放开控股的电信业务影响更大；

（3）TPP 协议中"在国际漫游服务领域引入竞争"条款将会对中国价格昂贵的国际电信资费形成压力，迫使在短时间内中国电信服务提供商降低基础电信服务的相应资费，另外随着科技的进步，网络电话、APP 聊天业务将会替代传统语音通话业务，而 TPP 鼓励漫游的替代业务，这意味着相对价格昂贵的传统语音电话而言，进一步对中国增值电信业务形成降低价格的压力。

应该来说，TPP 是将电信作为专门的一节来明确的，说明对于这个行业的重视，也说明了这个行业垄断颇多。但从总体趋势而言，除 TPP 协议外，从国家与地区所建立的自由贸易试验区，到上海自由贸易试验区对外资采用负面清单管理模式，中美正在进行的双边投资协定谈判（BIT），从欧盟提出将《信息技术产品协议》（ITA）进一步扩展到电信服务贸易领域的背景而言，此类协定都将会进一步推进中国电信服务产业对外资的进一步开放。

另外，相对于 TPP 而言，我们更应关注到 TISA[①] 对中国电信服务开放的重大影响。TISA 协定的目标为推动全球服务贸易自由化，其中包括空中和海上运输、快递、电子商务、电信、会计、工程、咨询、医疗保健、私人教育、金融服务等领域。TISA 协定超越了贸易的范畴，要比 TPP 协定内容更加广泛。例如，这份协定显示，政府将不能阻止外国服务公司连入国内传输、访问、处理或存储信息（包括个人信息）网络，不管该公司是否在领土内，TISA 规定的原意把隐私保护视为贸易壁垒，因此这项规定将会对隐私法规造成冲击。一般而言，互联网是全球性的，但相关的隐私法规却采取本地化的规范，最具争议的是，无论国家的法律如何，所有的电信服务供应商都能够将客户数据移出消费国（甚至TISA）之外，这种跨国界的数据自由流动将会打破以往在业务所在地保存商业记录的传统，并引发了支持隐私人士的担忧。而服务贸易总协定（GATS）规定，把隐私保护当作例外情况，即隐私保护不被视为贸易壁垒，因此 TISA 对那些想要保留隐私法的国家而言非常重要。

---

① TISA 的谈判于 2013 年启动，美国、欧盟和其他 22 个国家和地区都参与了进来。总的来说，G20集团中的 20 个成员都参与了谈判，可以说几乎所有发达经济体和除了"金砖四国"外的新兴市场联盟都加入了进来。TISA 代表了大约 75% 的全球服务市场。

第二节　TPP 国有企业规则对我国贸易的影响

《跨太平洋伙伴关系协定》（Trans-Pacific Partnership Agreement，TPP）法律文本自 2015 年 10 月公布以来，受到诸多关注，其全文共有 30 个章节，几乎涵盖现有国际贸易和贸易所有议题，并增加了投资、国有企业等横向议题，升级了现有规则和纪律，是新一轮高标准贸易投资规则。其中第 17 章 "国有企业和授权垄断企业"（State-Owned Enterprises and Designated Monopolies）是最为核心的议题之一，也是中国各界关注度最高的规则。

在 TPP 现有成员中，越南、马来西亚和墨西哥的国有企业在其经济体量中份额占比为前三位。以 2012 年 OECD 的数据说明，越南有 3300 余个国有企业，雇用了 1.5 亿员工，约占整个越南 15% 的就业率；马来西亚有约 330 个中央层级的国有企业和 1000 个次中央层级的国有企业，雇用了 40 万员工，2005 年马来西亚国有企业的总值将近 200 亿美元，约占 GDP15%；墨西哥有将近 70 个国有企业，总值超过 800 亿美元，其最大的能源公司 Pemex 就是国有石油企业。① 除这三个国家外，其他成员的国有企业所占份额很小，在这种背景下，TPP 用一整章的篇幅来规范国有企业，被许多观点认为是为了应对在国际并购舞台上日益强大的中国国有企业。②

以下第一部分从宏观视角对 TPP 国有企业规则制定的经济和政治背景做了历史学、政治学和经济学的综合分析；第二部分至第六部分以文本分析为主要研究方法，探讨了 TPP 国有企业规则的主要内容，依次为国有企业的定义、非歧视待遇、非商业支持、透明度、例外；最后本节在结论处对中国的应对策略选择做出若干建议。本节认为，对 TPP 国有企业规则的详细梳理和分析有助于两点：在国家战略层面，我国并不否认未来加入 TPP 的可能性，目前也在进行积极的评估工作，对国有企业规则的文本分析无疑是最具必要性的；在规范层面，竞争中立规则自 2011 年进入国际法学界视野以来，一直未形成具有约束力的 "硬法"，TPP

---

① 数据来源于 OECD 数据库 National Practices and Regulations with Respect to State Enterprises，http：//qdd. oecd. org/subject. aspx？Subject = 8F22EF7D － B780 － 4570 － A4B1 － 7E0CB3AD7E04.

② Sean Miner，Commitments on State-Owned Enterprises，at Jeffrey J. Schott and Cathleen Cimino-Isaacs（ed. ），Assessing the Trans-Pacific Partnership，Volume 2：Innovations in Trading Rules，PIIE Briefing 16-4，https：//piie. com/publications/piie-briefings/assessing-trans-pacific-partnership-volume-2-innovations-trading-rules，P. 91.

将这一倡议性的"软法"落实到了国际法规则体系中，使其具备了约束力和可诉性，因而，对 TPP 中具体规则文本的研究极富价值和紧迫性。

一、TPP 国有企业规则出台的背景

（一）国际投资法结构性无能

1. 价值取向过时

国际投资法是为了保护投资者利益，解决东道国与投资者间地位不平等这一情况而构建的。现代国际投资法产生于 20 世纪初期，非殖民运动带来的新独立国家对原宗主国国民财富的国有化浪潮，这一背景下产生的国际投资法主要是为了保护投资者的利益，其条款通常聚焦在公平公正待遇、国民待遇和最惠国待遇，以及征收补偿四个方面。[①] 在制定之初，国际投资法将投资行为去政治化作为主要目标，并没有将国有企业的活动以及国家资本流动考虑进去，故而国际投资协定中的投资者定义用于解释国有企业时就显得相当模糊和不确定。[②] 发展至今，投资者的地位已由弱变强，以国有企业和主权财富基金为首的国家投资者成为新一代国际投资的生力军，传统国际投资法保护投资者利益的价值取向也不再完全符合当今的投资现状。

2. 全球价值链兴起

全球价值链与 WTO 时代的供应链也有质的不同，国际贸易的主要模式已从"这里制造，那里销售"转变为"许多地方制造，全球销售"。[③] 在 WTO 时代，投资问题并不如货物贸易中的关税和非关税壁垒问题对自由化的影响大，导致 WTO 在投资领域的纪律远不能解决当下问题。今天，全球价值链模式的转变依托跨国公司，跨国公司会综合分析全球的成本状态，开创生产地转移和离岸生产等新型生产模式。这些变化了的贸易和生产方式使全球贸易商对贸易规则有了新的需求，即其更关注的不再是传统意义上的贸易自由化，而是如何降低在全球市场运营的综合成本，降低货物和服务传输的不确定性，扩大其全球范围内的合作

---

① Frank J. Garcia, Lindita Ciko, Apurv Gaurav and Kirrin Hough, Reforming the International Trade Law, Journal of International Economic Law, 2015, 18, 865 – 867.

② Paul Blyschak, State-Owned Enterprises and International Treaties, When are State-Owned Entities and their Investments Protected?, 6 J. Int'l L & Int'l Rel. 1 2010 – 2011.

③ Gary Clyde Hufbauer, Cathleen Cimino-Isaccs, How will TPP and TTIP change the WTO System?, Journal of International Economic Law, 2015, 18, 682.

能力等。在这种情况下，如果不将投资等议题纳入多边贸易谈判，那么，现有的框架对一些国家就难有吸引力。① 投资，尤其是其中投资者的问题是传统国际投资贸易规则没有能力解决的。

另外，国有企业在国际舞台上日益活跃，2015 年《财富》世界 500 强排行榜中，106 家中国国有企业有 84 家为国有企业，国有企业以其大体量、与政府的紧密联系在国际投资实践中享有诸多优惠。国际投资主体的改变也深刻地迫使国际投资法律体制进行变革。

3. 存在系统性问题

现有国际投资规则存在系统性问题：首先，缺乏上诉机制。国际投资法长期令人诟病的一点就是缺乏如国际贸易法中"皇冠上的珍珠"般的争端解决机制，ICSID 虽是一个成体系的仲裁机构，但由于缺乏上诉机制缺乏公认的公信力和权威性。② 其次，ICSID 投资仲裁裁决缺乏一致性和透明度，其仲裁员的专业性也遭到不少诟病。③

（二）WTO 功能性缺失

1. 以货物贸易为核心

WTO 是货物贸易为主的国际贸易组织，没有留给投资多少空间，甚至于未给服务贸易提供足够的规则。受历史所局限。哈瓦那宪章中的投资章节减缩为 TRIMs 协定，使得 WTO 在投资领域远落后于某些双边投资协定（Bilateral Investment Treaty，BIT）和自由贸易协定（Free Trade Agreement，FTA），对国有企业这一新兴主体更是无相对应的纪律。④

2. 国营贸易企业规则的狭窄

GATT 第 17 条"国营贸易企业"（state trading enterprises）规定了非常有限的纪律。虽然第 17 条 1 款（a）项要求每一缔约方承诺，如其建立或维持一国营企业，应以符合本协定对影响私营贸易商进出口的政府措施所规定的非歧视待遇的一般原则行事，接着（b）项又进一步说明，上述规定"应理解为要求此类企业在适当注意本协定其他规定的前提下，应仅依照商业因素进行任何此类购买或

---

① 张磊. 维护开放透明包容的多边贸易体制［M］. 人民日报，2016 - 04 - 12.

② Doak Bishop, Investor-State Dispute Settlement Under the Transatlantic Trade and Investment Partnership: Have the Negotiations Run Aground? ICSID Review（Winter 2015）30（1），pp. 1 - 9.

③ Baiju S Vasani, Shaun A Palmer, Challenge and Disqualification of Arbitrators at ICSID: A New Dawn?, ICSID Review（Winter 2015）30（1），pp. 194 - 196.

④ Gary Clyde Hufbauer, Cathleen Cimino-Isaccs, How will TPP and TTIP change the WTO System?, Journal of International Economic Law, 2015, 18, P. 682.

销售，包括价格、质量、可获得性、适销性、运输和其他购销条件"，继而注释1 对"商业因素"做出了解释，即商业因素要求不阻止一国营企业在不同市场内销售一产品时收取不同价格，只要此类不同价格出于商业原因，为适应出口市场中的供求条件而收取。这一注释为国营贸易企业采取价格歧视提供了规则上的支持。另外，第 17 条第 4 款（d）项"不得要求任何缔约方披露会阻碍执法或违背公共利益或损害特定企业合法商业利益的机密信息"，这些条款加在一起就使得很难在第 17 条项下挑战国有企业。[①]

3. 系统性问题

从多哈回合的实践来看，协商一致方式对多边谈判设置了障碍，这首先体现在议题的缩减上，由于协商一致要求各成员都必须对决策的所有事项达成共识，因此，当成员间无法就议题达成一致时，谈判的议题就有可能被削减。[②] 新加坡议题中只有贸易便利化议题予以保留和发展便是协商一致方式带来的最大负面效果。在现有议题已被削减的情况下，将国有企业议题抛出至谈判桌似在短期内是不可能实现的，更妄论产生有约束力的纪律。

二、TPP 中国有企业的定义

（一）表述：明确采取"国有企业"的概念

虽然国有企业已成各界约定俗成的惯常说法，但是在法律文本上未有统一的表述，目前活跃在投资实践中的国家资本主要涉及四个主体：国有企业、主权财富基金、国家所有金融机构和国家影响企业。[③] 从国际条约实践看，存在国家企业（State Enterprise）、[④] 政府企业（Government Enterprise）、[⑤] 政府所有商业（Government-owned Businesses）、[⑥] 国家公司和代理（State Corporations and Agen-

---

① Gary Clyde Hufbauer, Cathleen Cimino-Isaccs, How will TPP and TTIP change the WTO System?, Journal of International Economic Law, 2015, 18, p. 686.

② 盛建明，钟楹. 关于 WTO "协商一致"与"一揽子协定"决策原则的实证分析及其改革路径研究［J］. 河北法学，2015（8）：49.

③ Lauge N. Skovgaard Poulsen, States as Foreign Investors: Diplomatic Disputes and Legal Fictions, ICSID Review, Vol. 31, No. 1 (2016), pp. 12 – 23.

④ NAFTA, U. S.—Uruguay BIT, U. S.—Rwanda BIT, U. S.—Australian FTA (2004), art. 14. 4.

⑤ US—Singapore FTA (2004).

⑥ Singapore—Australian FTA (2003), art. 4.

cies）等表述。① TPP 采取了"国有企业"（State-owned Enterprise）的表述，并且特别指出第 17 章国有企业规则不适用于独立养老基金及其所有或控制的企业。

（二）企业属性：主要从事商业活动

从 TPP 的文本分析可知，首先，TPP 要求国有企业首先满足"主要从事商业活动"（Principally Engaged in Commercial Activities）的条件，即国有企业首先是一个企业，以盈利为主要目的，而非公共机构、政府代理、政府实体等等。其次，Principally 是指首要的、主要的，即该企业所从事的经营活动中，居首要地位的是商业活动，这也就意味着，该企业可以从事推行经济政策、实现社会目标、提供公共服务等类政府活动，只要这些活动位于从属地位。

首先，企业属性是区分国有企业与公共机构的决定性特征。在国际法实践中，国有企业与公共机构的区分是相当模糊和摇摆的，这一问题在美国反补贴实践与 WTO《补贴与反补贴协定》争端解决实践中被多次解释。首先，WTO 专家组和上诉机构在中美"双反"案（DS379）中提出了"有意义的控制"（Meaningful Control）标准，即如果存在政府对企业有意义的控制，则该企业就是公共机构。② 其次，美国在其国内反补贴实践中将国有企业等同于政府，对其严格的反补贴法律约束。为了执行 WTO 上诉机构关于 DS379 案的裁决，美国商务部于2012 年发布了《执行上诉机构在 DS379 案中的裁决：关于中国的"公共机构"问题的分析报告》，③ 该报告从中国国有企业执行产业政策、中国政府直接干预国有企业的竞争关系、中国政府通过国资委对国有企业实施控制、中国政府对国有企业高管有任命权、中国政府通过党组织对国有企业实施"有意义的控制"五点论证中国政府对国有企业实施了"有意义的控制"，从而得出中国国有企业一概属于公共机构这一普遍性的结论。由此可知，国际实践中往往将国有企业认定为公共机构，并将经由其提供的原材料、贷款等认定为是补贴。TPP 定义中对企业属性的要求有助于解决上述问题，即如果某一实体满足了"主要从事商业活

① Yuri Shima, The Policy Landscape for International Investment by Government-controlled Investors: A Fact Finding Survey, OECD Working Papers on International Investment 2015/01, OECD Publishing. http://dx. doi. org/10. 1787/5js7svp0jkns-en, visited on May 20, 2016.

② 徐程锦，顾宾. WTO 法视野下的国有企业法律定性问题 [J]. 上海对外经贸大学学报，2016（3）.

③ "Section 129 Determination of the Countervailing Duty Investigation of Circular Welded Carbon Quality Steel Pipe; Light-Walled Rectangular Pipe and Tube; Laminated Woven Sacks; and Off-the Road Tires from the People's Republic of China: An Analysis of Public Bodies in the People's Republic of China in Accordance with the WTO Appellate Body's Finding in WTO DS379", Office of Policy, Import Administration, Department of Commerce, May 18, 2012.

动"这一标准，那么就明确了其是国有企业，而非公共机构、国家代理、政府机构等类政府机构。其次，我国在评估是否加入 TPP 时应当考虑该企业属性要求可能对我国国有企业带来的双重约束。2015 年 8 月发布的《中共中央、国务院关于深化国有企业改革的指导意见》明确分类推进国有企业改革中"根据国有资本的战略定位和发展目标，结合不同国有企业在经济社会发展中的作用、现状和需要，将国有企业分为商业类和公益类"，其中"商业类国有企业按照市场化要求实行商业和运作……依法独立自主开展生产经营活动"，"公益类国有企业以保障民生、服务社会、提供公共产品和服务为主要目标……"据此，商业类毫无疑问满足从事商业活动要求，但公益类国有企业是否从事商业活动？国资委相关负责人曾解释，公益类国有企业"在中央层面包括如石油石化、电网、通信服务等领域的企业，而在地方则包括供水、供气、公共交通等方面的企业"。这也就意味着，中石化、中石油、国家电网等垄断性国有企业未来都会朝着公益类国有企业的方向发展或定位。然而，虽然是公益类国有企业，但它们从事的各类油品的销售活动、电力的提供均无疑是商业活动，如果未来中国加入 TPP，那么中石化、中石油、国家电网等大型国有企业很有可能既根据"主要从事商业活动"标准被认定为国有企业，又根据公益类国有企业属性被认定为公共机构，同时受 TPP 项下缔约方义务和国有企业纪律的双重约束。

（三）国有属性：覆盖范围广泛

TPP 中国有企业的定义覆盖范围更加广泛，从传统的所有权和所有权利益两个连接点增加至所有权、所有权利益、任命权三个连接点。在现有国际投资实践中，国有企业的国有属性主要通过所有权和所有权利益（Ownership Interests）所连接。因对国有企业予以约束的主要是以美国为一方的国际投资协定，[①] 本书以 2012 年美国 BIT 范本（以下简称"范本"）和相关 FTA 文本为主要考察对象。

范本对国家企业的定义是："由一缔约方所有或通过所有权利益控制的企业"。美国—乌拉圭 BIT 和美国—卢旺达 BIT 中均采用了这一表述。范本中设置了两个连接点，即所有权和所有权利益。如果一缔约方可以通过所有权拥有一个企业，或者虽然没有所有权，但是可以通过股权、代持股份、协议控制、信托利益等所有权利益控制一个企业，那么就可以认为该企业具备国有属性。值得注意的是，美国—新加坡 FTA 较为特别，采取了分别定义和约束的方式。对美国而

① Yuri Shima, The Policy Landscape for International Investment by Government-controlled Investors: A Fact Finding Survey, OECD Working Papers on International Investment 2015/01, OECD Publishing. http://dx. doi. org/10. 1787/5js7svp0jkns-en, visited on May 20, 2016.

言，沿用了范本中的定义，是指由美国所有或通过所有者权益控制的企业对新加坡方面采取了"有效影响"连接点（Effective Influence）；对新加坡而言，采取了"有效影响"这一标准，即当新加坡可以对一企业采取"有效影响"时，即认定满足国有属性。文本还对有效影响做了详细的解释，包括股权、投票权、对董事会或其他管理机构的构成有实质影响力，对战略、财务或其他运营政策或计划有确定能力或者对管理或运营能够行使实质影响力。① 另外，当政府和其政府企业，单独或一起，拥有不足或等于50%，但拥有超过20%，且属于大部分的投票权益时，即认定其存在有效影响，但这一认定是可予推翻的（Rebuttable Presumption）。

TPP 中关于国有企业的定义基本延续了美式范本中的一贯做法，但增加了连接点，扩大了其适用范围。具言之，采取了所有权、所有权益控制和任命权三个连接点，只要缔约方在企业中直接拥有超过50%股份资本，或通过所有权利益控制行使超过50%投票权，或享有任命董事会或其他相同地位的机构中多数成员的权力，具备任何一个连接点的企业即满足国有属性。

三、非歧视待遇

（一）以国有企业为规范主体

国际法上提供非歧视待遇的主体是国家。如 WTO 中的国民待遇是指，各成员方对其他成员方的产品、服务或服务提供者及知识产权所有者和提供者所提供的待遇，不低于本国相同产品、服务或服务提供者及知识产权所有者和持有人所享有的待遇。再如，广义的国民待遇，指一个国家在民事权利方面给予在其国境内的外国公民、企业和商船与其国内国民、企业、商船一样享有的同等待遇。② TPP 改变了这一基本理论。除了在第 2 章"货物的国民待遇与市场准入"、第 9 章"投资"中规定了对各缔约方确保给予非歧视待遇的要求外，在第 17 章国有企业章节中要求国有企业也给予非歧视待遇。第 17.4 条第 1 款要求"各缔约方应确保其国有企业涉及商业活动时……"提供非歧视待遇。这是国际法首次对国家以外的实体提出非歧视待遇的要求。

---

① US—Singapore FTA（2004），art. 12. 8.
② 曹建明，贺小勇. 世界贸易组织［M］. 法律出版社，2006：66.

（二）对我国政府采购制度有深远影响

由于规范主体是国有企业，作为企业在从事商业活动时主要的行为就是购买和销售，TPP非歧视待遇针对的也即国有企业购买、销售货物和服务的行为。第17.4条第1款（b）（c）项要求国有企业在购买、销售货物和服务时：（1）给予另一缔约方企业所提供的货物或服务的待遇不得低于其给予本缔约方，或任何其他缔约方，或任何非缔约方企业所提供的同类货物或同类服务的待遇；和（2）给予一企业（若为本缔约方境内涵盖投资）所提供的货物或服务的待遇不得低于其给予在其境内相关市场中的其他企业（若为本缔约方、其他任何缔约方或非缔约方投资者的投资）所提供的同类货物或同类服务的待遇。假设中国成为缔约方，上述条款存在以下几种演绎的可能：

首先，中国国有企业在购买、销售货物和服务时，给予新加坡企业所提供的货物或服务的待遇不得低于其给予越南企业或中国企业所提供的同类货物或服务的待遇。此处所指的新加坡企业是指依据新加坡法律在新加坡设立的企业，据此，本条可以理解为国有企业在进行跨境购买、销售时应当给予非歧视待遇。举例而言，如果中国为缔约方，中国国有商业银行在购买货物、工程或服务时给予外国企业的待遇应当不低于其给予本国企业和其他国家企业的待遇。根据此要求，我国现有的国有企业采购将遭遇巨大挑战。以中国工商银行为例，从其网站上查到的招标信息可知，投标资格往往要求投标人须为在中华人民共和国境内依法注册的法人单位，或要求缴纳税收和社会保障资金，这就有违反了非歧视待遇要求的嫌疑。其次，中国国有企业在购买、销售货物和服务时，给予中国一企业所提供的货物或服务的待遇不得低于其给予在中国境内相关市场中的其他企业所提供的同类货物或同类服务的待遇，只要该中国企业属于其他缔约方在中国境内的涵盖投资。[①] 据此，本条可以理解为国有企业在其本国购买、销售货物和服务时，对于其他缔约方投资者在其本国设立的企业应当给予非歧视待遇。举例而言，中国国有商业银行给予在中国注册登记的外资企业的贷款待遇不得低于其给予在中国境内的其他企业，包括国有企业的贷款待遇。据此要求，我国国有企业上下游产业链的现行模式将遭遇巨大挑战。我国商业银行给予国有企业的优惠的贷款条件和利率、我国国有企业给予其下游国有企业优惠的原材料价格等都会有违反TPP义务的可能性。TPP非歧视待遇纪律对我国现行国有企业采购机制和加

---

① 根据第1章中第1.3条"一般定义"，涵盖投资是指，就一缔约方而言，自本协定生效之日起，另一缔约方的投资者在其境内已存在或在此后建立、收购或扩大的投资。

入《政府采购协议》（GPA）的出价有着深远影响。GPA 主要成员国积极拓展 GPA 的适用范围，从 1994 年版 GPA 以"实体受政府控制或影响"为标准，到 2012 年版 GPA 实体的标准变为"实体的采购活动受控制或影响"，从而囊括了大量国有企业的采购活动。但是，我国加入 GPA 的出价清单中没有将国有企业作为市场主体，这一问题成为我国加入 GPA 进程中最具争论性的问题。TPP 第 17 章跳脱了国有企业是否是政府采购主体这一极富争议性的问题，为国有企业的销售和购买行为设立了一套与 GPA 约束水平基本相同的纪律。

（三）以商业对价为裁量标准

与 WTO 相类似，TPP 对是否符合非歧视待遇的裁量标准、是否"依照商业对价"（Commercial Consideration）做出，第 17.4 条第 3 款指出非歧视待遇义务并非是要求国有企业不能在不同条款和条件下购买或销售货物或服务，如果这种差别待遇是依照商业对价做出的，那就不违反 TPP。比 WTO 法律文本对商业对价语焉不详不同，TPP 做出了相当明确的定义。第 17.1 条指出"商业对价系指价格、数量、可得性、市场性、运输的其他购买或销售的条件；或者相关商业或行业中的私有企业在商业决策中通常予以考虑的其他因素"，此处提到"私有企业……通常予以考虑的因素"为私有企业在衡量国有企业是否违反非歧视待遇时提供了相当明确的标准。[1]

四、非商业支持

第 17.6 条"非商业支持"、第 17.7 条"不利影响"、第 17.8 条"损害"都是关于非商业支持（Non-commercial Assistance）制度的。非商业支持制度可谓是 TPP 国有企业章节中最为重要的制度。非商业支持，系指因国有企业的政府所有权或控制权对国有企业进行的支持，其实质是 WTO 补贴纪律的延伸和竞争中立规则的制度化。

（一）WTO 补贴纪律从货物贸易向服务贸易的延伸

TPP 非商业支持规则的实质是 WTO 补贴纪律在服务贸易与投资领域的延伸。WTO《补贴与反补贴协定》（以下简称 SCM 协定）的目的并非旨在不合理地限

---

[1] Sean Miner, Commitments on State-Owned Enterprises, Assessing The Trans-Pacific Partnership, Volume 2: Innovations in Trading Rule, https://piie.com/publications/piie-briefings/assessing-trans-pacific-partnership-volume-2-innovations-trading-rules.

制政府实施补贴的权利，而是禁止或不鼓励政府使用那些对其他成员方的贸易造成不利影响的补贴。为此，SCM 协定根据补贴对国际贸易影响的不同将其分为三种类型：禁止性补贴（红灯补贴）、可诉补贴（黄灯补贴）、不可诉补贴（绿灯补贴）。在货物贸易领域，WTO 纪律几乎是全部覆盖的。如果某一成员为其本地区的货物提供出口补贴、进口替代补贴或其他形式的可诉补贴，那么其他成员就可以通过 WTO 争端解决机制或者国内反补贴法律程序加以救济。

然而，新一代区域协定已不再满足于货物贸易中的救济手段，试图将服务贸易和投资领域的补贴也纳入救济范围。从 TPP 第 17 章的条文表达来看，其核心概念和纪律都沿用了 WTO《补贴与反补贴协定》中的相关内容。例如，SCM 协定第 16 条对"国内产业"一词的定义解释为"同类产品的国内生产者全体指总产量构成同类产品国内总产量主要部分的国内生产者。"TPP 第 17.7 条对"国内产业"的定义是指"同类货物的国内生产者全体，或指总产量构成同类货物国内主要部分的国内生产者。"二者从措辞到涵义几乎完全一致。再如，TPP 第 17.8 条损害（Injure）"应是指对以国内产业的实质损害、对一国内产业的实质损害威胁，或对该产业的建立有实质阻碍"，这与反补贴的纪律如出一辙。

非商业支持的定义是指因国有企业的政府所有权或控制权对国有企业进行的支持。首先，"支持"与 WTO《补贴与反补贴协定》中财政资助的实质——资金的直接转移、潜在的资金或债务的直接转移——一样，支持是指（1）资金的直接转移或潜在的资金或责任的直接转移（如授权或债务免除、贷款或贷款担保、股本权益等）；（2）给该企业的在同等条件下优惠于市场上可取的货物或服务；其次，"依国有企业的政府所有权或控制权"与 WTO《补贴与反补贴协定》中的专向性具有基本一致的外在表征，如包含向受补贴方提供不成比例的大量补贴，而所做的补贴主要由受补贴所使用，不具有普遍性。由上述初步比较可知，非商业支持纪律其实质就是补贴纪律。

（二）竞争中立的规则化

在 TPP 法律文本出台并生效之前，竞争中立至多只能是国际法中的"软法"，主要由 OECD 进行倡导，TPP 非商业支持制度的宗旨是为了抑制国有企业仅因其所有权而享有的竞争优势，由于国有企业章节适用于 TPP 第 28 章争端解决的相关制度，可以说 TPP 不仅使"软法"的竞争中立成为有约束力的规则，而且给其配上了有威慑力的牙齿。

根据 TPP 条款，以下两种非商业支持的情形是被 TPP 所禁止的：情形一，任何缔约方不得通过直接或间接向国有企业提供非商业支持而造成对另一缔约方的不利影响；情形二，任何缔约方不得通过直接或间接向在另一缔约方境内、属于其涵盖投资的国有企业提供非商业支持而对另一缔约方的国内产业造成损害。

第一，这两种情形的相同之处在于禁止的非商业支持的内容相同，均包括：（1）国有企业的货物生产和销售；（2）国有企业从其所在缔约方境内向另一缔约方境内进行的服务提供；（3）通过属于另一缔约方或第三缔约方境内涵盖投资的企业在该另一缔约方境内进行的服务提供。既包括与 WTO 补贴纪律相类似的向货物提供的补贴，也包括对跨境服务的补贴，还包括对在另一缔约方境内涵盖投资的补贴，使补贴纪律覆盖了货物、服务和投资三个领域。

第二，这两种情形的不同之处在于非商业支持的提供方、接受方和后果（参见表 4 - 1）。举例而言，按照情形一的条件，中国工商银行向国有企业提供的优惠的商业贷款、中国政府向中国石油提供的政府补助①等，如果对其他缔约方利益造成不利影响，就违反了 TPP 的纪律。按照情形二的条件，如果中国向其在境外的国有企业提供的政府补助，并对该国有企业所在缔约国的国内产业造成损害，就违反了 TPP 的纪律，但如果是中国工商银行提供的补助则不违反。再如，中联重科②与弘毅资本、高盛资本和曼达林资本共同收购了意大利 Compagnia Italiana Forme Acciaio S. P. A. 公司（简称 CIFA），其中中联重科拥有 60% 股份，因中联重科最大的股东是建设部长沙机械研究院，二者相叠加符合第 17 章国有企业定义中的"通过所有者权益控制行使超过 50% 投票权"，所以，CIFA 属于中联重科在意大利境内的"涵盖投资的国有企业"。如果中国向 CIFA 提供非商业支持，且对意大利的国内产业造成损害，那么就属于情形二所禁止的情况。

表 4 - 1　　　　　　　　两种情形下的提供方、接受方和后果

	提供方	接受方	后果
情形一	缔约方或其国有企业	本国国有企业	对其他缔约方利益造成不利影响
情形二	缔约方	属于本国在其他缔约方境内涵盖投资的国有企业	对涵盖投资所在国的国内产业造成损害

① 根据中国石油天然气股份有限公司（A 股股票代码：601857）2015 年度和 2014 年度报告，2015 年中国石油接受政府补助有 4824 百万元人民币、2014 年为 3932 百万元人民币，政府补助包含政府对进口天然气（包括液化天然气）按一定比例返还的进口环节增值税。

② 中联重科，全称是长沙中联重工科技发展股份有限公司，最大的股东是建设部长沙建设机械研究院，持股 49.84%。

第三，与 WTO《补贴与反补贴协定》中"造成不利影响"包括"损害另一成员的国内产业"的包含关系不同，TPP 中"不利影响"和"损害"两个要件是并列的关系。其中，不利影响主要是指取代或阻碍了其他缔约方的货物或服务；损害是指对一国内产业的实质损害、对一国内产业的实质损害威胁或对该产业的建立有实质阻碍。

五、透明度

TPP 规定了相当具体和高标准的透明度要求，其中包括要求缔约方主动公开和依申请公开两种情况。首先，主动公开。TPP 第 17.10 条第 1 款要求各缔约方应向另一缔约方，或在官方网站上公开提供其国有企业清单，且应每年更新此名单。其次，依申请公开。TPP 第 17.10 条第 3～9 款规定了经另一缔约方申请，一缔约方应提供的信息，包括国有股的股份、投票权份额、国有特殊股份或特别投票权、高管的政府头衔、近 3 年的年收入和总资产等可获信息、在缔约国法律下所享有的任何免责和豁免、其他可公开获取的信息（如年度财务报表、第三方审计报告等）。另外，如果一缔约方书面请求另一缔约方解释一政策或项目如何影响或可能影响两缔约方间贸易或投资，该缔约方也应以书面形式迅速提供其采取或维持的非商业支持条款的信息。对于上述信息的公开，应当足够详细，以便请求方理解该政策或项目的操作及其对缔约方间贸易或投资的影响或潜在影响。

TPP 透明度要求与美国—新加坡 FTA 中对新加坡的要求基本相同，如新加坡方面每年至少公布一次其控制的国有企业信息，包括：新加坡政府和其国有企业累计持有股票比例；对新加坡政府和其国有企业持有的特殊股份或者特别投票权等信息的说明；出任董事会成员或者高级经理职位的政府官员的姓名及职位；披露公司的年营业额或总资产信息等。

TPP 关于国有企业的透明度对我国可谓是难以跨越的门槛。就每年公布国有企业名单这一条而言，我国目前究竟有多少家国有企业是一个从未有过明确答案的问题，目前最新且唯一的官方数据是 2014 年财政部企业司组织完成的"2013 年全国国有及国有控股企业财务决算情况"，根据该数据，2013 年全国独立核算的国有法人企业为 15.5 万户，其中中央企业 5.2 万户（含中央部门企业 9988户、国资委监管企业 3.8 万户、财政部监管企业 3614 户）、地方国有企业 10.4万户（含省级 4.2 万户、地市级 1.6 万户、县级及以下 4.5 万户），这是财政部首次公布全国国有企业"家底"，① 除此之外再无官方数据。就该数据所提供的信息分析，在一个清单里穷尽我国所有国有企业的名录也是无法履行的。至于其他依申请公开的信息，诸如公开股权结构、高管的政府头衔等，就未上市的国有企业而言，我国至今没有制定相关的法律、规则强制要求国有企业公开披露企业相关的信息，国有企业只是根据国资委的监管要求上交定期财务报告及经营状况信息，但这些信息只作为内部资料使用，不对外披露，且披露的信息相当零散和不完整，信息质量也存在严重问题。② 当然，从技术角度而言，可以通过保留或者不符措施清单来排除该义务的履行，③ 但是这需要谈判者在谈判时期具有极高的敏感度和前瞻意识，而且很容易出现挂一漏万的情况，影响深远。

六、对 TPP 的认识以及中国的策略选择

TPP 国有企业章节作为一个横向议题，贯穿了货物、服务、投资等传统议题领域，其原则贯穿于自由贸易协定各章节之中。④ 它的主要特点有：（1）首次在国际法中对国有企业进行系统地、成体系地、单章地予以规制，制定了相当详细和较为完整的纪律；（2）其核心内容不仅仅是简单地确认竞争中立，而在于非商业支持规则，这一规则的实质是禁止对国有企业进行补贴；（3）首次在国际法中将非歧视待遇原则适用于国家和国家以外的实体——国有企业，扩大了非歧视待遇原则的适用范围，也增加了国有企业在国际法下的义务；（4）设置了相当高的国有企业的信息披露义务要求。

对于中国而言，现阶段官方正在评估 TPP 对我国的影响及选择是否加入TPP。本书认为，就国有企业规则而言，中国决定是否加入 TPP 取决于我国深化国有企业改革的决心和路径选择。

首先，不可否认的是，如果中国加入 TPP 并遵循这一规则，将对实现中国国有企业做大做强这一目标造成阻碍。⑤ 非歧视待遇、非商业支持、透明度要求都是我国现阶段没有能力遵守的纪律。

其次，但是也应当看到，这一阻碍是短期和暂时的。国有企业改革是我国任

① 财政部首次公布全国国有企业"家底"，财政部网站，http：//www. mof. gov. cn/preview/qiyesi/zhengwuxinxi/gongzuodongtai/201408/t20140801_1121373. html，访问日期2016 年5 月31 日。

② 綦好东，黄跃群. 我国非上市国有企业信息公开披露：现状分析与制度设计 [J]. 管理世界，2009（2）：174.

③ 如越南和马来西亚可以在加入 TPP 后5 年才公开其国有企业清单。

④ 沈铭辉. "竞争中立"视角下的 TPP 国有企业条款分析 [J]. 国际经济合作，2015（7）：19.

⑤ 韩立余. TPP 国有企业规则及其影响 [J]. 国家行政学院学报，2016（1）：87.

重而道远的发展之路，中共中央、国务院 2015 年 8 月发布的《关于深化国有企业改革的指导意见》中对深化国有企业改革提出了若干要求和路径，我们认为对接 TPP 规则有助于我们实现深化改革的目标。例如，《指导意见》要求国企改革"实施信息公开加强社会监督，完善国有资产和国有企业信息公开制度，设立统一的信息公开网络平台，依法依规、及时准确披露国有资本整体运营和监管、国有企业公司治理以及管理架构、经营情况、财务状况、关联交易、企业负责人薪酬等信息，建设阳光国企"，这正是 TPP 透明度条款所要求的内容。

最后，虽然总体方向上我国深化国企改革与 TPP 所提供的规则价值取向基本一致，但是评估者和谈判者应当以十分谨慎的态度和理性的认知逐条评估 TPP 中纪律对我国以及我国国有企业的近期、中期和长期影响，尤其是要合理运用条约保留以及负面清单中的清单，以维护和平衡我国国有企业在我国国内与"走出去"后在投资东道国中的利益。

第三节　TPP 搁置后 RCEP 成功的关键因素

世界格局在快速发生变化，21 世纪世界的中心已变化为亚洲。据世界银行预测，2025 年亚洲经济将占世界经济的 50%，这个比例还将继续增长。而中国，正身处这个世界上经济最具有活力的区域的中心。

跨太平洋伙伴关系协定（TPP）协议，是奥巴马政府"亚太再平衡战略"的重点，其核心要义是防止亚洲崛起新的主导性力量。美国尝试创造一个区域贸易集团，用来限制中国的贸易工具。TPP 的设计本质是牺牲美国的内需拉拢中国周边国家，孤立中国，同时强化与亚洲各国的经济关系。TPP 会员国，有全世界第一大的经济体美国和第三大经济体日本，其他 10 个会员，分别是北美自贸试验区（NAFTA）里的加拿大和墨西哥，中南美洲的秘鲁和智利，东盟的越南、文莱、马来西亚和新加坡，新西兰和澳大利亚。

从战略上而言，TPP 对于中国造成不小的压力。根据专家测算，如果 TPP12 国协议达成并将中国屏蔽在外，中国在 2025 年的全年损失可能接近 350 亿美元，GDP 增速将损失 2.2 个百分点。TPP 协议会把美国、日本的对中国进口订单转移到其他 TPP 协议国比如越南，导致美日对中国进口额必然猛降，中国经济三驾马车之一（外贸）会倒毙，从而影响中国内需和投资，让国民经济硬着陆。

由于美国新任总统特朗普明确提出反对 TPP，一直笼罩中国贸易的 TPP 阴霾可以算是消散。同时，特朗普的贸易保护主义已经引发了市场对于全球贸易衰退的担忧，而中国主导的 RCEP 成为目前全球媒体新的焦点。全球市场似乎都在期待中国能领头对抗逆全球化趋势。

一、各国加入 TPP 的利益动机

（1）日本为加入 TPP 付出了很大努力。TPP 中的有关条款会削弱日本的农业保护，而安倍首相所属的自民党一直依赖于农民的选票和 JA 等强势农业游说团体的支持。安倍首相排除异议力推 TPP 的原因应当是出于经济结构改革的考虑，而且 TPP 已经成为安倍经济学第三支箭的重要组成部分。

（2）东盟内部的不同利益诉求及动机。东盟国家一直是 TPP 最重要的一块拼图。新加坡、马来西亚、越南和文莱四国为 TPP 协定的缔约国，而泰国、印度尼西亚等国虽然暂时没有缔约，但一直寻求加入。由于 TPP 中并未涉及中国，而越南、马来西亚、泰国等东盟成员国长期在中低端制造业上与中国存在激烈的竞争关系，因此被这些国家视为崭新的机会，即利用 TPP 协议带来的广阔国外市场和产业转移解决自己的国内经济增长问题，这些国家的中低端制造产业预期会迎来一次爆发性增长，同时也加快中国国内中低端制造企业向这些国家转移，同时进一步以经济增长解决国内尖锐的政治问题。世界银行曾预测，到 2030 年，TPP 将使各成员国的 GDP 平均提高 1.1 个百分点。其中，越南 GDP 将增加 10%，出口更将大增三成，成为大赢家。新加坡的出口也将因此增加 7.5%。[①]

但另一方面，由于东盟各成员国间经济发展水平的巨大差异（马来西亚、新加坡的人均 GDP 已经突破 1 万美元，而缅甸、柬埔寨、老挝等国家还在为解决民众的温饱问题努力），从而导致东盟内部对于是否加入 TPP 产生了不同意见。

第一，TPP 签订会造成东盟内部协议国与非协议国之间的贸易与投资转移效应。目前越南、柬埔寨在向美国出口服装时都不享受关税优惠，均需要承担 5% ～ 36% 的税率，一旦 TPP 协议开始实施，越南的服装出口至美国将享受零关税待遇，而柬埔寨服装出口商仍需缴纳关税，这毫无疑问将给柬埔寨制衣业带来冲击。[②] 另外，TPP 形成后，美国、日本将主要把电子产品零部件的生产线转移至越南、马来西亚，并从越南、马来西亚进口电子产品零部件。柬埔寨、老挝等加入电子零部件全球产业链的机会和利润将会受到影响，大量国际社会对柬埔寨、老挝的外商直接投资（FDI）将会转移至越南、马来西亚等 TPP 成员国家。

---

① 陶凤. 后 TPP 时代的东南亚贸易新局 [J]. 北京商报，2016 - 12 - 1.
② 目前出口至美国的服装制品占柬埔寨出口服装总量的 32%，TPP 实施后，预计将跌落至 25%。

第二，TPP步子太大，标准太高，条件非常苛刻，追求完全没有关税，原则上不允许关税例外，因此东南亚国家面临着国外商品"长驱直入"的担心。而且对于东南亚国家的弱项，服务贸易、环保措施等制定了严格的措施，有利于美国服务贸易强项。

第三，TPP将会使东盟成员国在知识产权保护问题上的差距进一步加大，由于东盟十国间发展差距大，很难在知识产权问题上协调立场。TPP对知识产权保护问题的规定不但对马来西亚、新加坡、越南、文莱4国形成压力，也给东盟国家在此问题上协调立场提出了更大挑战。

因此，如果马来西亚、新加坡、文莱、越南4国加入TPP后，不但不会带动东盟经济整体发展，反而将会进一步拉大东盟成员国间的差异，阻碍东盟经济一体化计划的实施。

（3）澳、新的态度基本就是"脚踏两只船"，如果其中一个不行就选择另一个。

二、TPP宣告"安乐死"后，各国利弊、动机倾向与行动分析

美国放弃TPP以后，诸事件都暗示着美国在亚洲影响力相对减弱，中国在亚洲影响力逐步上升，将创造一种以中国为核心的亚洲政治空间，让中国成为亚洲国际的可靠领袖，成为一种现实的可能。

（1）美国放弃TPP，美国不仅会失去在亚洲的经济抓手，还会失去政治上的抓手。另外，放弃TPP伤害了美国在世界舞台的地位及国际领袖国家的地位，伤害了美国未来谈判其他条约或协定的公信力。特朗普高唱反全球化、奉行贸易保护主义，推崇政治孤立主义，会使部分贸易伙伴会非常失望，美国未来发动其他国际经贸协定，都会变得更困难；而且，美国企业在亚洲地区的投资机会，或许也将会被中国公司抢走。

另外，不管是从就业、消费、企业竞争力，还是从经济生产率及美元霸权地位等角度来看，美国都是现有全球贸易框架的受益者，在没有任何紧迫理由的情况下，美国不会破坏对自身有利的全球贸易体系。特朗普之所以在竞选中提出"破坏性"贸易政策，主要是出于竞选策略的考量。特朗普上任以后的贸易政策主线在于，对前任通过和准备通过的贸易协定按照更加有利于美国的方式进行"建设性重新定义"。

（2）TPP解体对日本而言也是一大不幸。安倍原本赌在美国身上，把TPP当成经济改革议程的核心，希望打破国内的企业垄断，撬开农业和零售业等产业，

所以安倍只能寻找别的出口，来振兴日本经济。在赴美国同美国当选总统特朗普就 TPP 进行磋商前夕，日本首相安倍晋三表示，如果 TPP 无法生效，东亚的重点将转向 RCEP。

（3）TPP 其他成方国亦开始进行止损行动。TPP 最大受惠国——越南总理阮春福表示，美国宣布暂停审议 TPP 后，在越南不存在批准该方案的充分条件，同时无论有没有 TPP，越南都将继续其经济开放政策。泰国《民族报》指出，TPP 的失败在于它是一个为政治利益集团服务的协定，而非致力于成员国民众的福祉。东盟其他国家，也都积极投靠中国，为美国撤出亚太后的格局，做好准备。此前支持 TPP 的新加坡总理李显龙现在呼吁亚太国家支持由中国主导的 RCEP 以及其他替代性协议，进而促进贸易。马来西亚最近与中国签下价值 340 亿美元的协议，并且从中国购买武器，这是双方关系升温的重要标志[1]；菲律宾总统杜特蒂上任以来，反美言论不断，也与中国签下大笔协议，双边关系不断升温。另外，此前并未参与 RCEP 的秘鲁政府宣布已开始同中国就加入 RCEP 举行谈判。澳大利亚外交部长毕晓普表示，仍然希望在奥巴马任期内能通过 TPP，但如 TPP 搁浅，澳大利亚将把重点放在 RCEP 上。

（4）习近平主席 2016 年访问拉丁美洲秘鲁、厄瓜多尔和智利的主要目的在于，中国致力于用一些跨洋运输走廊网络覆盖拉美，它们将从大西洋延伸到太平洋，还包括铁路和公路，增加与拉丁美洲之间的投资合作，因此中国与拉美的利益一致。

（5）即使 TPP 能够最终反转，各国因拖延所产生的损失也是巨大的。美国智库彼得森研究所研究员皮崔（Petri）等就在此前的一份报告中表示，TPP 每推迟一年批准，美国就将损失 770 亿～1230 亿美元的收入。

三、RCEP 成功的关键因素

区域全面经济伙伴关系（Regional Comprehensive Economic Partnership, RCEP）谈判于 2013 年 5 月正式启动，最早由东盟牵头，素有"小马拉大车"的比喻，东盟 10 国 21 届东盟峰会上提出后，得到中国、日本、韩国、印度、澳大利亚和新西兰 6 个国家响应，因此，RCEP 也称作"10＋6"，是当前亚洲地区规模最大的贸易协定谈判。RCEP 目标是在东盟与其地区贸易伙伴之间建立更深厚

---

① 2016 年 11 月 2 日，在和中国总理李克强会谈后，马来西亚纳吉布总理正式宣布：马来西亚皇家海军将向中国购买 4 艘滨海任务舰（Littoral Mission Ships），这也是马来西亚历史性向中国购买军事装备，是马来西亚国防部一个新的里程碑。见中华网，马来西亚购买 4 艘中国军舰首次大规模采购中国武器。

的贸易合作，重心集中在商品、服务和投资。如果该协议得到签署，将建立一个包括34亿人口和106亿美元贸易额的庞大的经济集团，贸易额将占到全球的近30%。另外，如果秘鲁可以顺利加入 RCEP，其他拉丁美洲 TPP 成员国极有可能效仿。

美国退出 TPP，关注点随之转向区域全面经济伙伴关系协定（RCEP）。它已成为美国日益转向贸易保护主义之后，渴望贸易的亚洲国家"最美好的希望"。中国加入 RCEP 后，已成为积极推动 RCEP 的主导力量，如果 RCEP 能够达成，中国作为亚太地缘政治领袖的角色将得到巩固，作为世界第二大经济体也将进一步融入该地区，为中国整合亚洲经济创造好的平台。该协议也被视为美国主导的 TPP 协定的替代物。

（一）中国需要进一步分析 RECP 对国内所造成的经济影响，以尽量可能避免 RCEP 所造成的负面冲击

美国国会下属顾问机构——美中经济安全审查委员会（USCC）则在其报告中称，如 TPP 失败而 RCEP 生效，这将使中国获益 880 亿美元;[1] 另外，主导 RCEP 无疑能提高中国的国际形象和影响力；在人民币贬值的背景下，RCEP 的组建能够对冲进口成本的上涨压力。但同时，加入 RCEP 对中国也将产生负面影响，这主要反映在：与发展中国家、劳动力输出国、商品出口国缔结的贸易同盟弊大于利，RCEP 对中国最大的冲击将体现在就业市场；中国的内需市场进一步被进口商品瓜分；中国贸易顺差面临挑战、外汇储备承压，企业贸易收入强制结汇给外汇储备源源不断输送子弹；东南亚低劳动成本的优势将冲击国内制造业，引发更大规模衰退。因此，中国牺牲内需拉拢他国加入 RCEP 的观点值得进一步商榷。

RCEP 的目标则是实现东亚地区经贸发展，整体定位在东亚。短期之内，RCEP 将不会冲击美国在全球的战略布局，也未伤害到美国在东亚的实际利益。但从长期来看，RCEP 与 TPP 之间的竞争将是战略性的，既包括对规则和标准制定的主导权之争，也包括对贸易、投资及能源等经济资源的争夺，因此美国将不会对 RCEP 协议完全放手不管。警惕美国和日本合作破坏 RCEP 协议。

---

[1] Rong Li and Yang Hu, "The Regional Comprehensive Economic Partnetship, The Trans-Pacific Parnership, and China's Free Trade Strategies," in Harsha Vardhana Singh, ed., TPP and India: Implications of Mega-Regionals and Developing Countries, Wisdom Tree, 2016, 209 - 210.

（二）巩固东盟内部利益同盟，争取 TPP 协议成员

中国与东盟双边关系不断升温，巩固与东盟各国关系将是促成 RCEP 协议的重要关键性因素之一。[①]

在 RCEP 内部，澳大利亚、日本、马来西亚、新西兰、新加坡、越南和文莱等 7 国已是 TPP 协议成员。如果达成 RCEP 协定，其他没有囊括在 TPP 中的东南亚国家将从 RCEP 中受益，但利益的大小将取决于 RCEP 最终协定的"质量"。

RCEP 特点和 TPP 相反，RCEP 的低门槛准入机制承认各国经济发展水平不一样，对于弱国会有豁免条款，对于服务贸易的标准，也采取循序渐进的现实做法，非常适合亚洲各国的实际情况。[②] 因此对东盟而言，RCEP 起到最大程度保持东盟成员间团结，促进其经济一体化的进行，巩固东盟在区域合作中的主导作用；同时有利于优化整合亚洲其他相关自由贸易协定。

（三）印度等国家的作用

由于标准过高，印度未参与 TPP 谈判，也不在 FTAAP 的范围内。另外，印度国内开放水平较低，受国内贸易保护主义的干扰，印度对参与 RCEP 积极性也比较低，不愿意开放后国内产业受到严重冲击。RCEP 谈判国中包括对货物贸易非常保守的印度，这原本是谈判的难点所在。但在第 14 轮谈判中，印度做出了大幅让步，谈判取得了突破性进展。但印度是全球成长最快的新兴经济体之一，未来还会发挥强大的人口优势。印度的抉择也许会是决定 RCEP 是否成功的一个砝码。

（四）防止亚太地区自贸安排碎片化

2011 年 11 月，奥巴马正式提出了由三大支柱构成的"亚太再平衡"战略：军事上，在亚太部署最新武器，搅动亚太局势；政治上，强化与亚太地区盟友间的关系；经济上，通过 TPP 拓展与亚太地区的贸易联系。但随着 TPP 奄奄一息，由此造成的溢出效应将导致奥巴马政府"亚太再平衡"战略面临调整。美国与亚太的贸易纽带显然已处于若即若离的状态，而区域全面经济伙伴关系协定

[①] 2014 年中国与东盟的对外贸易额高达 4802.86 亿美元，2015 年在世界经济依旧低迷的情况下，中国对东盟出口增长了 2.1%，仍是东盟第一贸易伙伴，同时东盟也是中国进口的最主要来源地之一。

[②] 例如，在服务贸易领域，TPP 协议中包括金融开放条款，允许发达国家直接在本国提供金融服务，预计会对发展中国家造成很大冲击。而在 RCEP 谈判中，各国已同意以负面清单为最终原则，并考虑到发展中国家的实际情况，过渡期可正面提出开放项目。

（RCEP）和亚太自贸试验区（FTAAP）是推动亚太地区的自由贸易进程的重要方式。

第四节 新一代贸易投资新规则与上海自贸试验区服务贸易发展思路

一、全球经贸规则转变背景与上海自贸试验区服务贸易发展

当前全球经贸规则正处于调整期，尤其是以美国主导的 TPP 为代表，对国际经贸规则形成了强大冲击，由于我国尚处 TPP 之外，在贸易和投资方面对我国歧视效应在所难免，对我国经济发展当然可能产生负面影响。与此同时，中国正在构建切入全球贸易投资规则重建的新路径，探索适合发展中国家的国际经贸新规则。中国应当正确看待 TPP 带来的国际经贸规则新变化及其对我国形成的压力和挑战，积极参与规则的重建与推进，从规则的被动接受者逐步成为重要参与者和构建者，对具体的贸易、投资以及跨领域规则等进行区别对待，发挥在不同治理平台上针对不同规则的话语权。

近年来虽然上海服务贸易发展规模与增速始终位于全国领先地位，但与中国香港、新加坡等国际大都市相比，总体规模仍偏小，反映服务贸易能级的信息化、知识化、离岸化程度较低，服务贸易创新能力薄弱，服务贸易结构需要进一步优化升级。与此同时，以 TPP/TTIP/TISA 为代表的国际经贸新规则对上海深化对外开放形成了挑战。上海自贸试验区作为我国新一轮开放型经济的战略高地，不仅在贸易领域，更多肩负了在政府职能转变、金融制度、外商投资和税收政策等重要领域的改革、创新和政策试验职能，因此需要密切跟踪和紧密对接国际贸易投资新规则的走势和动向，通过先行先试开放特别管理措施，与更高标准的国际规则衔接，为中国参与国际经贸规则的制定和实施提供有力支撑。而在现阶段，上海自贸试验区作为衔接更高标准国际贸易投资规则的试验田，在服务贸易开放、外商投资负面清单管理等诸多方面距离 TPP 规则仍差距明显。

目前上海正致力于实现"四个中心"建设的战略目标，本身就蕴含着生产性服务业发展及其关联的服务贸易创新要求，而上海在金融保险、物流仓储以及研发设计为代表的高附加值生产性服务业方面的发展优势明显，不仅如此，作为服务贸易出口的重要载体，上海离岸服务外包产业发展迅猛，这为上海服务贸易的

创新发展提供了广阔的空间。此外，以电子商务、供应链管理、离岸贸易、贸易中间商为代表的新型贸易业态促进了上海服务业和制造业的融合，推动上海生产性服务业的产业创新和产业升级，同时，"营改增"在上海的先行试点则进一步拓展了上海服务贸易创新的政策空间。

因此，在服务贸易发展外部压力及内部创新条件具备的背景下，对上海推进服务贸易创新发展试点问题进行研究，深入分析上海服务贸易发展的突出问题及剖析上海服务贸易创新发展、结构优化的主要突破口，将有利于：

（1）上海积极融入国家战略，挖掘上海服务贸易新增长点，培育服务贸易新领域、新业态和新模式，提高上海服务贸易的出口竞争力，促进服务贸易与服务业融合发展及服务贸易结构不断优化。

（2）上海衔接国际高标准贸易投资新规则，以服务贸易及服务业开放为重点，创造"二次开放红利"，带动我国经济发展进入新阶段，并为深化扩大开放提供依据，形成预见性高、可操作性强、易于复制推广的自贸试验区经验，有利于推进以上海自贸试验区实践促进我国深度参与国际经济新规则的制定，在贸易便利化措施、服务贸易、外商投资负面清单、知识产权、竞争政策、国有企业等方面做出"中国版"规则的初步设计，并产生可复制可推广的改革经验。

（3）提高上海服务部门的自主创新能力，有利于推进上海制造业服务化、服务业信息化、服务外包离岸化，使上海保持服务贸易在全国的领先地位，把上海建设成为全球重要的服务贸易中心城市，形成与具有全球影响力的科技创新中心和上海"四个中心"建设相匹配的服务贸易新格局，并对实现自贸试验区与自主性科技创新中心建设"双自联动"意义重大。

二、相关研究评述

长期以来，出口加工贸易占了中国对外贸易的较大比重，高附加值的贸易并不占优势，出口加工业处在全球价值链的底端，并不具备核心竞争力。因此，一旦 TPP 协议施行，囿于中国在知识产权保护、劳工标准和环境标准上的劣势，中国在货物贸易方面的劳动力成本优势将被进一步稀释；而在服务贸易方面，中国服务贸易一直处于贸易逆差状态，并且这种逆差状态有不断扩大的趋势。

上海作为全国自贸试验区的"领头羊"，在改革开放方面以对接国际经贸新规则为目标，以服务业和服务贸易开放为重点内容。对于上海服务贸易发展的思路方面，查贵勇（2013）总结了加入 WTO 后上海服务经济发展的问题，如现代服务业发展起伏不定，与"四个中心"建设不匹配，劳动生产率偏低，增长弹性系数偏低，国际竞争力偏弱等特点。孙立行（2013）对上海服务贸易创新的对策思路进行了研究。曾军、段似鹰（2014）提出"文化内容服务负面清单管理"、将自贸试验区打造成全国文化市场的"文化金融服务中心"等推进上海文化贸易发展的建议。宋彩萍（2014）提出设立"上海自贸试验区教育专属区"，鼓励社会资本发展混合所有制大学等方式促进上海教育服务贸易的国际合作。王冠凤（2015）分析了上海自贸试验区的跨境电子商务、大宗商品电子商务、文化创意产业、高附加值服务贸易、离岸贸易等新型贸易业态的发展情况。李强（2015）提出，洋山保税港区应着力推进高端产业基地计划、创新航运功能计划、航运协调储备计划三项计划以带动上海国际航运服务的发展。胡彬、胡晶（2015）比较了上海与中国香港、新加坡的服务贸易，提出应加强上海区域内部合作和拓宽区际合作领域、提高自主创新能力等建议。张幼文（2015）认为，上海必须推进咨询信息服务、法律服务、金融服务等现代服务业以实现上海在未来30年建设成为中国对外投资基地的目标。谈毅（2015）对增强上海服务业研发创新能力的相关配套政策进行了研究。石良平、姚磊（2015）提出上海自贸试验区可以争取"自然人流动"促进办法、跨境数据管理及加强特色创新产业培育等试验新内容。

此外，众多学者还分别从不同角度对上海自贸试验区对接国际贸易投资新规则进行探讨，如人员自由流动管理制度（吴文芳，2014）、商事登记制度改革（杨峰，2014）、税收政策（邱鸣华、樊星，2014）、知识产权制度（刘宇，2014）、TPP国企条款（毛志远，2014）等。

另外，众多学者也对如何应对TPP的挑战作出了自己的判断，如万璐（2011）认为，虽然美国加入TPP后可以使TPP成员在经济增长、贸易方面受益，但没有参加TPP的区外国家的利益将会受损；另外，据测算，如果中国没有参与TPP谈判并且最终没有加入这个规则体系，将会导致中国经济增长放缓0.2%，出口下降0.5%（Petri, Plummer and Zhai, 2012）。

针对如何应对国际经贸新规则，贺小勇（2014）从上海自贸试验区主动对接国际经贸新规则的法治思维进行了探讨；而对于应对TPP的举措，陈霜华（2013）、成清涛（2013）认为，TPP突破了传统自由贸易协定（FTA）模式，达成包括所有商品和服务在内的综合性自由贸易协议，这将使现有国际贸易投资体系向更高标准的贸易、投资与服务贸易自由化、更加强调公平竞争和权益保护方向发展，而上海自贸试验区可成为中国加入TPP的窗口。

蔡鹏鸿（2013）认为，TPP五大横向议题中的规则一致、国有企业、电子商务、竞争和供应链、中小企业可能成为引领下一代贸易规则的标杆。乔其明等（2014）认为，TPP将给中国出口带来负面影响，但中国可以选择深度开放、加

强双边或区域经济合作及利用上海自贸试验区对 TPP 规则进行融合等方式来应对
TPP 的影响。许培源、魏丹（2015）认为，中国可以加强双边或区域经济合作，
以及上海自贸试验区对 TPP 规则进行融合。饶芸燕（2015）进一步提出，可以
中美 BIT 谈判为突破口，重构贸易和投资规则，提高开放水平以应对 TPP。曾凡
（2015）提出，上海自贸试验区应形成国际—自贸试验区内—自贸试验区外动态
双向联动机制，为全国对接重大国际投资贸易规则积累经验与条件。樊慧霞
（2015）认为，可优化关税税率结构、合理选择运用零关税优惠政策以应对 TPP
的各种非关税壁垒。另外，邢厚媛等（2016）认为，要充分发挥好上海自贸试验
区的作用，而当务之急是要将上海自贸试验区应对 TPP 压力的做法向全国推广。
陆丽萍（2016）认为，上海自贸试验区衔接 TPP 规则应加强对金融服务行业的
监管、对接 TPP 知识产权保护相关规则、建立生物医药的数据排他权与专利连接
制度、提高对信息数据跨境传输的知识产权保护和便利化、全面清理有据可查的
国有企业特殊待遇与政策优惠等。

　　总体而言，相关文献缺乏从国际投资贸易新规则背景下上海如何推进服务贸
易创新提出系统性研究方案，对服务贸易新业态与新模式的相关内容也涉及较
少。另外，目前文献大多认同 TPP 协议对排除在外的中国而言会产生负面影响，
但上海自贸试验区作为我国对外开放体制机制创新的试验田，上海自贸试验区应
主动对标 TPP 高标准的贸易投资规则，这将会对形成我国对外开放新格局、创新
国内区域经济合作以及上海多个"中心"建设都意义重大，同时，对其他自贸试
验区也将发挥示范引领作用，从而为区域乃至全国形成可复制可推广的改革经验
起着重要作用。

三、上海自贸试验区服务贸易发展的相关研究主题和内容

1. 上海服务贸易发展特征情况

　　总结分析上海服务贸易进出口规模与结构（行业结构、地区结构、顺逆差结
构）；高端服务贸易（咨询服务、计算机和信息服务及金融服务等）、商业存在
服务贸易、不同类型企业（外资、中资、港澳台）服务贸易的发展情况；服务外
包规模结构、业务覆盖领域（软件和信息技术、金融服务、人力资源、呼叫中
心、医药研发、创意设计和数据处理等）、不同服务外包（ITO、KPO、BPO）的
发展情况；上海服务贸易与中国香港、新加坡发展相比的差距；上海服务贸易发
展环境等内容。

2. 制约上海服务贸易创新发展、结构优化的主要问题和瓶颈因素

　　针对上海服务贸易发展的产业基础、服务业与服务贸易发展的相互关系、制

造业与生产性服务贸易的关系、服务贸易的资源禀赋条件与约束、服务贸易行业进入门槛、服务贸易管理和政策瓶颈、征税环节、高端服务贸易发展的政策限制、新兴服务贸易领域管制政策缺失、服务企业品牌建设与核心竞争力、服务贸易人才储备、外部环境变化等问题进行分析。

3. TPP 协议涉及服务贸易的相关内容

对照 TPP 的相关条款，跟踪 TTIP/TISA 的谈判动态，探讨 TPP 负面清单与上海自贸试验区负面清单的异同性，从市场准入、规则制定、监管协调的角度剖析国际贸易投资新规则的演变方向、实施要点及特征；从 TPP 协议所涵盖内容的"定位高、覆盖广、内容新、易复制"等角度研判对上海服务业开放产生重要的影响的 TPP 协议章节内容，并对其产生的影响进行综合评估，重点分析服务贸易、投资、电子商务、争端解决机制等领域的"超 WTO"条款，以及竞争中立、国企条款、政府采购、环境保护、知识产权、跨境数据流动等方面的新规则，并解读这些新变化对全球经贸规则改革的博弈重点及未来走向的影响。

4. 国际贸易投资新规则与上海自贸试验区管理模式的主要差异与对接

比较高标准国际贸易投资规则与上海自贸试验区管理模式的差异；基于 TPP/TISA/BIT 等负面清单模式，研究上海自贸试验区负面清单的调整思路，从扩充清单架构、完善分类方法、深化国民待遇等多个方面深入分析负面清单的完善；研究服务贸易正面清单和负面清单的混合管理方法；探讨上海自贸试验区减少投资限制的主要领域。

5. 衔接国际贸易投资新规则，借鉴各国服务贸易发展经验，加快形成符合当前服务贸易发展的政策体系与上海服务贸易政策体系的完善方向

（1）通过对 OECD、欧盟、美国等发达国家所采取的服务业补贴政策及服务贸易发展经验进行总结，设计上海服务业补贴与服务贸易政策方案。

（2）研究上海自贸试验区服务贸易发展与国际贸易新规则的衔接：研究 TPP/TISA/欧美韩等国 FTA 中涉及服务贸易的条款，特别是金融和电信部门的新规则，例如新型金融服务提供、跨境金融服务、金融服务治理原则、审慎监管、透明化等，最终总结形成上海自贸试验区在这些领域的制度创新；研究上海自贸试验区金融、电信等服务部门开放模式与国际贸易投资新规则的主要差异；分析国际贸易新规则中对服务业新业务、新业态的分类与管理方法。

（3）剖析我国近期签订以及正在推进的一系列自贸协定，如中澳、中韩自贸协定等首批高标准自贸协定对上海的机遇和挑战，特别是金融、电信、环境、电子商务等章节当中 WTO + 、WTO - extra 条款的作用，并对上海产生的影响作定性与定量的分析。

（4）研究上海服务贸易发展的主导行业和发展重点、主要任务和保障措施，扶持特色优势行业发展，提升上海服务贸易推进工作的制度化、法制化和标准化水平，提出"十三五"期间上海服务贸易政策体系的完善方向。

（5）研究欧美韩等国 FTA 中涉及服务贸易的条款，例如新型金融服务提供、跨境金融服务、金融服务治理原则、审慎监管、透明化等，总结形成上海自贸试验区在这些领域的制度创新；研究上海自贸试验区金融、电信等服务部门开放模式与国际贸易投资新规则的主要差异；分析服务业新业务、新业态分类与管理方法。

（6）TPP 对上海服务产业、服务贸易、外国服务业投资、金融等服务领域的影响评估。

①服务产业转型升级：TPP 对上海服务产业集聚的影响；TPP 对上海服务贸易新型业态（电子商务、融资租赁、高端维修、离岸服务外包等）发展政策及监管方式的影响；TPP 对上海政府补贴绩效与企业贸易成本变化的影响。

②贸易领域：TPP 对上海物流企业生产效率、对上海供应链的影响；TPP 对上海主要管理机构（海关、出入境检验检疫、出入境边防检查）监管制度及贸易便利化措施的影响。

③投资领域：TPP 对上海服务业资金流动变化及资本监管机制的影响；TPP 对上海服务业企业准入制度影响；TPP 对上海服务业投资便利化措施影响；TPP 对上海对外服务业直接投资服务促进体系影响。

④金融领域：TPP 协议中金融市场准入和金融监管规则（新金融业务）对上海金融开放风险的影响；TPP 对上海开展离岸金融业务的影响；TPP 对上海试点人民币资本项目开放影响与风险防范问题。

⑤电信领域：TPP 电信章节中的电信服务非歧视性规则、在国际漫游服务领域引入竞争条款、确保境内主要电信服务商必须以合理条件提供网际互联、租用专线等服务规则对上海开放电信服务的影响。

四、上海服务贸易创新发展、结构优化的主要突破口及政策设计

（1）研究跨境电商、供应链管理、离岸贸易、贸易中间商等新型贸易业态推动上海服务贸易转型升级的相关政策，并试点建立相适应的海关监管、检验检疫、跨境支付、物流、第三方检验鉴定机构等支撑系统，促进上海服务业和制造业的融合，实现服务贸易与货物贸易联动发展，提升服务贸易附加值。

（2）探索"互联网＋"和服务贸易的融合发展模式，研究数字贸易、在线

服务贸易等新型贸易方式。

（3）研究中医药、生物医药、教育服务、软件信息、管理咨询、数据服务等领域的对外产业合作机制及外包业务发展政策与模式。

（4）研究上海开展境内外高技术、高附加值的维修、保养、再制造业务政策。允许和支持各类融资租赁公司在自贸试验区内设立项目子公司并开展境内外租赁服务，试点开展境内外高技术、高附加值的维修业务。

（5）研究"营改增"对拓展上海服务贸易创新的政策思路，探讨服务贸易新业态与新模式的税收政策。

（6）探索新兴服务贸易领域的发展模式与政策，如金融保险服务贸易、教育服务、健康服务（养老服务和家庭服务等专业服务人员）等政策；探讨上海进一步放宽金融服务、航运服务、商贸、文化、电信等服务部门限制措施的思路和对策；研究上海衔接金融、电信等敏感服务部门的国际贸易投资新规则的基本原则。

（7）研究国际贸易投资新规则对服务部门的规范方法，研究突破传统货物、服务、知识产权、投资的区块区隔问题与相关立法问题；研究采取电子围网，突破上海自贸试验区发展服务贸易地理区域局限的可行性及立法问题。

（8）研究上海服务外包转型升级的思路，构建多元化的国际市场新格局：软件和信息技术外包、基于云计算和大数据的高端业务流程外包、生物医药研发等知识流程外包的相关政策；上海企业向海外服务供应商发包的支持政策；拓展上海自贸试验区的服务业离岸功能。

（9）推进上海国际金融中心与重点功能性平台建设的相关政策研究；探讨国际航运与国际物流相关业务支持政策，促进上海国际航运中心和国际贸易中心建设。

（10）研究以上海自由贸易试验区建设和"服务贸易创新发展试点城市"为契机，吸引、鼓励新型服务业态与服务贸易模式集聚发展政策。

（11）推进上海服务企业跨国并购政策、吸引跨国公司总部（营运中心、购销配送中心、结算中心、研发中心、数据中心）落户上海政策，探讨上海自贸试验区减少服务业投资限制的主要领域。

（12）研究扩大上海重点进口的服务领域，促进服务贸易结构不断优化。

（13）研究加快推进上海全域高标准的改革开放，使上海率先成为国内、亚太高增值服务净提供者：推进高标准的商流、物流、人流、信息流、资金流的国际化、自由化和便利化；高标准的服务业对内改革和对外开放；包括制度规范、保障措施、法治建设等。

（14）研究 TPP 服务部门的管理方法，探讨上海放宽金融服务、航运服务、商贸、文化、电信等服务部门限制措施的思路和措施，同时研究突破传统货物、服务、知识产权、投资的区块区隔问题；研究采取电子围网，突破上海自贸试验区发展服务贸易地理区域局限的可行性。

（15）研究衔接 TPP 规则推动上海服务贸易转型升级政策。积极培育贸易新兴业态和功能；深化国际贸易结算中心试点，拓展专用账户的服务贸易跨境收付和融资功能；探索在自贸试验区内设立国际大宗商品交易和资源配置平台；加快培育跨境电子商务服务功能，试点建立与之相适应的海关监管、检验检疫、退税、跨境支付、物流等支撑系统；推动生物医药、软件信息、管理咨询、数据服务等外包业务发展。

（16）研究上海自贸试验区管理模式与负面清单。比较高标准国际贸易投资规则与上海自贸试验区管理模式的主要差异；基于 TPP/TISA/BIT 等负面清单模式，研究上海自贸试验区负面清单的调整思路，从扩充清单架构、完善分类方法、深化国民待遇等多个方面深入分析负面清单的制定；研究服务贸易正面清单和负面清单的混合管理方法等内容。

（17）研究上海率先加快推进全域高标准的服务业改革开放的思路与举措。内容包括：推进高标准的商流、物流、人流、信息流、资金流的国际化、自由化和便利化；高标准的投资自由化和便利化，包括制度规范、保障措施、法治建设；高标准的服务业对内改革和对外开放，使上海率先成为国内、亚太高增值服务净提供者。

（18）研究上海自贸试验区（单边）主动衔接 TPP（诸边）标准的主要内容与方式，完善 TPP 中所涉及的环境保护、劳动权益、知识产权保护和政府透明度等内容，以及调整与市场准入相关的社会和政府领域核心问题的具体思路和措施，同时以中美 BIT 谈判（双边）为突破口，研究上海自贸试验区对接中美 BIT 协议规则的主要内容与方式。

（19）上海发展和培育服务贸易新型业态（电子商务、融资租赁、高端维修、大宗商品交易、离岸贸易等）和功能的政策监管及立法建议，研究上海自贸试验区融资租赁公司开展境内外租赁服务的业务类型及促进政策。

▎第五章

负面清单特点与中国自贸试验区
负面清单研究

第一节 我国实施负面清单的现状

1834 年，普鲁士建立德意志关税同盟（Deutscher Zollverein），开始运用负面清单（Negative List）模式订立国际贸易条约，这是负面清单在国际贸易中的首次使用。百年后的 1947 ~ 1994 年，世界贸易组织（World Trade Organization，WTO）达成的《关税及贸易总协定》（General Agreement on Tariffs and Trade，GATT）开拓了正面清单管理模式时代，至今仍在使用。之后，美国、加拿大和墨西哥于 1994 年签订了《北美自由贸易协定》（North American Free Trade Agreement，NAFTA），负面清单正式登上国际贸易的舞台。负面清单中列明的是一国禁止和限制投资的行业、领域和业务，负面清单越长，内容越多，说明一国禁止和限制的行业越多，开放度越低。但是，负面清单的长短与一国的经济和行业的发达程度、抗冲击力及行业法律体系等因素息息相关，负面清单并不是越短越好，如果不考虑这些因素，一味地缩短本国的负面清单导致负面清单过短，外国投资者进入后可能会对某些相对薄弱的行业造成剧烈的冲击，这种冲击可能是毁灭性的，因此应当在开放和保护中找到一个平衡点，既能通过开放吸引外资，也能通过禁止或限制保护薄弱行业。这可能需要政府或行业主管部门对某些行业进行分析和评估，根据其发达程度和抗冲击的能力确定将其不列入负面清单进行开放，还是列入负面清单进行保护，待其发展到足以应对外来冲击的时候，再将其从负面清单中移除。"负面清单"模式的潜在内涵就在于只告诉市场主体不能做什么，至于能做什么，该做什么，由市场主体根据市场变化做出判断。

目前，负面清单管理模式已逐渐成为国际投资规则发展的新趋势，世界上至少有 77 个国家和地区采用了此种模式。迄今美国与 46 个国家缔结的双边投资条约、与 20 个国家签订的包含投资章节的自由贸易协定，几乎都采用了"负面清单"模式。这些条约和协定缔约的另一方，既有加拿大、澳大利亚等发达国家，也有智利、刚果、卢旺达、孟加拉国等发展中国家和不发达国家。"负面清单"经常与准入前国民待遇相提并论，代表着一种外资管理模式。随着我国"普惠制"渐成趋势，制度创新也逐渐取代政策优惠，成为新一轮改革开放的着力点，负面清单在我国最初进入国民视野，是作为外资管理的一种方式之一。一直以来，在行业准入方面，中国对外资实施《外商投资产业指导目录》，包括鼓励目录、限制目录和禁止目录，属于混合清单。与此相匹配的是当时中国对外资实行的是"准入后国民待遇"，即适用于外资已经获准进入后的营运阶段，而不适用于外资准入阶段享有国民待遇。对企业投资准入实行项目审批制度，会产生三个问题：一是资源错配，谁拿到政府批条，谁就容易获得银行贷款；二是导致宏观调控边际效率下滑，对市场配置资源效果起负面作用；三是政府权力过大就容易产生腐败。因此，烦琐复杂的程序打消了很多外商的投资积极性。实行外商投资负面清单管理制度后，其高自由度主要体现在政府对市场干预的减少，具体来说，实行外商投资负面清单管理制度意味着外商来华投资由原先的审批制改为备案制，无须再办理一系列复杂的审批程序，只要外商投资的领域未列入负面清单，到主管部门备案并办理必要的手续后，即可设立企业或公司进行投资，这就要求政府要转变自身职能，将工作重点由原来的事前干预转移到事后的监管和监督上面去，赋予市场主体更多的主动权，保证市场主体可以公平、公正、公开地参与市场竞争。

当前，美国力图通过跨大西洋贸易与投资伙伴关系协定（TTIP）和国际服务贸易协定（TISA）形成新一代高规格的全球贸易和投资规则，来取代 WTO 中的贸易投资规则，以形成对中国为代表的新兴国家的压力，并逼迫它们"二次入世"。在此背景下，中国提速制定负面清单也成为必然选择。事实上，中国推广负面清单管理模式，也并非只针对某一国，而是面向和应对高水平的贸易和投资协定的决定。

2013 年 7 月举行的第五轮中美战略与经济对话中，中方同意以准入前国民待遇和负面清单为基础与美方进行投资协定实质性谈判，中美双方宣布以"准入前国民待遇加负面清单模式"为基础进入中美 BIT 谈判的实质性谈判阶段，2015 年 6 月，双方正式开启负面清单谈判，2015 年 9 月、2016 年 6 月和 2016 年 9 月，双方三次交换负面清单改进出价。将来无论是中美还是中欧的 BIT（双边投资协定）谈判，都是依照负面清单加准入前国民待遇的做法展开的，因此，我国必须适应这样的谈判办法，才能拥有与其他国家进行 BIT 谈判的基础。目前，4 个自贸试验区先行先试出来的经验进一步进行推广复制，正是对此提供支撑。

2013 年 9 月启动的上海自贸试验区正式引入了针对外资的负面清单管理模式。而在上海自贸试验区建立之初，对自贸试验区的外资监管，国务院印发了两个文件，即《自由贸易试验区外商投资准入特别管理措施（负面清单）》和《自由贸易试验区外商投资国家安全审查试行办法》，但这两个文件还只是一个初步的监管体系，"在'三法'等法律法规没有调整的情况下，上述两个文件实施起来还有不足之处"①。

随着中国自由贸易试验区开放战略的进一步推广与实施，上海自贸试验区的"负面清单"，经历了 2013 年推出、2014 年完善、2015 年公用、2016 年协同的过程。2013 年 10 月 1 日，上海市政府公布了第一版负面清单：《中国（上海）自由贸易试验区外商投资准入特别管理措施（负面清单）（2013 年）》，其中包括190 条管理措施，其中限制类 74 条，禁止类 38 条；2014 年 6 月 30 日，上海市政府颁布了第二版"负面清单"。相较第一版，这一版由 190 条减到了 139 条；2015 年 4 月 8 日，第三版"负面清单"颁布者，由上海市政府升格为国务院办公厅，适用范围扩展到福建、广东、天津和扩区后的上海 4 地自贸试验区。相较前两版，这一版本改动最大，由最初的 190 条减少至 122 条，有些行业的限制彻底解除了，也有些行业的要求被大大扩充。其中限制性措施 84 条，禁止性措施38 条。在 18 个国民经济行业一级分类中，"S 公共管理、社会保障和社会组织""T 国际组织" 2 个行业门类不适用负面清单，此外的 16 个行业大类中只有 "H 住宿和餐饮业""O 居民服务业""E 建筑业" 和 "K 房地产业" 4 个部门既无禁止性措施也无限制性措施（双无），对外资自由开放；"D 电力、热力、燃气和水供应""J 金融业""Q 卫生和社会工作"三个部门没有禁止性措施但涉及限制性措施；其余部门既有禁止性措施又有限制性措施，外资开放程度较低。就限制类措施而言，2015 年版负面清单将其细分为"模式限制"、"股权比例"和"模式股权比例双限制" 3 种类型。不过，在广东、福建自贸试验区，基于 CE-PA（内地与港、澳建立更紧密经贸关系的安排）和 ECFA（海峡两岸经济合作架构协议），香港、澳门、台湾投资者在某些领域，比在上海、天津自贸试验区享有更大的开放度。在 CEPA 框架下，粤港澳基本上实现了服务贸易的自由化，按照 CPC 的服务行业分类标准，细分的服务贸易部门有 160 个，而 2016 年广东对港

---

① 所谓"外资三法"，即我国在改革开放初期先后颁布的中外合资经营企业法、外资企业法、中外合作经营企业法。而随着中国经济的不断发展，这些法规的部分内容已经不适应新形势。

澳地区开放的有 153 个，这是广东自贸试验区特有的，其他地方则没有。

从中国对负面清单管理模式的尝试来看，这种尝试从技术上并未使其突破《外商投资产业指导目录》格局的限制，其实质内容仍然直接来自《外商投资产业指导目录》中的禁止类和限制类行业，只不过是在表现形式上由正面清单改为负面清单。这种内容上的简单复制使我国外商投资的负面清单仍然摆脱不了不符措施过于繁杂的弊病，仅就数量而言，2015 年版负面清单中 122 项不符措施对比美韩 FTA 3 个附件中共计不到 40 条不符措施，差距依然巨大。另外，国外的负面清单虽然很短，但 80% ~ 90% 都集中在服务业；中国的负面清单则对制造业限制偏多，对服务业的限制偏宽泛，导致透明度不高。目前，服务业成为我国进一步对外开放的重点，也是负面清单谈判的核心领域。我国服务业的开放应区别不同层面分类纳入负面清单。首先，市场开放程度与国际先进水平差距不大、竞争力较强、市场竞争比较充分的领域，应作为重点开放领域，尽量减少限制性措施，以确保市场公平竞争，主要包括旅游、软件、研发设计、工程服务、公路货运、铁路货运等。其次，基本达到充分竞争，但市场开放程度不高、政策法规限制较多，而对外开放风险比较小的领域，应作为积极扩大开放的领域，仅保留部分必要的限制性措施，主要包括育幼养老、会计审计、建筑设计、商贸物流、快递等。最后，远未达到充分竞争、市场开放程度很低、政策法规限制很多、对外开放风险复杂的领域，应作为慎重开放领域，将现有的限制措施尽量纳入负面清单，主要包括金融、电信、国内航空、文化教育等。

2015 年第三版"负面清单"中的 122 项现在已扩大至 11 个自贸试验区统一实施。根据十二届全国人大常委会第二十二次会议于 2016 年 9 月 3 日表决通过的《全国人民代表大会常务委员会关于修改〈中华人民共和国外资企业法〉等四部法律的决定》（以下简称《决定》），① 新的自贸试验区外商投资负面清单模

---

① 一、对《中华人民共和国外资企业法》作出修改：增加一条，作为第二十三条："举办外资企业不涉及国家规定实施准入特别管理措施的，对本法第六条、第十条、第二十条规定的审批事项，适用备案管理。国家规定的准入特别管理措施由国务院发布或者批准发布。"二、对《中华人民共和国中外合资经营企业法》作出修改：增加一条，作为第十五条："举办合营企业不涉及国家规定实施准入特别管理措施的，对本法第三条、第十三条、第十四条规定的审批事项，适用备案管理。国家规定的准入特别管理措施由国务院发布或者批准发布。"三、对《中华人民共和国中外合作经营企业法》作出修改：增加一条，作为第二十五条："举办合作企业不涉及国家规定实施准入特别管理措施的，对本法第五条、第七条、第十条、第十二条第二款、第二十四条规定的审批事项，适用备案管理。国家规定的准入特别管理措施由国务院发布或者批准发布。"四、对《中华人民共和国台湾同胞投资保护法》作出修改：增加一条，作为第十四条："举办台湾同胞投资企业不涉及国家规定实施准入特别管理措施的，对本法第八条第一款规定的审批事项，适用备案管理。国家规定的准入特别管理措施由国务院发布或者批准发布。"

式将于 10 月 1 日与《决定》同步在全国范围内推广实施。

除了在自贸试验区实施针对外商投资准入的负面清单以外，2015 年，中央全面深化改革领导小组第十六次会议审议通过《关于实行市场准入负面清单制度的意见》，意见对实行市场准入负面清单制度作出了顶层设计，市场准入负面清单由国务院统一制定发布，从 2018 年起全国正式统一实行。所谓市场准入负面清单制度，是指国务院以清单方式明确列出在中华人民共和国境内禁止和限制投资经营的行业、领域、业务等，各级政府依法采取相应管理措施的一系列制度安排。负面清单以外的行业、领域、业务等，各类市场主体皆可依法平等进入。意见明确，市场准入负面清单包括禁止准入类和限制准入类。对禁止准入事项，市场主体不得进入；而对限制准入事项，或由市场主体提出申请，行政机关依法依规作出是否予以准入的决定，或由市场主体依照政府规定的准入条件和准入方式合规进入；对应该放给企业的权力要松开手、放到位，做到负面清单以外的事项由市场主体依法决定。此次意见也明确了改革步点：按照先行先试、逐步推开的原则，从 2015 年至 2017 年，在部分地区试行市场准入负面清单制度，积累经验、逐步完善，探索形成全国统一的市场准入负面清单及相应的体制机制，从 2018 年起正式实行全国统一的市场准入负面清单制度。本次改革，除了时间表外，最引人注意的是新增的"限制类"事后监管方式。禁止类如毒品、危险品、易燃易爆品，都可以算作禁止类，但限制类就会有一定区分，在限制类中，需要明确界定限制的方式，而且也会内外有别。例如报纸出版行业，外资可能会被限制，但民营企业则不会被限制；当然有的领域，也有可能外资与民营企业一起被限制。市场准入负面清单的适用条件：对各类市场主体涉及以下领域的投资经营行为及其他市场进入行为，依照法律、行政法规和国务院决定的有关规定，可以采取禁止进入或限制市场主体资质、股权比例、经营范围、经营业态、商业模式、空间布局、国土空间开发保护等管理措施：涉及人民生命财产安全、政治安全、国土安全、军事安全、经济安全、金融安全、文化安全、社会安全、科技安全、信息安全、生态安全、资源安全、核安全和新型领域安全等国家安全的有关行业、领域、业务等；涉及全国重大生产力布局、战略性资源开发和重大公共利益的有关行业、领域、业务等；依法可以设定行政许可且涉及市场主体投资经营行为的有关行业、领域、业务等；法律、行政法规和国务院决定规定的其他情形。总之，现在对于国内审批也要改变以往重准入、轻监管，转换为放宽准入、强化事后监管。

2016 年 4 月，国家发展改革委、商务部会同有关部门汇总、审查形成了《市场准入负面清单草案（试点版)》，《草案》共 328 项，包括："禁止准入类"，

即市场主体不得进入，行政机关不予审批、核准，不得办理有关手续的事项，共
96 项，包含 762 个细项，涉及《国民经济行业分类》15 大类。"限制准入类"，
分两种情形：一种是由市场主体提出申请，行政机关依法依规做出是否予以准入
决定的事项；另一种是由市场主体依照政府规定的准入条件和准入方式合规进入
的事项，共 232 项，包含 867 个细项，涉及《国民经济行业分类》19 大类。初
步列明了在中华人民共和国境内禁止和限制投资经营的行业、领域、业务等，
《草案》先行在天津市、上海市、福建省、广东省 4 个省、直辖市进行试点。也
就是说，4 大自贸试验区将同时试行两个负面清单。外商投资到中国来以后，首
先要经过外商投资负面清单，进入国内以后，按照国民待遇原则，还要符合市场
准入负面清单。外商投资负面清单与市场准入负面清单相协同配合，从法律体
系、国家安全审查、反垄断和不正当竞争、企业信用、社会监督等领域进行政策
设计，才能实现在负面清单管理模式下对我国外商投资的有效监管。市场准入负
面清单是适用于境内外投资者的一致性管理措施，是对各类市场主体市场准入管
理的统一要求；外商投资负面清单适用于境外投资者在我国投资经营行为，是针
对外商投资准入的特别管理措施。需要强调的是，制定外商投资负面清单要与投
资议题对外谈判统筹考虑，目前，在 4 个自贸试验区实施的负面清单，是我国对
外商投资负面清单的一个尝试，是我国自主制定的，而不是谈判形成的。随着自
贸试验区负面清单的不断完善，将为我们下一步在全国实行外商投资负面清单管
理模式探索经验。目前对 4 个自贸试验区的外商投资企业来讲，既要遵守《自由
贸易试验区外商投资准入特别管理措施（负面清单）》，现在是 122 项；也要按
照国民待遇原则，遵守市场准入负面清单的要求，现在是 328 项；另外，还得接
受外资的国家安全审查。

　　目前，我国在自贸试验区实施的《自由贸易试验区外商投资准入特别管理措
施（负面清单）》以及《市场准入负面清单草案（试点版）》与国际投资或贸易
协定中的负面清单并不是两个完全一致的概念。虽然两者都是对投资准入和管理
的规制，也共同遵循"法无禁止皆可为"的行为基础，但两者在法律效力和具体
实践方面却有着根本的差异。一般来说，后者只能由缔约方的中央政府制定，地
方政府无权参与，而且一旦随相应国际贸易协定或投资协定签署落实便成为国际
义务，缔约方必须遵守，不经条约相对方同意不得随意更改或撤销；而前两者原
则上一国的中央政府和地方政府均可以制定，其本质不过是东道国国内单方面立
法行为，东道国中央和地方政府可以根据当地经济发展需要制定、更改或撤销这
类负面清单。

　　在实施负面清单后，可以明显看到开办企业成本及行政管理成本的降低。在

2013 年前没有通过负面清单进入中国的外资，所有程序需要走 14 个政府部门，或者还要额外经过发改委、外管局的审批，一个外资企业从申请到落地，平均需要 8 个月。而实施了负面清单后，2014 年外资企业进入上海自贸试验区，从申请到拿到营业执照的平均时间是 7 个工作日；而到了 2015 年，按照新的负面清单，规范化管理越来越强化，外商从申请到拿到执照的最快纪录是 1 个工作日。数据显示，负面清单管理模式试点以来，4 个自贸试验区新设立外商投资企业显著增加。2016 年 1～6 月，4 个自贸试验区 99% 以上的外商投资企业是通过备案方式设立的，与"逐案审批制"相比较，纸质材料减少 90%，办理时限由 20 个工作日缩减至 3 个工作日内，受到广泛认可。此外，自贸试验区内建立了与负面清单管理模式相适应的事中事后监管体系。外商投资国家安全审查制度运行良好，4 个自贸试验区推出事前诚信承诺、事中评估分类、事后联动奖惩等做法，形成了"守法企业路路畅通、违法企业处处受制"的监管格局。3 年来，自贸试验区守住了风险底线，没有出现区域性、系统性风险。截至 2016 年 6 月，上海自贸试验区累计设立外商投资企业 5984 家，合同外资 4032 亿元人民币；从 2015 年 4 月 21 日挂牌到 2015 年年底，广东、天津、福建 3 个自贸试验区新设外商投资企业数，同比分别增长 287%、235%、506%，合同利用外资分别增长 225%、220%、548%。① 启用负面清单对我国引进外资起到了非常明显的促进作用。

第二节　美国负面清单的主要内容及对我国的借鉴意义

一、负面清单的主要内容

大多数的负面清单以协定附件的形式存在，但有关负面清单的附件数量及附件的具体形式却并未形成统一的惯例。就表述方式而言，负面清单最常见的表达是"以否定列表形式保留的不符措施（Non-conforming Measures）"、"保留条款（Reservations）"、"例外情形（Exceptions）"等表述形式。从国际贸易和投资协定中负面清单的相关实践来看，一个完整的负面清单通常包含 6 项具体内容：

（1）不符措施对应的正面义务。最初的负面清单所列的限制性行业和特别管理措施仅针对国际贸易和投资协定中的国民待遇和最惠国待遇承诺，后来扩大到

① 自贸区负面清单模式全国推行　拟写入外资企业法等 4 部法律 [N]. 中国证券报，2016 – 09 – 01.

不得以业绩要求和高管人员要求限制外资市场准入等多项正面义务。

（2）限制性行业及其分类。针对正面义务而设置的限制外资准入的行业清单是整个负面清单的核心，它以文字描述或列表的形式具体阐明了东道国外资管控的限制范围。从各国负面清单的实践来看，列入负面清单中的行业主要包括两类：一类是关系东道国国家安全或具有公共服务性质的基础性行业，如农业、采矿业、交通运输业等；另一类是对东道国具有战略意义的行业，包括东道国具有比较优势的产业和幼稚产业。此外，缔约双方往往会在此部分对行业分类的具体方法和标准做出说明。

（3）措施描述。措施描述指详细描述针对限制性行业所执行的具体特别管理措施，如股权限制、运营限制、高管和董事会要求、业绩要求等。措施描述一般分为两类：一类是列出东道国现存已明确保留的不符措施；另一类是在列出相关具体行业的基础上声明保留未来在这些行业内采取不符措施的权利。

（4）法律依据。缔约方在负面清单中一般会就不符措施逐条列出国内法依据。这里的国内法不仅指东道国立法机关制定的宪法、法律，还包括东道国各级政府和外资管理部门制定的行政法规、部门规章和地方性法规。

（5）政府层级。政府层级是指缔约方在负面清单中对采取或维持各项不符措施的政府级别做出标示，一般分为中央（Central）、区域（Regional）和地方（Local）三级。这种分级标示不仅可以使外国投资者明确具体不符措施的效力级别，也可以使他们了解不符措施在东道国内部适用的地域范围。

（6）过渡期。过渡期是负面清单中的一项或有内容，部分负面清单会就清单上的限制行业和不符措施规定一个过渡期。在过渡期内，外商须遵守外资准入行业限制和不符措施的规定；过渡期结束后，相应行业限制和不符措施将自动移出负面清单，外资可以自由进入。

二、美国负面清单的主要特点

美国在与其他国家签订的多个双边投资协定中采用了"负面清单"模式，即投资协定所达成的条款适用于除负面清单中所列出之外的其他所有行业，这意味着除了投资协定负面清单条款里明确列出的少数被排除的行业以外，外商投资和本国投资在其余所有行业都将受到同等对待。

截至 2016 年 12 月 31 日，美国已经与 20 个国家签订了自由贸易协定（FTA）、对外签订的双边投资协定（BIT）共有 46 个（现行有效 40 个）。在这些已签署的 BIT 和 FTA 的投资章节中，美国均以负面清单形式对外资进入美国的限制范围和不符措施做出了规定。从缔约国的类型来看，既有经济发展水平较高的发达国家（加拿大、澳大利亚）和新兴工业化国家（韩国、新加坡），也有智利、秘鲁、蒙古国等发展中国家和卢旺达这样的最不发达国家。此外，美国在1982年还专门制定了 BIT 范本以作为美国对外 BIT 谈判的基础，并在1994年、2004年和2012年对其进行了三次修订。目前，采用美式负面清单管理模式的自由贸易协定和双边投资协定的数量日益增多，除美国参与的 BITs 和 FTA 均采用此管理模式外，韩国、澳大利亚、日本等发达国家之间所签署的 BITs 和 FTA 也多采取这种模式。目前，从中美战略与经济对话以及美中贸易全国委员会的调查来看，美国最希望在中国推动的市场准入包括金融服务、债券市场、保险、云计算、数据中心服务、电子商务、医院、炼油、石化、音像及传媒业等。

美式负面清单管理模式主要呈现以下特点：

第一，美式负面清单（《美国双边投资协议2012年范本》）形式上一般包含3个附件：第一个附件是美国政府承诺只维持现有不符措施的行业清单，采用了"棘轮"设计，未来的限制水平只能放宽，不能加严；第二个附件通常只包含设限行业及其法律依据，并明确声明美国政府"保留采取或维持任何措施的权力"，即所列举的行业不仅允许维持现有的不符措施，还保留了进一步采取限制措施的权利；第三个附件一般将针对金融行业的现行不符措施单独列出，从性质上来说其仍然是第一类负面清单，只不过凸显了美国对金融业的特殊重视，也是"棘轮"制设计。

第二，美国负面清单的设置主要基于国家安全目的。美国负面清单中涉及的行业基本上都与国家安全紧密相关，且每一个列入负面清单的项目都以与国家安全相关的立法为依据（第四阶段的负面清单明确列出了这些不符措施涉及的法案）。

第三，美国的外资安全审查制度，在外资准入层面是全面放开的，由企业自己决定是否要进行安全审查。申请审查通过的企业，则会被列入"Safe Harbor"安全港，即不会再进行相关方面的审核。如果企业自己决定不进行全面审查，则可能被出于各种安全方面的考虑而随时受到相关部门的审查。

第四，美国负面清单中涉及的产业主要集中在金融业、商业服务、通信和交通运输业，针对制造业的限制性措施非常少，仅涉及核能和矿业两个领域。而我国上海自贸试验区负面清单在制造业领域仍然纳入了较多的限制性措施。在金融领域，《美国双边投资协议2012年范本》中单独设立一章条款予以明确签约方在金融领域的非国民待遇行为，涵盖业务范围、持股比例、审批程序等多个方面。在交通运输领域，各国基本上将国内航空运输、内河航运铁路运输和公路运输均列入负清单的范畴，如美国要求只有"美国公民"才能从事美国国内航空运输服务，韩国要求从事韩国内航运服务的企业必须为韩方控股，澳大利亚甚至要求从事涉澳国际航运服务的企业的法人代表必须为澳大利亚公民；等等。在通讯服务领域，各国在电视广播运营、基础电信业务等领域均对外资实施持股比例、法人代表国籍等方面的限制，在部分领域甚至直接禁止外资进入。此外，教育、科技、房地产经纪甚至广告等领域也常常被列入负面清单之中。

第五，美国负面清单采用了较宽泛的领域式表述方式，而非依据其国内行业的分类标准进行设置。这种表述方式赋予了政策执行者较大的自由裁量空间；[①]而且负面清单未列入新的产业。较宽泛的领域式表述方式涵盖了整个产业及其所有细分领域，从而使不符措施的保护范围尽可能大，也为将来美国进一步采取措施预留了空间。

第六，美式负面清单一个重要特点是其涵盖的限制产业及对应的不符措施数量很少，其中美国针对韩国的负面清单中不符措施共 22 条。

第七，美式负面清单的不符措施就国民待遇、最惠国待遇、业绩要求、高级管理人员和董事会等多个方面展开，虽然从数量上来说并不多，但种类和表现形式十分多样，措辞上也比较灵活。以美韩 FTA 规制金融业外资准入的第三类负面清单为例，虽然只有五项不符措施，但种类上却多达七种，分别是绝对禁止、比例限制、岗位限制、区域限制、市场准入、政府优惠和其他特殊规定。而中国自贸试验区负面清单尚未涉及业绩要求、高级管理人员和董事会等内容。

第八，美国负面清单中没有对具体产业规定股份的限制条款，主要原因在于美国国内法也基本没有针对外资企业的股份进行限制性规定，例如，在外国投资者同美国本国投资者满足相同条件的情况下，美国允许外资对银行、保险公司以及证券公司持有 100% 的所有权。重要的是，美国的负面清单中有七项基于互惠原则的限制，即只要美国公司被允许在双边投资协定缔约伙伴国的这些经济领域中投资，那么美国相应的领域也会向伙伴国投资者开放。这与我国对外资企业的管理体制差别较大，长期以来，我国更注重对外资准入的限制与管理，在以《外商投资产业指导目录》为代表的国内法规体系中设置了诸多股份限制条款。《外商投资产业指导目录》中的股份限制性规定分为三类，一是限于合资合作，二是

---

① 虽然美国负面清单涉及的行业较少，但仍然有一些项目反而在上海自贸试验区负面清单中是没有被涉及的。其中最突出的就是涉及所有行业的水平型限制措施。上海自贸试验区负面清单依据国内行业标准分类罗列限制行业（而且一般详细到三级目录层面），这使涉及所有行业的水平型限制措施无法体现在负面清单中。另外，有些行业性质特殊，但由于过于细化而无法在产业目录中体现。上海自贸试验区负面清单通常会忽视这些行业，如在美国负面清单中出现频率很高的"报关代理人"一项。

中方控股，三是要求具体的外资股份比例范围。虽然最新的外商投资产业指导目录中已经大幅削减了限制性措施的内容，但仍保留了部分股份限制措施。

第九，《美国双边投资协议2012年范本》（简称《美国BIT范本》）投资为"宽口径"，包括直接投资和间接投资，具体有8种投资形式，如投资企业、股权、债权、期权、知识产权、许可、租赁、质押等。《美国BIT范本》涵盖准入前国民待遇（设立、获取、扩大）和准入后国民待遇（管理、经营、运营、出售或其他投资处置方式）。我国自贸试验区负面清单投资为"窄口径"，主要针对外资准入前设立阶段和直接投资，不包括获取和扩大阶段，也不包括债券、期货期权投资、特许经营、知识产权等投资形式。

第十，美国负面清单对每一项限制性措施均列出了国内法依据，即在"措施"栏中详尽写明国内法律来源，包括法规名称、具体条款、生效时间等，并在"描述"栏中写明限制性措施的具体内容及详细要求。如美国之所以能够将原子能行业列入负面清单，禁止外资进入，其法律基础是《1954年原子能法》；韩国在运输、广播等领域对外资准入的限制措施则是基于《航空法》、《客运服务法案》和《广播法》等法案。相对而言，我国上海自贸试验区负面清单没有进行法律来源及内容说明。《外商投资产业指导目录》中多数限制类产业只列出了产业名称，而没有说明限制措施的具体内容。国内法律规章中也存在透明度不高、操作性不强、外国投资者无法准确获取法规信息因而造成投资障碍的情况。

第十一，设置了大量的灵活性条款以赋予各国政府更多的政策实施空间，保留了某些情况下签约国政府不按照国民待遇、最惠国待遇对待外资企业的权利。这些灵活性条款条目繁多，涵盖范围非常广泛，实际上大大增强了各国政府在外资管理方面的权限。如韩美FTA、韩澳FTA均明确指出，即便韩国国内的《2007年外商投资促进法及执行方案》等法案和准入前国民待遇、最惠国待遇等条款有冲突，韩国也完全可以基于这些法案进行外资管理；而当外资企业有危害社会公共利益、获取国有资产产权、各种危险品生产、影响弱势群体利益等数十种情况下，韩国也有权利不实施国民待遇和最惠国待遇。澳大利亚、美国和乌拉圭也立足于本国实际情况设置了大量的类似条款。

第十二，美国负面清单附件一的最后一条，将各州、哥伦比亚特区所有与国民待遇、最惠国待遇、业绩要求、当地存在、高管国籍承诺不符的限制措施都纳入其中。现存的州政府限制措施都列入了负面清单，这意味着给予州政府一揽子豁免权。对美国而言，本条款为州政府对外国投资者实行的所有限制性措施开了绿灯。本条规定是美国负面清单中涵盖内容最广、最具争议的条款。

总体而言，美国"负面清单"中不允许外资进入的行业极少，大多数限制是针对外国投资者进入相关行业的准入条件或进行特定活动的限制，以下对美国负面清单中对于外商投资的具体限制方式进行了总结，具体见表5-1。

表5-1   美国双边投资协定负面清单的主要特点

限制措施	备注
禁止外资进入的投资领域	
用于商业或工业目的的核能利用与生产设施；使用受美国核能管理委员会管制成分所进行的医疗和研发	禁止向已知或被认为由非美国公民、外国公司或外国政府所有、控制或主导的机构下发有关美国州际间贸易、制造、生产、转让、使用、进出口的转让或接收许可
海关报关服务	仅有美国公民可获得美国海关报关员执照
国内航空运输（客运及航空货物代理服务）	只有具备"美国公民身份"的航空公司才可提供国内航空服务。非美国公民身份的航空公司可通过获得美国交通运输部的许可从事航空货物代理和客运包机业务
信用社、储蓄银行和储蓄机构	美国联邦和各州的法律禁止按照外国法律规定成立的企业通过其分支机构在美国设立这类实体，但按照美国法律规定成立的外商投资企业可以设立这类机构
外国保险公司发行美国政府合同担保债券	外国保险公司在美分支机构不可以发行为美国政府合同担保的债券，但是按照美国法律成立的外资保险公司则可发行
对外资所有权可能有所限制的投资领域	
海外私人投资公司融资（类政府项目）	禁止特定的外国人、外国企业或外国控股的企业参与
公共证券备案中的小型企业名称	外国公司不可使用小型企业注册表进行公开售股注册或注册一类证券或提交年度报告
银行董事会成员身份	国家银行的所有董事必须是美国公民，但这一限制可由美国货币监理署对少数非美国公民放弃适用
埃奇法公司	埃奇法公司是经由美国政府授权从事国际业务的金融机构。外资控股仅限于外资银行和外资银行的美国分支机构。非银行类的外资公司不能控股埃奇法公司
外国银行吸收国内小额零星存款	外国银行需要有在美国成立参保的子公司才能接受或持有低于10万美元的美国国内小额零星存款业务
外国银行提供投资咨询服务	外国银行须在美国注册投资咨询法人身份才能在美国进行证券咨询和投资管理服务业务
成为联邦储备系统成员	外国银行不能成为美联储系统成员，因此也无权投票选举美联储董事成员。此条款不适用于外国银行在美注册的分支机构
美国特定州内设立银行分支	在州法明令禁止的美国州内，外资公司不能设立联邦分行或分支机构。对受信权力的特定限制同样适用于联邦代理机构

续表

限制措施	备注
船舶建造 50% 以上资金由美国联邦担保按揭的航海船舶保险	满足条件的非美国承保人必须证明相应的投保人对于该船舶的保险业务已充分考虑本国保险公司未果的情况下才可以接收此项业务
所有其他州、哥伦比亚特区和波多黎各特区规定的不遵循措施	所有现存的不遵循措施不受国民待遇、最惠国待遇、绩效要求，以及对高级管理人员和董事会要求的限制
基于互惠条款的限制措施	
石油或天然气管道的通行权；获取海军石油储备的联邦租约	在互惠的前提下，如果美国公司在双边投资协定缔约伙伴国可以全资控股拥有该同类公司，那么非美国居民在美国也可以全资控股拥有天然气管道通行权的美国公司
特殊空运服务	从事该业务的外国民用飞机需从美国交通运输部获取批准，审批原则基于互惠原则
发行债券的契约受托人	外资从业者成为全权信托人需以互惠原则为前提
美国政府债务证券交易商	外资从业者被任命美国政府债券的主要交易商要基于互惠原则
无线电频谱分配、直接入户及直播电视服务、数字音频服务 *	基于互惠原则，美国可保留对非美国公民实行区别对待的权利
有线电视运营 *	基于互惠原则，美国可保留对非美国公民实行区别对待的权利
海洋服务业 *	美国可保留对这些领域的服务运营采取区别对待的权利，不包括基于互惠原则的船舶制造、维修及在岸服务
其他限制措施	
银行与保险业	外资银行国民待遇以该银行在美国注册所在州条例为准，外资保险公司国民待遇以该公司办公所在州条例为准
加拿大注册的证券经纪人	按照美国法律注册且主营业所位于加拿大的证券经纪人可以维持在加拿大的法定准备金
政府资助的企业如房利美、房地美、美国学生贷款营销协会	美国保留向美国政府赞助企业提供优惠待遇的权利，优惠待遇包括免除税收和证券汇报机制。美国财政部可以购买这些政府资助企业发行的债权产品
无线电广播	美国保留电台和广播行业限制外资所有权的权利
少数民族照顾项目 *	美国保留对经济社会上处于弱势的少数民族采取特殊照顾政策的权利
社会服务业，包括：收入保障或保险、社会保障或保险、社会福利、公共教育、公共培训、卫生、儿童保育 *	美国保留对这些领域服务运营实行区别对待的权利
多边或双边协议所涉及的领域，包括：航空、渔业、海洋、电信业 *	美国保留与双边、多边协议缔约国之间在这些领域采取区别对待的权利

注： *表示美国保留在以上领域对外国投资者保留限制权或施加进一步限制的权利。
资料来源：美中贸易全国委员会（USCBC），《美国双边投资协定负面清单》内容概述。

三、美国负面清单特点对我国的借鉴意义

第一，进一步完善负面清单的部门分类标准。国际上编制负面清单常用的行业分类标准通常包括缔约国制定的国内产业标准分类、联合国统计司制定的国际标准产业分类（ISIC）和产品总分类（CPC）等。而目前我国上海自贸试验区负面清单以我国的《国民经济行业分类》为行业分类标准，但该标准与上述国际通行的行业分类标准有较大出入，如果在中美 BIT 谈判的负面清单中继续沿用这一分类标准，可能会影响外国投资者的解读，因此可以建立《国民经济行业分类》与 CPC 分类的对应关系，在我国负面清单中同时列举两种分类代码，有利于方便外国投资者更好地认识和了解中国所实施的负面清单。

第二，文本表述尽量采取"严谨措辞 + 兜底条款"的方式。在内容确定的前提下，负面清单的约束范围很大程度上取决于不符措施和行业分类的表述方式。从目前各国的负面清单实践来看，多数国家选择以较为模糊的措辞来表述负面清单中的不符措施，但是这不可避免地会因透明度问题而造成缔约双方之间的纠纷。我国应该尽量采取较严谨的措辞方式以提高负面清单的透明度水平，同时保留将目前尚未出现的产业列入负面清单的权利。在具体的保留办法上，可以通过枚举法和兜底法两种方法完成：前者是指在编制负面清单时将本国尚未出现的行业视为已经出现，与其他部门一起列入负面清单，这种方法适用于国际上已经产生但尚未在本国出现的产业；后者是指在负面清单中明确设置诸如"本国保留对尚未出现的产业制定不符措施的权利"这样的兜底条款。

第三，引入不符措施的"过渡期"规定。负面清单中的过渡期指东道国可以分阶段实施原则的例外和不符措施，同时在过渡期内东道国可以尽力采取措施确保其国内情况逐渐符合承担正面义务的要求。中国和墨西哥同为发展中国家，经济发展水平相近，因此在中美 BIT 负面清单谈判中可以要求增加"过渡期"规定，为市场开放赢得缓冲的时间。

第四，从前文对美国负面清单实践的研究中，我们知道美国 BIT 范本将负面清单分为两类：第一类负面清单采用"棘轮"设置，列举了东道国现有的不符措施并且对应领域不得采取限制程度更高的管理措施；第二类负面清单则允许东道国未来采取更严格的不符措施。美国近年来对外签署的 BIT 和 FTA 中均采用了两类负面清单的设计。在中美 BIT 谈判中，我国可以针对不同竞争力和敏感程度的行业设置多个附件，并争取将通信、能源、金融等核心产业列入第二类负面清单（附件二）中；另外，从墨西哥、卢旺达、乌拉圭等国与美国签署负面清单模式

FTA 或 BIT 协定的经验来看，其负面清单中未列入众多限制性行业和措施，对于卢旺达和乌拉圭等体量小的经济体，其清单更加简单。这一方面是因为负面清单模式对体量小的国家冲击较小，另一方面也是由于本国经济实力决定了谈判的底气。中国与这些国家不同，"吸引投资、以市场换技术"不再是现阶段国际贸易的主题，中国有更强大的资本和实力在国际谈判中提出要价。同时，中国经济体量巨大。在使用负面清单模式时，要高度警惕可能会对本国产业和投资管理体制带来的冲击。在应对负面清单对中国产业的冲击方面，首先要坚定地保留战略性新兴产业。智能制造、新材料等战略性新兴产业正在快速发展，持续的技术创新和长期稳定的市场是其发展的必要条件，需要本土给予培育和保护。例如大多数经历了外资准入管理从"正面清单"向"负面清单"转型的国家，都将传媒、网络、国家安全、能源等战略性新兴产业纳入清单中，印度在印韩 FTA 与印日 FTA 的负面清单中，就对乳制品、空调冰箱等制造业进行严格限制。这些做法值得借鉴，在谈判中要坚持底线原则，把未来可能实行限制性措施的战略性新兴产业尽可能纳入附件二（指区域价值的内容）中。

第五，在美国现有 BIT 签约的缔约方中，很多国家对邮政业、陆路运输以及金融服务之外的其他服务业都做出了限制。因此，中国将上述领域列入负面清单的谈判难度会相对较小。但在国防产业、种植与制造业以及教育、文化和医疗领域，同时，美国现有 BIT 签约的缔约方只有较少国家在负面清单中列入了相关项目，因此预计上述领域的谈判难度会更大。另外，在水平型限制领域，美国 BIT 签约的缔约方列入关于国有企业和特别产业政策方面限制的先例和数量很少，相比之下，中国国企受到政府保护程度与市场垄断能力较大，因此在这些问题上，谈判难度会较大。

第三节　近年中国外资政策的主要特点、政策评估与政策风险*

早在 3 年前中国政府宣布把"市场在经济调控中起到决定性作用"作为经济改革中的关键性原则。而最近，中国经济改革目标出现了其他一些核心特征，其中包括可控的经济放缓，从依靠投资拉动型转变为依靠服务和消费拉动型的经济增长，实施供给侧改革等新的政策方向。例如在 2015 年 10 月，在中国共产党第

* USCBC. USCBC China Economic Reform Scorecard－Progress Remains Limited, Pace Remains Slow［EB/OL］. February 2016. https：//www. uschina. org/.

十八届中央委员会第五次全体会议上，进一步提出了致力于将"经济新常态"下的低速增长转变为更加可持续的经济增长；同时，在第五次全体会议上还指出"十三五"时期改革的基本原则（2016～2020年），并在会后出台了其他一些相关的文件和说明，例如2015年9月的年度中央经济工作会议的成果，同样坚定改革致力于稳定的经济增长和发展；另外，中央经济工作会议宣布了供给侧改革的目标，例如去产能、保护企业利益和所有权、消除地方保护主义和减少税收和费用等。为了准确评价近期中国政府经济改革的成果及预期目标，2016年，美中贸易全国委员会（USCBC）对中国经济改革成果进行了一项评估，结果表明自2015年以来对于美国企业最为关注的问题上，中国经济改革并没有取得明显进展，通过回顾此项评估也可以同时对中国如何对待外资政策问题起到很好的参考作用。

　　总体而言，通过一系列对中国政策的回顾和评估工作后，美中贸易全国委员会将中国最近的经济改革评价为：增长有限，步伐缓慢。这项评估工作主要致力于解决两大主要问题：在经济改革的政策实施中，中国中央政府部门取得了哪些明确的进展？而改革将会对美国企业及其在中国的活动带来何种影响？为了回答上述问题，美中全国委员会回顾了自习近平主席执政以来所出台的一系列与经济改革相关的政策。该项评估涵盖了自2013年3月到2015年11月超过30个月的政策，这些政策被划分为不同的主题，例如政府和市场的不同作用，外国投资和公共机构的改革等方面。美中贸易全国委员会针对每项政策是否会对外国企业在中国的经营活动或外国企业所担忧的问题造成影响进行判断，定义为有"显著影响"（绿色）、"中度影响"（黄色）、"有限影响"（橙色）或"无影响"（红色），并在此基础上针对中国经济改革对外国企业的直接影响判定为有限、中度还是显著。此外，由于上海自由贸易试验区试点作为全国改革的先行先试的试验田，因此这份报告也着重分析了与上海自由贸易试验区相关的政策。

　　据美中贸易全国委员会统计，自2013年以来，尽管中国政府各部门出台了大量的改革措施（据美中贸易委员会最新统计有超过450项），许多政策在解决外国企业的问题上覆盖还不够广泛，实施细节不够具体。与此相反的是，这其中的许多政策只能处理较小的操作性问题或者只被限定在特殊部门，其他一些政策是否适应于外国企业还不明确；其次，美中贸易全国委员会认为，尽管"让市场发挥决定性作用"的观点仍然是中国经济所倡导的主旋律，但政策在实施过程中通常会达不到这个目标，改革的信号依然是模棱两可的，甚至是彼此相矛盾的。从2015年8月到该年年末，中国政府部门发布了一系列致力于解决外国企业的担忧的相关政策，虽然这些措施在少数领域起到了积极作用，在某些领域的确取得了一些进展，但这些政策所产生的结果都非常有限，改革的广度、深度和步伐从整个国家层面来说仍然是不均匀的，中央各部门政策实施的不一致性，以及各机构相矛盾的信息造成一些不确定性，这些来自中国政府的混杂的信号会使外国企业产生对中国经济改革政策不确定性的信心，同时这些不确定性对外资企业所关注的市场准入及公平竞争问题会产生明显的影响，无疑对中国实现经济增长和稳定的目标是不利的；同时，其中有一些举措和政策引起了关注，例如对国家安全政策的强调超过了经济政策等。

在政策评估期间美中贸易全国委员会所做的评估工作将会审查与经济改革相关的政策，其中一些政策针对更大的市场开放方面取得了明显进步，并引发了企业广泛关注。例如，国务院发起一个在 2018 年前将会在全国实施有明确目标和执行时间表的负面清单投资市场准入列表，这对明晰中国的投资制度和对外开放额外的投资部门而言都是一项积极的改变；行政许可程序的简化、为企业创造更好投资环境的政策都是值得肯定的，例如简化申请生产许可证的程序，将多个许可证合并等例子。另外，中国政府在金融市场的改革方面也取得了一定的进步，例如取消了对网络保险销售的地理限制，取消了银行存贷款比率要求，改善了公共—私人合作项目（PPP）的筹资程序，以及鼓励建立和国际手段相协调的标准等方面的改革；另外在这次追踪期间所出台的其他政策包括建立电动汽车和云计算的行业发展标准，最大限度使中国的生产标准与国际相接轨。这些政策对中国整体改革而言起到了积极的作用。然而，困扰美国和其他驻华外国企业的系统性问题大都并没有被触及，一些政策所应该起到的积极效果也同时被其他更多的限定性的政策所抵消。例如在这次政策评估期间所出台的一些严厉政策，例如针对医疗设备、保险和信息通信技术 ICT 产业要求使用"安全、可控"的技术或者"安全、可靠"的技术，企业会担忧这些政策的使用是以国家安全为借口实现保护主义目的，而这将会限制外国企业的市场准入，中国的这些改革成果是否会为国内外企业创造一个公平竞争的市场。例如，在实施《中国制造 2025》中出台的一个"关键技术路线图"中，就对各个产业的生产当地化做出了定位及目标要求，产业具体涵盖了新能源汽车、集成电路和其他先进的制造领域；另外，一些当地政策所发布的计划，比如"中国制造 2025——北京行动纲要"，就鼓励为提升中国制造部门的创新和效率，北京要有特定的具体发展目标。因此，对《中国制造 2025》计划中的一些特惠政策是否会涵盖到外国企业，或者是政府支持体系是否会影响外国企业和中国当地生产企业的公平竞争，这些仍然不够清楚。

另外，尽管中国政府承诺在国际货币基金组织规则下将人民币纳入成为该组织的一篮子货币储备体系，但最近中国政府监管机构在处理金融市场不稳定性的政策方式却让人们产生了对资本和金融市场改革方向的担忧，例如，熔断机制出台后引起股票市场的剧烈震荡，随后监管机构中断了股票市场熔断机制，这致使产生很多质疑中国政策的可预测性和稳定性的声音，而这是影响一个理想投资环境的关键性因素。尽管中国一再强调要让市场发挥决定性的作用，但上述举措还是引起了人们对中国政府介入干预经济程度的担忧和真正让市场发挥决定性作用的意愿的争论。

同时，针对商业环境所实施的相关政策也并没有得到我们经常所看到新闻标题的结果，这不禁使人们对政府改革的方向、范围和步伐提出了质疑。2016年是中国加强改革至关重要的一年，自由贸易区试点项目以及计划在2020年完成的新的五年计划启动将会迎来一个更加雄心勃勃的改革项目，在有关减少市场准入壁垒和允许外国企业更多的市场参与等方面的改革承诺期待中国政府在将来进一步进行回答。

尽管改革的作用是有限的，但是中央政府官方已经宣布中国经济改革方案将会持续实施到2020年，而且将会在"十三五"的指导下进行。上海自由贸易试验区在2013年开设之后，已实现了为期三年的先行先试，其政策陆续在全国范围内推广实施，尽管这其中的有些成功的经验政策早已经被推广到上海的其他地区，以及天津、福建和广东自由贸易试验区，2016年将会是将先行先试政策在全国推广的最关键的一年。美中贸易委员会鼓励支持中国官方采取更长远的手段去进行经济改革，通过为国内外企业创建更多的开放环境与政策，其中关键的步骤包括建立更多放宽投资限制的具体政策，促进市场在经济中的作用，创建国内外企业公平的竞争平台，推动进一步的法制改革等方面，而这将会有利于中国经济的发展。

另外，我们同时注意到，近年来外资企业撤离中国呈现加速之势。如松下、日本大金、夏普、TDK等均计划进一步推进制造基地回迁日本本土。优衣库、耐克、富士康、船井电机、歌乐、三星等世界知名企业则纷纷在东南亚和印度开设新厂。在我国新设法人的韩国企业数量逐年减少。美国企业也在加速回撤国内。伴随外资企业撤离，海外资本也在加速流出中国。

跨国巨头因何撤离中国？除了人力成本上升的因素以外，中国对外资政策准入门槛提高，对外资优惠政策的取消同时也是造成外资撤离的主要因素之一。例如，中国东部的苏州、无锡等长三角地区都提高了投资门槛，对新进的外资企业，不仅没有专门的优惠政策，甚至还对其产业类型、节能减排方面提出更高的要求。此外税收上，外资企业的"超国民待遇"也正在失效。2008年新《企业所得税法》及其实施条例施行后，外商投资企业和外国企业原来执行的再投资退税、特许权使用费免税和定期减免税等税收优惠政策面临取消；而且，外资企业同时面临着中国本土企业的强劲挑战，如达能乳业在上海市场要面对光明、蒙牛和伊利等本土竞争对手残酷的价格战，而这些本土企业比外资企业更为接近和了解消费者，有能力生产价廉物美的替代性产品。因此，在对外资优惠政策逐渐撤销的趋势之下，外资企业的运营环境日益艰难，外资企业将会承受越来越大的压力。外资回归本土，对中国制造业，乃至服务业来说并不是一个好兆头。这意味着"中国制造2025"计划在今后相当长的时间内会遭遇到强劲的对手，因为在技术、品牌竞争方面，中国并没有竞争优势可言；而随着用工成本的上升，中国一直以来所依赖的成本优势，已经逐渐丧失。

另外，这里特别需要说明的是关于国有企业的竞争优势问题。美中贸易全国委员会《2013年中国商业环境调查结果》显示，"与中国企业的竞争"是在中国的美国公司感受到的除成本上升外的最大挑战。调查结果显示：75%的美国公司受访者认为其公司与中国国有企业存在着竞争关系，86%认为其与中国的非国有企业之间存在竞争关系，89%认为其与美国公司或其他外资公司存在竞争关系。同时该调查显示，美国企业认为中国企业从政府获得了各种优惠。34%的美国公司受访者确定地认为与其竞争的中国国有企业从中国政府获得了外资企业无法获得的实际利益；64%的美国公司受访者怀疑中国国有企业从中国政府获得了实际利益；只有2%的美国公司受访者认为与其竞争的国有企业从中国政府没有获得什么实际利益。另外，22%的美国公司受访者确定认为与其竞争的中国非国有企业从中国政府获得了外资企业无法获得的实际利益；51%的美国公司受访者怀疑中国非国有企业获得了实际利益；27%的美国公司受访者认为与其竞争的非国有企业没有获得什么实际利益。可见美国企业普遍认为在其与中国企业的竞争过程处于不利地位。那么，美国企业到底认为中国企业获得了哪些政府支持呢？70%的美国公司受访者认为中国国有企业从政府获得了融资方面的好处，51%的美国公司受访者认为国有企业在行政许可与审批方面处于有利地位，另外几个国有企业获得优惠待遇的领域包括：税收优惠、优先获得政府购买的合同、土地成本方面的优势、其他金融补贴以及更低的公共事业成本。

因此，在对外资企业实施自贸试验区投资负面清单与准入负面清单的背景之下，对外资企业"超国民待遇"政策的取消，以及避免外资企业主观臆测国有企业及民营企业获得了政府的各种优惠政策等因素造成了外资企业撤资的现象。因此，避免外资企业出现大规模撤资现象是各地区在实施负面清单过程中根据实际情况需要进行防范的工作内容。

第四节　中国自贸试验区文化产业负面清单研究

金融危机后全球贸易和投资规则加速重构，包括投资自由化、服务贸易开放等关键内容的新全球贸易秩序正在形成，在这样的趋势面前，中国需要"再入世"，以负责任大国的形象，参与国际自由贸易新规则的制定。沪、津、闽、粤自贸试验区所实施的试验性优惠政策，在文化产业方向的探索尤为关键，这无疑会为文化产业扩大开放注入了新的活力，对提升我国文化贸易国际竞争力带来了很好的机遇与示范作用，并对培育一批具有国际竞争力的外向型文化企业、加快文化企业在自贸试验区周边地区的集聚也起到重要的积极推动作用。应充分利用自贸试验区在产业开放、贸易便利化、行政审批、财税支持等方面的优势，激发各自贸试验区的文化贸易投资创造效应、竞争效应、市场扩张效应与体制机制示范效应，促进以自贸试验区作为全国文化贸易与产业发展的核心区域，进而对形成全国可复制的政策和经验起到重要的参考作用。同时，利用自贸试验区创新政策发展文化贸易，有利于以协同效应带动多层次、立体化试点推进我国对外文化开放新格局，对优化全国文化产业空间布局、提升我国在全球文化产业价值链中的地位、促进文化资源优化配置及产业转型升级等方面都起着积极的促进作用。

从目前沪、津、闽、粤4个自贸试验区所出台的文化产业领域相关的管理措施来看，确实存在着明显差异，因此自贸试验区建设必然会对全国文化产业的分布及竞争力产生重要影响。文化产业同一般产业相比，其产品不少都带有思想文化的特殊性，因此导致外商投资文化产业领域不少因涉及思想文化问题而受禁止或限制，如禁止外资投资新闻媒体、出版机构等。在2013年上海自贸试验区对外资实行负面清单管理模式之前，我国一直实行《外商投资产业指导目录》模式，这种模式规定所有的外商投资只能在规定范围内活动。在实施负面清单管理模式之后，扩大了外资可进入的文化领域，将外商投资企业合同章程审批改为备案管理，①这对于提高外资进入的效率，增强市场主体经济活力意义重大。

从短期看，自贸试验区的文化服务开放措施不仅会为开放产业带来直接的发展机遇，而且从长远看，还将拓展文化创新业态，推进产业跨界交融发展，产生文化与金融、投资、科技、网络、教育等行业相结合的新业务、新业态；其次，由于自贸试验区在行政审批、金融服务、财税支持等方面实施先行先试的政策优

---

① 国务院规定对国内投资项目保留核准的除外。

势，这大大降低了文化贸易的交易成本，增加了交易机会；"一线放开，二线安全高效管住，区内货物自由流动"的创新监管服务模式，则大大地推动了文化产业的市场化，推进文化贸易的发展，对于出版产业，光碟、印刷机械、相关设备的交易，国际艺术品拍卖、展览与广告、教育和培训等各种服务，甚至作为中小文化企业的孵化器都意味着机会；另外，大型国际文化服务企业入驻自贸试验区，使得国际文化企业的先进开发和管理经验得以进入中国，倒逼中国文化企业深入变革。因此，无论是短期还是长期，这些开放举措都将促进中国文化贸易竞争力的提升。

另外，自贸试验区对文化产业扩大开放的同时给本土文化产业带来了巨大挑战：第一，外资文化企业进入后，会形成文化企业并购潮；第二，外资企业为保持其技术优势，可能以提供技术为由，取消境内原有技术研发机构，一定程度上削弱本地文化产业自主创新能力；第三，外国文化企业还会利用其雄厚的资本优势，从国内企业挖走优秀人才。因此，在自贸试验区对外资放宽文化产业限制的同时，本土文化保护面临着严峻形势。另外，由于国内知识产权保护制度还不够完善，自贸试验区内有可能出现专利投机型的企业，可能利用我国法律和保护机制漏洞，通过抢注获得本土文化专利。因此，不同于相对封闭的传统文化市场环境，自贸试验区使文化产业监管服务模式面临新的调整，必须建设适应国际文化竞争的监管服务体系。以下我们对自贸试验区成立以来对文化领域开放政策进行回顾，拟在此基础上总结出自贸试验区促进文化贸易竞争力提升的相关经验。

一、2015 年版与 2013 年版负面清单中涉及文化产业开放的相关条款对比

2015 年版负面清单总共 122 条，但没有像 2013 年版负面清单版本中按照行业的分类形式进行归类。因此，我们首先要对 2015 年版负面清单中涉及文化产业相关条目按照产业进行归类后，对 2015 年版与 2013 年版负面清单进行了比对，具体见表 5 - 2。

表 5 - 2　　　2015 年版负面清单涉及文化产业条目与 2013 年版对比情况

C23 印刷和记录媒介复制业	（1）取消：投资出版物印刷（中方控股）注册资本不低于1000 万元人民币；（2）新增限制：投资经营图书、报纸、期刊、音像制品和电子出版物的出版、制作业务；禁止经营报刊版面
F514 文化、体育用品及器材批发	取消合作限制条件

续表

F524 文化、体育用品及器材专门零售	除保留禁止投资文物商店条件外，其余限制条件取消
I631 电信、I632 广播电视传播服务、I633 卫星传播服务	（1）细化了电信类投资条件；（2）新增限制：对境外卫星频道、引进境外影视剧和以卫星传送方式引进其他境外电视节目、引进中外合作制作电视剧（含电视动画片）的审批和许可制度
I641 互联网接入及相关服务、I642 互联网信息服务、I649 其他互联网服务	（1）取消：除应用商店外，投资经营其他信息服务业务的外方投资比例不得超过50%；（2）取消：投资经营国内因特网虚拟专用网业务的外方投资比例不得超过50%；（3）放开：网络游戏运营服务；（4）新增限制：禁止从事互联网地图编制和出版活动；（5）新增限制：互联网新闻信息服务单位与外国投资者合作要经中国政府进行安全评估
I654 数据处理和存储服务、I659 其他信息技术服务业	取消原有外方投资比例限制条件及禁止投资经营因特网数据中心业务的要求
L712 文化及日用品出租	取消控股与合作条件
L727 旅行社及相关服务	由合资限制修改为：法定代表人须为具有境内常住户口、具有完全民事行为能力的中国公民
P821 学前教育、P822 初等教育、P823 中等教育、P824 高等教育、P825 特殊教育、P829 技能培训、教育辅助及其他教育	基本限制条款基本一致，只是修改了阐述方式
R861 广播 R862 电视、R863 电影和影视节目制作、R864 电影和影视节目发行、R865 电影放映、R866 录音制作	（1）取消：限制投资广播电视节目、电影的制作业务（限于合作），修改为：中国政府对中外合作摄制电影片实行许可制度；（2）新增限制：禁止从事电影、广播电视节目、美术品和数字文献数据库及其出版物等文化产品进口业务；（3）新增限制：国产电影片与进口电影片放映的时间比例
R871 文艺创作与表演、R872 艺术表演场馆、R873 图书馆与档案馆、R874 文物及非物质文化遗产保护、R875 博物馆、R876 烈士陵园、纪念馆、R877 群众文化活动、R879 其他文化艺术业	细化了相关规定
R882 体育场馆	删除：禁止投资高尔夫球场的建设、运营
R893 彩票活动	由禁止投资博彩业（含赌博类跑马场）修改为对彩票发行、销售实行特许经营，禁止在中华人民共和国境内发行、销售境外彩票
R899 其他娱乐业	删除禁止投资色情业的要求，解释是国内已经有相关规定

注：表格第二列报告的是2015年版负面清单与2013年版对比时，相应删除、修改、取消及新增的内容。

从表 5 - 2 可知，2015 年版负面清单较前两年的负面清单有较大改动，在涉及文化产业条目方面，2015 年版负面清单还是要比 2013 年版更为开放，众多领域取消了外资的独资、合资限制条件，放宽了外资的投资业务范围以及细化了相关规定，其中部分条款的删除对文化业开放的影响尤为明显：①删除了出版物印刷的注册资本限制，只要为中方控股，均可投资建设，这大大降低了该行业的投资准入门槛，提高了行业开放程度，但同时也逼迫投资者和生产商提高产品质量和服务水平，提高行业整体实力；②删除了音像制品分销的相关限制，使得不同国家和地区、不同领域的人员可加入到分销商行业中，为音像制品分销注入了新的活力；③删除对图书、报纸、期刊的出租连锁经营的相关限制，拓宽了对传统大众媒体出租业务的投资渠道，使得传统媒体的覆盖面更广泛，同时也对社会大众多渠道获取信息产生了积极影响；④删除了"投资文化艺术业须符合相关规定"的条款，允许在自贸试验区内投资高尔夫球场建设、互联网上网服务营业场所（网吧活动）等条款，进一步丰富了人民大众的文娱生活，并带动一系列相关产业尤其是服务业的发展，从而促进产业结构的优化升级。

另外，虽然在 2015 年版负面清单中放宽了对外资文化产业进入限制，但同时也注意到对文化领域的保护意图明显。如针对 18 个门类的国内经济行业所列明的特别管理措施多用"限制"一词，但对于文化、体育和娱乐业中的新闻和出版以及广播电视电影和影视录音制作业，尤其是在广播电视节目制作经营公司、电影制作公司、发行公司和院线公司方面条款，用的都是"禁止"一词。原因主要在于我国文化产业起步较晚、底子较薄，相比国外文化产业仍存在较大差距，如果在自贸试验区对国外文化企业不加限制，这必将对我国文化产业发展造成较大冲击，尤其是图书、影视、广播等影响范围广的行业，外资的迅速进入对国内企业具有严重破坏性。目前我国影视、出版等文化行业正处于迅速发展期，为了保持其增长速度，对外资有所限制是明智之举。

总的来说，2015 年版负面清单适用范围扩展到了上海、天津、福建、广东 4 个自贸试验区，在保护民族企业和民族文化的前提下，不仅从整体上提高了中国文化市场的对外开放程度，提供了大量就业机会，而且有利于文化产业的蓬勃发展，并对促进经济结构的转型升级，对文化产业的空间分布也产生了一定的积极影响。

二、沪津闽粤自贸试验区实际推进文化业及文化贸易改革的创新措施对比

虽然沪津闽粤自贸试验区实施同一张负面清单，但各个自贸试验区在对外公

布的特别管理措施中，同时出台了相应对文化领域进行改革的各种政策，如福建对台湾、广东对港澳出台的文化业开放政策，以下针对这 4 个自贸试验区对文化政策的管理措施进行综合比对。

（一）上海自贸试验区推进文化业及文化贸易改革的创新措施情况

（1）2014 年文化部、上海市政府公布了《关于实施中国（上海）自由贸易试验区文化市场管理政策的通知》、《中国（上海）自由贸易试验区文化市场开放项目实施细则》；

（2）在上海自贸试验区内设立国家对外文化贸易基地。目前已成功实现了以下主要功能：提供文化保税贸易、制作和加工便利；创设国际艺术品交易中心、打造艺术品服务全产业链；国际文化贸易信息、咨询、商务等综合服务；国际文化贸易的展示与推介服务；实施文化与其他产业政策融合发展新业务。另外，国家对外文化贸易基地正在探索开展国际品牌授权①、版权贸易、影视数据处理等业务。在知识产权法律保障方面，基地引入了上海文化创意产业法律服务平台知识产权调解中心。

（3）在文化审批方面，文化贸易基地内专设上海市文化广播影视管理局的文化审批受理延伸服务窗口，受理自贸试验区内的文化内容审批，以使自贸试验区内文化企业在业务办理上更加方便和快捷。

（4）在上海自贸试验区设立上海国际艺术品交易中心。为国际艺术品在保税状态下进行仓储、长期展示、交易以及开展保险、鉴定、评估、质押、融资、租赁等业务。

（5）上海自贸试验区设立国家版权贸易基地。

（6）浦东新区在洋山保税港区设立高科技文化装备产业基地，成为国内首个高科技文化装备产业集聚平台。② 为国内外文化装备企业提供进出口代理、集成展示、交易租赁、文化金融等服务。

（7）海关尝试采用"简化担保"等艺术品新型监管模式。

（8）上海海关、上海市文化广播影视管理局（以下简称"文广局"）在上海

---

① 所谓文化授权，是一种以文化艺术创作为主体的授权类型，即授权将所代理的艺术家作品著作权以合同形式授予商家使用，进行商业开发，授权商所得收益将按一定比例回馈给提供著作权的艺术家。事实上，授权展在国外已有成熟市场，每年 6 月的美国拉斯维加斯品牌授权展迄今已举办 30 多年，成为国际授权领域最权威的展示交易平台。

② 文化装备产业包括文化装备制造业和关联服务业在内的文化装备产业，作为一种发展势头强劲、空间巨大的新业态，已经涵盖了影视装备、舞台装备、影院装备、印刷装备、游艺娱乐装备、移动互联装备六大类，国内市场交易量超过万亿元，占国内文化产业总产值的 1/4，并以年均 20% 以上的速度增长。

自贸试验区 4 个海关特殊监管区内（外高桥保税区、外高桥保税物流园区、洋山保税港区和上海浦东机场综合保税区）简化美术品①审批及监管手续。②

（9）艺术品通过保税形式拍卖可以暂缓缴纳各种进口税费。在运作成本方面，原本艺术品从口岸进入，需要缴纳等同货值 1.5 倍的保证金，外高桥国际文化艺术发展有限公司代为缴纳，降低艺术机构运营成本。

（10）文化产业与金融业的融合：农业银行已与上海外高桥国际文化艺术发展有限公司签订《合作备忘录》，酝酿艺术品质押融资等金融服务；中国进出口银行推出创新型文化担保及融资服务；上海文化产权交易所联合工商银行上海分行合作设立"品牌支行"，直接为品牌资产评估、质押融资等金融化手段服务。

（11）外高桥国际艺术岛目前正在建设中，国际艺术岛艺术品交易中心建成后，包括艺术品保险、交易、质押、融资以及租赁等一系列的金融服务也将同时在自贸试验区"上线"。

此外，由于在上海自贸试验区提供进出口贸易相关的国际展销、国际采购、国际结算、进出口代理、保税展示、保税租赁、保税仓储、金融投资、政策咨询、人才培训等一揽子服务，因此，自贸试验区上述的服务功能同样也覆盖了文化进出口贸易。与此同时，包括自贸试验区对外资律师事务所和外资教育培训机构的开放，也会为艺术品交易营造一个更有利的法律环境包括人才环境保障。

（二）福建自贸试验区推进文化业及文化贸易改革的创新措施情况

（1）支持平潭国际旅游岛建设。

（2）推动实现自贸试验区口岸过境免签或自贸试验区所在省、市长时间停留等更加便捷的签注措施，并在口岸通关、监管查验、码头设置、牌照互认、航行区域规划等方面的政策难点进行重点突破。

（3）扩大旅行社业开放，支持在福建自贸试验区内设立的外资合资旅行社经营大陆居民出国（境）（不包括赴台湾地区）的团队旅游业务；允许 3 家台资合资旅行社试点经营福建居民赴台湾地区团队旅游业务。

（4）放宽旅游从业人员限制，支持台湾合法导游、领队经培训认证后在自贸

---

① 美术品进出口经营活动，是指从四个海关特殊监管区域至境内区外或者从境内区外至 4 个海关特殊监管区域的美术品实质性进出口贸易行为。

② 开展美术品保税仓储的，在 4 个海关特殊监管区域与境外之间进出货物的备案环节，文广局不再核发批准文件，自贸试验区主管海关不再验核相关批准文件。此外，保税仓储的美术品在区内外展示、展览的，凭文广局核发的展示、展览用批准文件办理海关监管手续；发生美术品进出口经营活动的，凭文广局核发的准予进出口批准文件办理海关验放手续。另外，文广局核发的批准文件在有效期内可一证多批使用，但最多不超过六批。

试验区所在设区市（或试验区）执业；支持在自贸试验区内居住一年以上的台籍居民报考导游资格证，并按规定申领导游证后在大陆执业。

（5）促进特色医疗、娱乐演艺、职业教育、旅游装备等领域进一步开放。

（6）允许台湾服务提供者以跨境交付方式在自贸试验区内试点举办展览，委托福建省按规定审批在自贸试验区内举办的涉台经济技术展览会。

（7）对符合条件的台商，投资自贸试验区内服务行业的资质、门槛要求比照大陆企业。允许持台湾地区身份证明文件的自然人到自贸试验区注册个体工商户，无须经过外资备案（不包括特许经营，具体营业范围由工商总局会同福建省发布）。

（8）发展知识产权服务业，扩大对台知识产权服务，开展两岸知识产权经济发展试点。

（9）探索实现区内区外联动，支持邮轮、度假区、低空飞行等领域的企业纳入自贸试验区框架管理。

（10）鼓励旅游金融创新，开拓适合旅游业特点的对外投资、融资、并购多种渠道，提升旅游产业的国际化和现代化水平。

（11）推进境外旅客购物离境退税政策，对台湾服务提供者在自贸试验区内投资设立旅行社进行无年旅游经营总额限制，推动特色医疗、娱乐演艺、职业教育、旅游装备等相关领域的开放，加快培育旅游装备制造、康体养身、国际会展、医疗旅游、电子商务、教育旅游等旅游新兴业态等相关政策落地。

（12）推进厦门文化保税区建设。

（13）福州将以中国船政文化城为载体，发挥船政文化"海峡两岸交流基地"作用，打造"海峡两岸文化融合产业基地"。

（三）广东自贸试验区推进文化业及文化贸易改革的创新措施情况

2014年12月18日，《内地与香港CEPA关于内地在广东与香港基本实现服务贸易自由化的协议》的签订使内地在广东对香港文化业开放的广度和深度都大幅提升，广东自贸试验区三个片区（南沙、横琴、前海蛇口）是粤港澳合作的三大平台，三个片区均具备发展文化贸易所需的承载空间。

1. 南沙片区实施文化业与文化贸易发展措施

①支持南沙新区在CEPA下探索港澳机构合资、合作、独资出版物出版、版权交易等业务，在涉外、涉港澳营业演出、电影制作、发行放映等率先突破。支持探索港澳机构成立演出经纪机构，兴建演出、娱乐等场所，发展新媒体与全媒体。支持建设南沙滨海休闲体育圈。

②支持南沙新区集聚国际教育和国内外高端医疗资源。支持开展教育国际合作交流综合改革试验，探索创新与港澳及国际知名大学合作办学，引进职业培训机构合作技能培训。

③争取国家在南沙新区试点，允许港澳地区具备执业资格的领队、导游人员在南沙新区的旅游企业从事领队、导游工作。

④支持南沙新区主办或承办大型国际会议以及商业旅游、展览、论坛、体育赛事和文化活动等对外交流事项。

2. 横琴片区实施文化业与文化贸易发展措施

横琴自贸片区重点发展旅游休闲健康、商务金融服务、文化科教和高新技术等产业，建设文化教育开放先导区和国际商务服务休闲旅游基地。

①积极与港澳共建世界休闲旅游中心，在旅游投资、旅游运营、旅游管理等方面与澳门一起共同构建与国际旅游市场衔接的规则体系，更好推进两地旅游产业合作。

②建设文化教育开放先导区，鼓励世界知名高校到横琴合作办学，鼓励港澳投资者在横琴设立各类培训机构、幼儿教育服务机构以及留学中介服务机构。

③粤港澳文化创意产业园已经正式落户横琴，横琴新区企业所得税优惠目录中涵盖文化创意产业5个条目，包括动漫、游戏创作及衍生产品研发、文化创意设计服务等数字产品研发与内容服务。

3. 前海蛇口片区实施文化业与文化贸易发展措施

前海作为国内唯一的深港现代服务业合作区，战略定位之一就是努力打造香港与内地紧密合作的先导区。目前，全国首个针对香港的整体合作方案《深港合作总体方案》将于近期出台，将在资金、用地等方面对港企港人给予支持，这将进一步促进深化前海与香港现代服务业之间的合作。例如，将为港企提供一系列优惠措施，将物流、资讯服务、科技服务、文化创意产业的企业所得税，由25%减至15%；此外，在前海给予港资企业国民待遇等优惠政策。

（四）天津自贸试验区推进文化业及文化贸易改革的创新措施情况

在2015年国务院正式印发的《中国（天津）自由贸易试验区总体方案》中，明确天津自贸试验区将扩大在文化服务领域的对外开放，建设文化服务贸易基地。2015年7月22日，天津自贸试验区对外通报《中国（天津）自贸试验区文化市场开放项目实施细则》，其主要包括三项举措：一是允许在天津自贸试验区内设立外资经营的演出经纪机构，为天津市提供服务；二是允许在天津自贸试验区内设立外资经营的演出场所经营单位，只需向市文广局相关部门提出申请即可；三是允许在天津自贸试验区内设立外资经营的娱乐场所，取消了自贸试验区内对于娱乐场所的外资持股比例限制，允许合资、独资建立娱乐场所，由天津市文广局有关部门自受理之日起 20 日内做出决定。

从上述 4 个自贸试验区所实施的文化贸易管理措施来看，作为海派文化发源地的上海，所实施的文化贸易发展政策落地与实施力度无疑是排第一位，不仅可重点依托上海国家对外文化贸易基地、国家版权贸易基地、上海国际艺术品交易中心、自贸试验区文化授权展、国际艺术岛、上海国际高科技文化装备应用示范中心等平台推动上海国际文化贸易的发展，探索新技术条件下的文化产权、版权的交易品种、交易方式、渠道策略等，推动文化交易市场发展；另外，上海也可考虑在全国争取"中国文化产业监管体制改革试验区"地位，在体制改革上实现突破，因此，这为其他自贸试验区提供了可参考借鉴作用。

三、利用自贸试验区提升中国文化贸易竞争力的问题与政策建议

自 4 个自贸试验区成立后，都集中密集发布了促进文化贸易发展的相关文件，文化贸易发展速度加快，发展前景良好。但同时也存在着以下问题：第一，中国各区域文化资源禀赋与经济发展差异较大，所以如何有效避免区域之间产生不良竞争，重视差异化定位，寻求区域和产业间的互补，是制定文化贸易相关政策时在一开始就必须慎重考虑的问题；第二，我国长期以来实施的文化贸易政策碎片化、零散化，应重视政策的可复制性，实现以点带面，辐射性较强的拉动作用；第三，虽然民营企业在文化贸易中的地位日趋重要，但并不具核心竞争力；[1]第四，中国文化产业链条并不健全，文化产品多数局限于商品本身而无法向上下游及横向延伸，附加值低，利润率低；第五，政府管制缺乏弹性，文化产品分级制度管理措施亟须改革；[2] 第六，资金短缺是大多数文化企业面临的共同难题；等等。

针对近年全球贸易规则的新变化，中国文化贸易竞争力的提升要充分利用自贸试验区制度创新的机遇，建立与国际接轨的文化贸易服务新业态与管理模

---

[1]　在 2013～2014 年度全国 118 家文化出口重点企业目录中，上海占到了 35 家，包括民营企业 23 家、国有企业 10 家、外资企业 2 家，民营企业比例为 65.71%，但企业规模、行业影响、技术水准、品牌塑造等方面尚不具备显著优势。

[2]　我国对图书、电影、漫画等文化产品有着严格的审批制度。能在电影院放映的电影都必须送至国家广电总局审核，通过批准后才可放映。而目前我国尚不存在分级制度，一些优秀题材的电影、图书作品等由于部分内容的不合格而遭到禁播。

式，帮助我国文化企业把握国际文化贸易的新规则和竞争态势，掌握全球文化贸易的高端资源和市场制高点，以制度创新探索文化贸易发展的新途径，总体而言：

（1）明确文化贸易扩大开放的"底线"，探索"文化内容负面清单"管理新模式。文化服务具有鲜明的意识形态属性，与文化服务对外开放的"底线"原则相适应的，是对文化服务领域的"内容管控"，要严格管控中国法律严禁的文化品及不良社会风气借助自贸试验区进入内地，要探索使用"内容底线"原则替代"生产环节"原则。同时，加强事中事后监管力度，监控包括商品外包装设计、网站、广播、电视节目内容、历史教育等信息资料；歌舞娱乐场点播系统、播放内容及电子游戏机的游戏项目；网吧、演出、艺术品市场等方面内容。

（2）打造自贸试验区文化企业跨区域合作平台及跨自贸试验区合作机制。中国的文化产业资源分布广泛，环渤海、泛长三角、泛珠三角、沿边以及内陆地区的文化资源优势各不相同，区域内联动效应并不明显，区域间合作亦很缺乏。4个自贸试验区的建立为打通各区域文化企业合作提供了一种模式，如4个自贸试验区文化产品进出口信息共享、跨自贸试验区的文化产品展示合作等方面。另外，中国文化产业往往分属不同系统进行管理，像广播电影电视局、文化部和新闻出版署属不同系统，可为文化部门与文化企业之间搭建合作平台，促进各部门间的交流合作，激发市场活力。

（3）进一步创新自由贸易试验区内针对文化贸易的海关监管制度。支持将自由贸易试验区内文化贸易重点企业培育成为海关高信用企业，享受海关便捷通关措施。对图书、报纸、期刊等品种多、时效性强、出口次数频繁的文化产品，经海关批准后实行集中申报管理。为文化产品出口提供24小时预约通关服务等便利措施。对文化企业出境演出、展览、进行影视节目摄制和后期加工等需暂时进出境货物，可实施加速验放。对使用暂准免税进口单证册（ATA）向海关申报的暂时出境货物，免于向海关提供其他担保。对自由贸易试验区内从事文化出口业务的编创人员、演职人员、营销人员，进一步简化其出国（境）手续。

（4）拓展自贸试验区内文化保税产业链条。文化保税业务不仅包含艺术品交易、拍卖、展示等文化产业交易环节，而且覆盖艺术品的鉴定、评估、修复、保险、仓储、物流等配套业务，涵盖文化产业链中的文化创意、离岸生产制作、版权交易、文化科技交流、文化信息传播服务、文化艺术培训与教育等具有增值业务的高端环节，完整的产业链条布局与高附加值的业态集聚，对于文化保税产业的深入发展和市场竞争力的提升至关重要。

（5）支持对外文化贸易业务创新，开展文化服务领域改革试点。如文化设备租赁服务、文化产品展示服务、文化服务外包服务、文化衍生后期服务①等方面。大力发展国际文化会展、保税文化交易、文化进出口仓储物流、国际文化市场信息服务等业态，打造文化进出口高端服务平台。大力发展文化衍生产业，提升后期制作服务功能。可尝试在自贸试验区保税区内展示、收藏一些价格高昂的文化产品生产与制作所需的高精设备，通过租赁等模式，将文化产品的生产流程纳入保税区，并在保税区内实现产品外销。

（6）进一步推动在自贸试验区内进行艺术品拍卖。进一步放开外资拍卖公司的限制，允许在区内设立中外合资、中外合作和外商独资的艺术品拍卖企业和咨询公司，引进国际化经营模式。建立健全艺术品拍卖监督法规，在引入外资拍卖企业的同时，对这些企业进行多渠道监管，严格执行《中华人民共和国文物保护法》，实现政府部门的监管信息共享，实行动态监管和全过程监督。

（7）将4个自贸试验区打造成全国文化市场的"文化金融服务中心"，支持条件成熟区域探索创建文化金融合作试验区，发挥全国文化市场体系的金融核心功能和辐射功能。除了直接投资外，还可以通过多种政策杠杆对符合条件的文化企业给予贷款贴息、保费补贴、税收优惠以及对优秀的文化企业或项目给予无偿资助和奖励。支持银行业金融机构有效衔接信贷业务与结算业务、国际业务、投行业务，满足文化"走出去"的金融需求。支持符合条件的文化出口企业通过发行企业债券、公司债券、非金融企业债务融资工具等方式融资。推动文化金融中介组织建设，鼓励建设一批专业从事文化金融服务的中介组织，如担保机构、小额贷款公司、版权托管机构、评估机构、信用管理机构、版权代理机构等，成为文化金融创新的重要支撑平台。

（8）推进自贸试验区文化贸易投资外汇管理便利化。以建设自贸试验区为契机，推进文化贸易投资的外汇管理便利化，确保文化出口跨境收付与汇兑顺畅，满足文化企业进出口和跨境投资的用汇需求。支持文化企业采用出口收入存放境外等方式提高外汇资金使用效率。鼓励支持文化企业开展跨境人民币结算业务，支持文化企业从事境外投资业务。

（9）在自贸试验区内支持文化企业和科技的融合发展。鼓励文化企业开展技术创新，增加对文化产品和服务的研发投入，开发具有自主知识产权的关键技术和核心技术；鼓励舞台剧目、影视动画、音乐、美术、文化遗产的数字化转化，支持开发适用于互联网、移动终端的数字文化产品；支持文化企业充分运用高新

---

①　文化创意产业依其产业属性可以分为文化创意核心产业、文化创意支持产业、文化创意配套产业和文化创意衍生产业。

技术手段提升文化出口产品和服务的质量；支持文化企业引进数字和网络信息等国际先进技术，提升消化、吸收和再创新能力。

（10）企业借助电子商务等新型交易模式拓展国际业务，试行对跨境电商更为优惠的文化产品贸易税率。充分运用大数据提升跨境文化电商企业竞争力，创立全新商业模式，降低运营成本，开发新产品和新服务。

（11）加强自由贸易试验区内文化贸易知识产权的保护工作。加快推进知识产权快速维权中心建设，在4个自由贸易试验之间推广复制知识产权快速维权经验。研究开展文化知识产权价值评估，及时提供海外知识产权法律咨询，支持自由贸易试验区内文化企业开展涉外知识产权维权工作。加强版权保护工作，积极开展著作权法律法规宣传，打击和查处侵权盗版案件。另外，对文化企业开展国际管理体系认证、产品认证、境外专利申请、境外广告宣传和商标注册、境外收购技术和品牌等予以扶持。

（12）加大财税支持力度。在自贸试验区内从事服务外包业务的文化企业，符合现行税收优惠政策规定的技术先进型服务企业相关条件的，经认定可享受减按15%的税率征收企业所得税。对国家重点鼓励的文化产品出口实行增值税零税率。对纳入增值税征收范围的文化服务出口实行增值税零税率或免税。

（13）大力发展文化服务中介机构。吸引国内外优质文化服务中介机构入驻自贸试验区，引导其加强与海外、境外和国内文化企业的对接合作，形成以自贸试验区为中心的贸易代理、金融服务、推介宣传、法律服务等各类国际文化贸易中介服务机构群，提升自贸试验区面向国际国内文化企业的贸易配套服务能力。

（14）推动文化企业"走出去"。鼓励自贸试验区内文化企业通过新设、收购、合作等方式，在境外开展文化领域投资合作；支持对文化企业境外参展、商业演出等活动；扩大对内容原创版权输出的扶持，支持影视、动漫、网游、艺术品、音乐及出版等多行业的版权输出，建立版权输出奖励制度；加快影视音像、网络动漫、出版物、文艺演出等国际营销网络建设；推动海派文化、广府文化、客家文化、潮汕文化等特色文化企业对外投资与出口。

第六章

上海自贸试验区建设与海关服务贸易监管创新和便利化研究

　　20 世纪 60 年代，服务业在全球范围内兴起，服务业增加值占国内生产总值的比重不断上升，发达国家服务业占比基本达到 70%，发展中国家也超过了 30%。在服务业的比重不断攀升、服务贸易高速发展的当今时代，中国服务业领域的开放度明显提高，按 WTO 划分的 160 个服务业部门，中国已经开放了 110 个部门，开放程度远大于发展中国家的平均水平。在中国服务贸易高速发展的过程中，对其有效监管、建立完善的统计机制等对保证其稳步健康发展具有重要作用。

　　传统意义上，海关监管和服务的对象是货物贸易，似乎和服务贸易没有关联。但是，从国际服务贸易的表现形式和其实际发生的过程来看，在实体货物发生国际间转移的同时，经常伴有无形资产的转移，例如伴随货物发生转移的技术、协助、特许权使用费，除此之外，海关的监管范围也包括人员、服务、信息等不同的形式的跨国移动活动。海关作为把守国门的重要监管机关，在此其中也应为我国服务贸易领域的发展做出服务，为我国经济发展战略的贯彻和实施做出贡献。

　　《海关法》对海关职能规定为"中华人民共和国海关是国家进出关境监督管理机关。海关依照本法和其他有关法律、行政法规，监管进出境的运输工具、货物、行李物品、邮递物品和其他物品，征收关税和其他税费，查缉走私，并编制海关统计和办理其他海关业务"。以上职能我们习惯称之为"监管、征税、查私、统计"四大职能或基本职能。简而言之，海关监管职能指海关依据海关法及其他有关法律、法规，对运输工具、货物、物品的进出境活动所实施的行政执法行为。其监管的对象即进出境运输工具、货物、物品的活动，而不仅仅是进出境运输工具、货物和物品①。海关征税职能是指征收关税和进口环节其他代征税。海

---

① 王成阁．海关业务基础知识［M］．北京：全国海关教育培训中心出版社，1998．

关税收是国家财政收入的重要来源，也是国家实施宏观调控的重要工具。根据法律规定，中国海关除担负征收关税任务外，还负责对进口货物征收进口环节增值税和消费税。海关查私职能是指按照海关对缉私工作的统一部署和指挥，负责对走私犯罪案件的侦查、拘留、执行逮捕、预审工作，综合运用刑事执法与行政执法两种手段严厉打击走私。海关统计职能包括：海关统计是海关依法对进出口货物贸易的统计，是国民经济统计的组成部分，海关统计的任务是对进出口货物贸易进行统计调查、统计分析和统计监督，进出口监测预警，编制、管理和公布海关统计资料，提供统计服务。①

这四项传统职能中，海关监管和海关统计是涉及服务贸易发展较为明显的两项职能。其中，关于服务贸易统计问题，我国的主管统计部门为商务部，采用的是《服务贸易统计制度》。国际上通行的服务贸易概念和统计方法主要是 WTO《服务贸易总协定》的规定和 IMF《国际收支和国际投资头寸手册》中的规定。关于服务贸易的统计，国际、国内的统计方法目前还有其需要改进的内容，海关可以在此领域进行弥补和丰富的包括：维修、检测货物发生的服务费用，技术进出口的统计、租赁贸易的统计、仓储货物的统计、加工贸易产生的附加值、展览品的统计、运保费等。海关可以在这些方面辅助服务贸易统计的完善而促进服务贸易发展。另外，海关监管涉及服务贸易较海关统计更加多面，并且对服务贸易的发展起到较大的促进和辅助作用。本章将从海关总体职能入手，归纳总结海关的监管和服务中涉及服务贸易的领域，并且在此基础上继续探讨我国自贸试验区建设中海关制度创新对服务贸易监管和发展的影响。

第一节　海关监管服务贸易的领域及其促进作用

传统意义上，我们普遍认为无形的服务贸易和监管有形货物的海关没有联系。但是，从服务贸易的实现和表现形式上看，这些无形资产随着有形货物发生国际间的移动，这就直接受到海关监管制度和关税征管制度的影响。笔者将这些明显受到海关监管的服务贸易形式整理如下。

一、国际运输服务贸易

国际运输服务贸易主要是指以国际运输服务为交易对象的贸易活动，是不同

---

① 引自《海关统计条例》。

国家的当事人之间所进行的，由一方向另一方提供运输服务，以实现货物或旅客在空间上的跨国境位移，由另一方支付约定的报酬的交易活动。从 1922 年 10 月 31 日生效的《巴塞罗那公约》开始，全球开始倡导国际运输自由化，这一过境自由公约与规范强调，进境货物和人员可以借经某输入国关境运输到另一个国家，在此期间货物和人员无须转换运输工具，这样也就完成了由同一个承运人提供的跨国运输服务。《巴塞罗那公约》是世界上比较早出现的促进国际运输服务贸易发展的公约。另外，1947 年签订的《关税及贸易总协定》第五条规定了自由过境的原则，这是国际上较早的关于服务贸易的多边协定，其第三款中明确规定"……这种来自或前往其他缔约方领土的过境运输，不应受到不必要的拖延或限制，并对它免征关税、过境税或有关过境的其他费用……"。

事实上，在国际运输服务贸易进行中，海关监管职能体现在以下两个方面。

一方面，中转集拼和国际转口贸易中的货物和运输工具监管；海关对货物的监管要求是，进出口货物以及运载货物、人员的运输工具需要办理海关通关手续，必须从海关规定的地点进出境。例如《中华人民共和国海关进出境运输工具仓单管理办法》中规定：出境运输工具预计载有货物、物品的，仓单传输人应当在办理货物、物品申报手续以前向海关传输预配仓单主要数据。海关对仓单有审核权，对货物有查验、放行权。另外，《中华人民共和国海关关于转关货物监管办法》中也对转关货物的海关封志、转关货物的存放、装卸、查验等均进行了说明。因此，对于国际运输服务贸易中的国内外企业来说，海关对中转集拼和转口的货物及其运输工具进行监管确保货物安全合法运输。另外，货物运输中一般以海运为主，但是近年来随着跨境电商的发展，空港口岸进出境快件的增速大幅增长，机场海关以及海关快件监管中心等对航空运输服务进行监管。以上海为例，上海"十三五"规划中提出上海的国际贸易中心规划，涉及海关的需求大部分在特殊区域中。上海口岸中，外港和洋山是分别负责远洋航线和近洋航线的。为了促进上海的国际运输服务贸易的发展，上海海关积极推进"单一窗口"的建设，已经运行上海"单一窗口"2.0 版本，并且实施信息化一站式服务，一个信息平台，信息共享，以"单一窗口"为突破，促进运输服务的发展。

另一方面，国际运输服务贸易中的港口服务也会受到海关监管。因为国际运输服务的供给方提供的服务中会涉及对货物包装、简单加工等活动，这些相关服务的提供一般发生在海关的特殊监管区域，例如保税区，那么，在这些区域中海关会实施相应的监管制度，当然也会提供一些便利的进出境手续和税收制度等促进服务贸易的发展。

二、旅游服务贸易

旅游服务贸易是指一国或地区旅游从业人员运用可控制的旅游资源向其他国家或地区的旅游服务消费者提供旅游服务并获得报酬的活动。旅游服务贸易既包括外国旅游者的入境游，也包括本国旅游者的出境游。海关依照《中华人民共和国海关法》及其他有关法律、行政法规，对进出境人员携带的行李物品进行监管，查缉走私和办理其他海关业务。主要的场所是机场、港口和车站。例如，海关总署公告 2016 年《关于启用新快件通关系统相关事宜的公告》中对个人物品进出境问题进行了相关规定，如进出境人员携带的在合理数量内的旅行用品等予以免征关税，这在一定程度上促进了旅游服务的发展。又如邮轮旅游，邮轮旅游将旅游和休闲娱乐结合，是用邮轮将一个或多个旅游目的地联系起来的旅游行程，一直是国际旅游服务贸易中增幅较大的项目。邮轮旅游过程中会停靠途径国家或地区的港口并使游客体验所在城市的各类资源。在这类旅游服务贸易中，口岸海关必将对停靠的邮轮和人员进行监管。

三、金融服务贸易

在国际金融服务中，大多数国家海关实行边境控制，代行国家对外汇管理的职能；世界银行经常通过有关国家的海关监管来实际控制借款国经常项目的国际收支；进口租赁货物的国家海关对租赁业务特殊的监管条件直接影响到该国租赁贸易的发展。[①] 20 世纪末，全球化增加了边境管理的复杂性，这不仅体现为贸易量、旅游量大幅增加和管理规定日趋复杂，也体现为新型威胁的出现，如恐怖主义、国际刑事犯罪和走私活动等。[②] 除此之外，我国海关在金融服务贸易方面监管主要体现在对融资租赁的监管，海关对融资租赁货物按照审查确定的分期缴纳的租金分期征收关税和增值税。这类海关对资金的监管直接对采购和融资企业的市场造成影响。为了促进融资租赁业务的发展，海关不仅对租金产生的关税和增值税进行分期征收，并且通过简化担保手续等方式减轻企业采购进口设备的资金压力，降低企业融资和交易成本。由此可见海关监管在国际金融服务监管领域发挥着重要作用。

四、特许权使用费

该费用是买方为了获得使用专利、商标、专有技术、著作权等的许可而支付

---

① 王绍媛. 国际服务贸易与海关监管制度的关系辨析［J］. 东北财经大学学报，2005（3）：26－29.
② Erich，Kieck. 协调边境管理［J］. 中国海关，2011（6）：58－59.

给所有人的费用。它一般伴随一般贸易货物的跨境转移而发生转移。《中华人民共和国海关审定进出口货物完税价格办法》第十一条第三款规定：买方需向卖方或者有关方直接或者间接支付的特许权使用费，但是符合下列情形之一的除外：（1）特许权使用费与该货物无关；（2）特许权使用费的支付不构成该货物向中华人民共和国境内销售的条件。第十三条进一步地解释了特许权使用费应当视为与进口货物有关的条件，其中涉及专利权、专有技术权、商标权、著作权、分销权的详细说明。在海关监管中，如果这部分费用和货物构成一体一同进口进行支付，那么一并征税；如果与货物分离进行非贸项下的单独支付，那么将根据上述条件进行调查而确定是否补税。因此，这部分服务贸易是受到海关监管的。

五、特殊货物中的服务贸易

除了一般贸易和加工贸易外，一些特殊货物也受到海关的监管。在这类货物进出境过程产生的修理和再加工属于服务贸易的范畴。《中华人民共和国海关审定进出口货物完税价格办法》第二十八条规定：运往境外修理的机械器具、运输工具或者其他货物，出境时已向海关报明，并且在海关规定的期限内复运进境的，应当以境外修理费和料件费为基础审查确定完税价格；第二十九条规定：运往境外加工的货物，出境时已向海关报明，并且在海关规定期限内复运进境的，应当以境外加工费和料件费以及该货物复运进境的运输及其相关费用、保险费为基础审查确定完税价格。

六、文化服务贸易

文化服务贸易主要是指与知识产权有关的文化产品和文化服务的贸易活动。一般来说，文化服务包括表演服务、出版、发行、新闻、通信和建筑服务。WTO《国际服务贸易分类表》将服务贸易分为11大类142个服务项目，其中在商业服务，通信服务，娱乐、文化和体育服务3大类中都有细分的项目与文化服务有关。以上海为例，作为经济中心，每年各类电影节、艺术节、旅游节以及各项赛事等相继开展，在此过程中节日以及赛事等需要的用品，例如一些机器配件、维修设备、转播设备等均需要进境，对于这类暂时进境的货物，并没有发生所有权转移，在赛事等结束后复运出境，但是必须接受海关监管。为了给国内外文化企业提供多种服务，海关针对此类货物按照《中华人民共和国海关暂时进出境货物管理办法》进行监管。

七、会展服务贸易

进出境展览品是指境外为来我国或我国为到境外举办经济、文化、科技、武器装备展览或参加博览会而进口的展览品及与展览会有关的其他物品。包括：（1）在展览会中展出的或示范用的货物、物品；（2）为示范展出的机器或器具所需用的物品；（3）展览者设置展台的建筑、装饰材料；（4）供展览品做示范宣传用的电影片、幻灯片、录像带、录音带、说明书、广告等。

作为一个新兴产业，会展业带来了高附加值，主要来自会展服务费、展位租赁费用等。除了海关针对此类货物按照《中华人民共和国海关暂时进出境货物管理办法》进行监管之外，还有一部分体现在海关特殊监管区，例如保税区具有保税展示等功能。据统计，全国展览主要集中在北京、上海两个城市，2015 年有 2700 家企业从事展览品进出口，其中上海关区展览企业的进出口额占全国的 36%，北京关区占 27.5%。①

八、加工贸易中涉及的服务贸易

2015 年我国加工贸易出口达到 7978 亿美元，占外贸出口 35%。面对加工贸易明显下降的趋势，根据《国务院关于促进加工贸易创新发展的若干意见》、《国务院关于促进外贸回稳向好的若干意见》要求和国务院行政审批改革总体部署，商务部、海关总署 2016 年第 45 号公告显示将在全国范围内取消加工贸易业务审批，建立健全事中事后监管机制以为加工贸易的发展提供便利。

另外，加工贸易中的来料加工、出料加工形式中很明显的货物并没有发生所有权转移，除了来料和出料加工的工缴费是服务贸易的范畴外，加工贸易产品产生的售后和维修等服务活动都会受到海关的监管。

九、保税监管中涉及的服务贸易

海关特殊监管区域是经国务院批准，设立在中华人民共和国关境内，赋予承接国际产业转移、连接国内国际两个市场的特殊功能和政策，由海关为主实施封闭监管的特定经济功能区域。海关特殊监管区域现有六种模式：保税区、出口加工区、保税物流园区、跨境工业园区（包括珠海跨境工业园区，霍尔果斯边境合

---

① 干春晖. 中国（上海）自由贸易试验区海关监管与制度改革［M］. 法律出版社，2016：212.

作区)、保税港区、综合保税区,其中进口保税仓库、出口监管仓库、保税物流中心(分为 A 型和 B 型)这 3 种模式属于保税监管场所。

保税制度是一项重要的海关监管制度,允许对特定的进口货物在入关进境后确定内销或复出口的最终去向前暂缓征缴关税和其他国内税,由海关监管的一种海关制度。那就意味着在海关特殊监管区域内,进出口企业可以进行储存、中转、加工或制造等业务。这不仅为货物贸易的发展提供了便利,同时也带动了与货物贸易相关的服务贸易,例如运输、仓储、保险、组装、维修、检测、售后、研发等服务贸易的发展。

为了利用海关特殊监管区域特别是保税场所的重要功能促进服务贸易的发展,海关总署 2015 年第 47 号公告中提到,为进一步推进海关区域通关一体化改革,建立与保税加工、保税物流和保税服务发展要求相适应的区域通关监管机制,更好地服务国家发展战略,海关总署决定将区域通关一体化改革拓展至海关特殊监管区域和保税监管场所。①

综上所述,国际服务贸易中多种类别、多个环节,无论是伴随一般贸易还是加工贸易,无论是发生在海关特殊监管区内还是区外,都受到海关的监管,我国海关实施的特殊监管制度在不断降低服务贸易的成本,为促进国际服务贸易的发展提供便利。以下将以上海自贸试验区为例进行说明。

第二节 上海自贸试验区海关制度创新和对服务贸易的促进作用

一、上海自贸试验区海关的服务贸易监管创新

上海自贸试验区海关创新制度一直在以较快的速度跟进,最初制度创新 11 项,为了实现自贸试验区的发展,海关于 2014 年上半年推出了 14 项监管服务制度,之后又于 2014 年 12 月 9 日在自贸试验区开展"自主报关、自助通关、自动审放、重点稽核"的作业模式试点,这标志着上海海关在自贸试验区成立一年多来,截至 2014 年推出的 23 项海关监管服务改革制度已经全部落地生效。

笔者将 23 项按照其实施时间整理如表 6 - 1 所示,具体制度的名称、类型、内容、目的和复制推广的时间、区域。

---

① http://www.fdi.gov.cn/1800000121_23_72557_0_7.html.

表 6-1 上海自贸试验区海关改革创新 23 项制度

序号	实施时间	海关监管新政名称	类型	具体内容	目的和拟达到的效果	复制推广时间	实施区域
1	2014年4月21日	保税展示交易	功能拓展	改革前：仅允许企业在区内开展保税展示。改革后：允许区内企业在向海关提供足额税款担保（保证金或银行保函）后，在区外或区内指定场所进行保税货物的展示及交易	帮助企业降低物流成本和终端售价，加快物流运作速度	2014年8月18日	全国部分海关特殊监管区域、保税物流中心（B型）或保税监管型场所
2	2014年4月21日	融资租赁	功能拓展	改革前：仅在浦东保税区开展综合租赁场所两项商品试点。改革后：允许承租企业、对融资租金分期缴纳保税货物租赁货物按照海关审查确定的租金分期征收关税和增值税	推动自贸试验区建设成为国内一流的融资租赁功能区与金融创新实践区	2014年8月18日	上海海关关区
3	2014年4月21日	期货保税交割	功能拓展	改革前：在上海洋山保税港区内开展铜、铝两项商品的保税期货交割试点。改革后：允许企业在自贸试验区4个海关特殊监管区域内开展以保税监管状态的货物作为期货交割标的的货物，开展期货实物交割。业务品种扩大到上海期货交易所全部上市的商品品种	进一步促进中国期货贸易的发展，促进形成中国大宗商品定价机制，推动上海国际金融中心和航运中心建设	2014年4月21日	上海自贸试验区内
4	2014年4月21日	内销选择性征税	税收征管	改革前：除外高桥保税区外，自贸试验区其他海关特殊监管区域实行内销货物按实际状态征税。改革后：对设在自贸试验区内开展企业生产、加工经"二线"内销的货物，企业可根据其对应进口料件或实际状态中选择缴纳进口关税	达到减少税负，降低成本的目的，有利于企业扩大内销，提升自贸试验区内生产企业的竞争力，吸引更多生产企业入区	2014年4月21日	上海自贸试验区内

续表

序号	实施时间	海关监管新政名称	类型	具体内容	目的和拟达到的效果	复制推广时间	实施区域
5	2014年5月1日	一线进境货物"先进区、后报关"制度	通关便利	改革前：在一线进境货物入境环节，企业先向海关申报进境备案清单，海关办理完通关手续后，企业再凭放行单据将货物运至区内。改革后：对一线进境货物，海关依托信息化系统，允许企业先进境货物的舱单信息先提货物进境，等等	企业进境货物从港区到内仓库时间平均从2～3天缩短至半天；企业物流成本平均降低10%	2014年8月18日	上海海关关区
6	2014年5月1日	区内企业货物流转自行运输	通关便利	改革前：自贸试验区范围内4个海关特殊监管区域之间货物的流转采取关企委托的境内运输方式，并用海关监管车辆运输货物。改革后：自贸试验区内企业，可以使用经海关备案的自有车辆或委托取得相关资质的境内运输企业车辆，在自贸试验区内自行转运货物	大幅节约企业物流成本和通关时间。根据试点情况测算，每车缩短30分钟，企业一年节约物流成本约20万元	2014年8月18日	已在全国部分海关特殊监管区域、保税物流中心（B型）或保税监管场所启动实施
7	2014年5月1日	加工贸易工单式核销	保税监管	改革前：仅在区内个别生产企业试点。一般生产企业实施耗料管理核销模式。改革后：对实行海关联网监管，并符合一定条件的企业，取消单耗管理核销模式，实行以每日工单数据为基础的核销模式	将实现海关动态实时准确核算，即当日计算结转认定时差异核结果。企业库存差异认定从原来的一两个月减少到一天，节省了企业申报时间，为区内维修和研发等新型的业务类型提供了与之相适应的核销模式	2014年8月18日	上海海关关区
8	2014年5月1日	境内外维修	功能拓展	改革前：仅允许区内企业开展区内生产出口产品的返区维修，且维修业务范围不明确。改革后：支持自贸试验区内企业开展高技术、高附加值，无污染的境内外维修业务，依托信息化管理统一实施管理	拓展区内维修业务范围，促进高技术、高附加值，无污染制造的境外研发及检测，附加高加工制造向研发及检测、维修等生产链向两端延伸，促进加工贸易转型升级	2014年5月1日	上海自贸试验区内

续表

序号	实施时间	海关监管新政名称	类型	具体内容	目的和拟达到的效果	复制推广时间	实施区域
9	2014年6月30日	统一备案清单	通关便利	改革前：外高桥保税区、保税物流园区内备案清单项为36项；洋山保税港区和浦东机场综合保税区备案清单申报项为42项。改革后：统一简化区内备案清单格式，申报要素清单一规范为30项	实现规范简捷申报，减轻企业负担，提高一线通关境通关效率，促进海关运作殊监管区域一体化管理	2014年8月18日	全国部分海关特殊监管区域、保税物流中心（B型）或保税监管场所
10	2014年6月30日	批次进出、集中申报	通关便利	改革前：通关申报环节以逐票申报为主，集中申报为辅目均在二线实施。改革后：改变传统逐票申报方式，改"多票一报"为"一票一报"，允许企业分批次进出，在规定期限内集中办理海关报关手续	扩大企业申报自主权，大幅减少企业申报次数，加快企业物流速度，有效降低企业成本；同时，方便保税企业开展保税展示、维修、外发加工等业务，提升企业竞争力	2014年8月18日	全国部分海关特殊监管区域、保税物流中心（B型）或保税监管场所
11	2014年6月30日	简化无纸通关随附单证	通关便利	改革前：海关在通关申报环节需交提交发票、合同、箱单等纸质随附单据。改革后：对一线进出境备案清单以及二线取消税的进出口报关申报随附纸质的要求，但要求企业关单留存随附单证，提供海关后续核查的权力	简化企业报关手续，提高通关作业自动化率，大幅提升通关效率	2014年9月16日	全国部分海关特殊监管区域、保税物流中心（B型）或保税监管场所
12	2014年6月30日	集中汇总纳税	税收征管	改革前：海关征税审核、征传统的逐票审核、征税放行模式。改革后：深化税收征管环节中的"前推"和"后移"海关实时性审核转为集约性后续审核和税收稽查	实现货物的高效通关，缓解企业资金压力，降低企业纳税成本，有利于激发市场主体的活力。据测算，应税货物通关时间可节省70%	2014年9月16日	全国部分海关特殊监管区域、保税物流中心（B型）或保税监管场所

续表

序号	实施时间	海关监管新政名称	类型	具体内容	目的和拟达到的效果	复制推广时间	实施区域
13	2014年6月30日	对符合条件的仓储企业实行联网监管	保税监管	改革前：对区内保税仓储管理采取传统的定期盘库管理模式，仓储企业管理系统未与海关联网。改革后：对符合条件的使用仓储管理系统（WMS）的企业，实施"海关监管+库位管理+实时核注"的仓储物流模式，对货物进、出、转、存情况做到实时掌控和动态核查	简化企业申报流程，便于企业实现不同状态货物的同库运营，提高物流运作效率，降低企业运营成本，适应企业内外贸一体化的需求	2014年8月18日	上海海关区
14	2014年6月30日	智能化卡口验放	通关便利	改革前：车辆、货物进出口人工办理手续，效率较低。改革后：简化卡口操作环节，升级改造卡口设施，实现自动比对、自动判别、自动验放，缩短车辆过卡时间，提升通关效率	货物过卡时间从6分钟缩短到5秒钟左右，大幅缩短车辆过卡时间，提升国关效率和通车能力	2014年8月18日	上海部分卡口
15	2014年7月1日	推进海关AEO互认	企业管理	互认之后，每个国家按照双边协议，进出口贸易中，本国的高资信企业到了另一国，也可以享受最高等级的通关便利。海关先将自贸试验区内企业作为首批互认成果，适用相应通关便利措施	自贸试验区AA类企业将获得首批次试点，以及与海关总署国际AEO联络员专有通道，去协调异国通关疑难性的权利	2014年9月16日	上海海关区
16	2014年7月1日	企业信用信息公开	企业管理	定期编制并公布《中国（上海）自由贸易试验区海关信用信息公开目录》，采用主动公开和依申请公开两种方式对外公布企业海关信用信息，登记的自贸试验区内注册企业相关信用信息	通过对社会公开信用信息，利用社会监督进一步强化"事中、事后监督"，形成他律倒逼自律的氛围，促进全社会诚信体系的建设进程，也能满足企业上市、商务招投标等方面，对信用状况的需求	2014年9月16日	上海海关区

续表

序号	实施时间	海关监管新政名称	类型	具体内容	目的和把达到的效果	复制推广时间	实施区域
17	2014 年 7 月 1 日	企业自律管理	企业管理	把海关稽查部门对企业单一的强制性查处违规行为，变成同时给企业一条主动向执法机构报告相关行为的途径	企业以年度报告或自查报告的形式，主动向海关稽查部门提交，通过海关审核，必要时通过稽查，确认企业违反规定的行为，据此，企业做出不同惩罚	2014 年 9 月 16 日	上海海关关区
18	2014 年 7 月 1 日	企业协调员	企业管理	将在自贸试验区中拓展至 B 类以上且有实际需求的企业，除了少部分低资信企业之外（这数量只有十几家），绝大多数企业都能享受这项制度的好处	企业可以通过至上汇总提交疑难问题，海关协调员专人督办有关事项，一口反馈处理结果	2014 年 9 月 16 日	上海海关关区符合条件的企业
19	2014 年 7 月 1 日	授权自贸试验区内海关办理 A 类企业适用 A 类管理事项	企业管理	海关的企业分类共分 5 类，A 类是第二类。原先这类企业的评定事权由上海海关，这次由上海海关放权至自贸试验区海关	这将进一步方便企业申请高资信级别的评定，提高企业自律诚信管理的积极性	2014 年 9 月 16 日	上海海关关区
20	2014 年 8 月 12 日	一次备案、多次使用	保税监管	区内企业经一次账册备案后，不再需要向海关重复报，就可以开展"批次进出、集中申报"、"保税展示交易"、"境内外维修"、"融资租赁"等需要海关核准开展的业务	这项新制度能够较好地满足区内企业保税加工、保税物流、保税服务贸易等多元化业务需求	2014 年 9 月 16 日	上海海关关区
21	2014 年 9 月 1 日	自动审放、重点复核	通关便利	创新海关审单作业模式，以企业信用为前提，对低风险报关单实施计算机自动验放	改变"人工、逐票"审单模式，逐步自动审放为主，提高质量点人工重点审核，报关单自动验放比率已超过 70%	2014 年 9 月 1 日	上海自贸试验区内

续表

序号	实施时间	海关监管新政名称	类型	具体内容	目的和拟达到的效果	复制推广时间	实施区域
22	2014 年 9 月 16 日	引入社会中介机构辅助开展海关保税监管和企业稽查	企业管理	将中介机构引入海关保税监管和企业稽查工作中，拓宽中介机构参与海关监管的业务领域、作业环节和工作范围	将海关监管、企业自管、中介协管和社会共管统一起来，引导企业自律，形成第三方社会公正关系的有效保障	2014 年 9 月 16 日	上海自贸试验区内
23	2014 年 12 月 9 日	自主报税、海关重点稽核	税收征管	运用"守法便利"理念，将海关审核把关为主转变为企业自主申报为主，将海关事前监管为主转变为事前、事中、事后监管联动	提高企业申报水平和质量、提高通关效率	2014 年 12 月 9 日	上海自贸试验区内

资料来源：上海海关官网，http://shanghai.customs.gov.cn/publish/portal27/.

从表6-1可以看出，23项内容中，通关便利6项、保税监管3项、税收征管3项、企业管理7项、功能拓展4项。在复制推广上，其中6项在全国部分海关特殊监管区使用，10项在上海关区实施，6项在上海自贸试验区内实施，1项在上海部分卡口实施。

通过对这23项海关创新制度实施的目的和预期效果来看，笔者将其总结为，其中的6项措施是直接作用于服务贸易的发展，包括仓储企业联网管理，一次备案、多次使用，境内外维修，融资租赁，期货保税交割，保税展示交易。

（1）仓储企业联网管理：海关制定并实施的仓储企业联网监管体现了对企业信任的管理理念，为企业的仓储物流，特别是一些专门从事仓储的企业提供了高效管理的模式以及便利化。

（2）一次备案、多次使用：该政策的推行主要是服务于自贸试验区内从事保税加工、保税物流、保税服务贸易的企业，使其多元化业务的需求得到满足，为企业减少成本，避免重复备案。例如，山特维克物流（上海）有限公司作为其母公司在中国的物流分拨中心，从该制度中获益良多，不仅缩短出区货品滞留时间，而且提高了配送效率，客户满意率迅速提升，其业务量增长显著；集成电路产业是上海保税加工中特别是张江高科技园区的主导和支柱产业。为了解决集成电路企业结算困境和减少其额外成本，2011年，上海海关牵头的课题组经过调研和反复论证后提出了较为成熟的产业链保税监管新模式设计。① 其以设计企业为龙头，允许其办理加工贸易手册，海关对集成电路的整个链条进行保税监管，包括设计、芯片制造、封装测试等多环节，但是对于单独的加工和分装测试企业并没有保税业务。

（3）境内外维修：该措施的开展带动了口岸综合服务的相关产业的发展，特别是一些生产链条上前后两端的高附加值部分。例如曼恩新加坡分公司，作为自贸试验区内船舶保税维修的首个案例，其利用海关创新监管制度开展与船舶有关的保税维修业务、检测业务等，取得了较大进展。② 这对上海建设国际航运中心来说至关重要，这也是海关今后创新监管的一个重要方面。

（4）融资租赁：该项制度最开始仅在机场实施，后来扩展到整个自贸试验区。目前企业可以通过该项制度分期缴纳关税和增值税，而且简化的担保手续大大降低了企业采购大型设备的资金压力。这使得上海更好地发挥了金融中心的作用，这也是海关今后创新监管的一个重要方面。

---

① 上海海关官网，http：//www. customs. gov. cn/publish/portal27/tab44746/.

② 上海海关. 自贸区制度红利——海关监管新政详解［M］. 北京：中国海关出版社，2015：145.

（5）期货保税交割：海关采用电子账册的模式对区内从事期货保税的企业进行监管，企业可以将货物存放于保税仓库后再办理通关手续等。这有效地促进了期货贸易的发展，同时，高效便利的措施吸引了大量大宗商品企业集聚，目前上海洋山保税港区集聚了包括物流、贸易、基金、银行等多个领域的上下游企业，推动着上海国际金融、贸易和航运"三个中心"的建设。

（6）保税展示交易：目前该项新政仅在自贸试验区内实施，截至目前，自贸试验区内已有酒类、医药、钟表、机床、医疗器械、文化产品等十大保税展示中心，为相关企业减少中间环节和物流成本。① 在成效方面，一方面，保税交易制度减轻经营企业资金压力，为消费者提供更加具有竞争力的价格，增强自贸试验区的自由功能；另一方面，保税交易制度促进了文化贸易的发展。据统计，2015年通过自贸试验区文化平台进出口艺术品累计货值总计 5.75 亿美元，作品包括油画、雕塑、装置、文物等。②

因此，从这些具体的措施可以看出，海关出台的 23 项举措中显然有一部分是服务于服务贸易发展的，或者说从事服务贸易的企业将从中获益。

其后，上海自贸试验区出台的 23 项监管制度不断地进行复制推广，由于它们是在不同时间段分批推出，实施时间不同，并且它实施时间长度都不同，因此其覆盖范围和实施效果等方面也会出现不同。例如，在上海自贸试验区或者上海海关关区运行之后，陆续在全国或部分地区进行复制推广，在部分海关特殊监管区复制推广的项目中就包括保税展示交易。除此之外，此前对于集成电路企业保税监管的业务政策仅限于上海自贸试验区，目前已经扩展到上海的加工贸易企业，试点企业也从原来的 4 家扩大到现在的 6 家。海关也在此过程中不断总结经验，以推出集成电路操作规程等更加便利企业的政策。

2015 年 6 月 24 日，上海海关提出了深化自贸试验区改革创新的 8 项制度，包括 3 大类，其中简政放权 1 项、功能拓展 2 项、通关便利化改革包括 5 项。具体内容如表 6-2 所示。

从表 6-2 可以看出，8 项新措施中，通关便利 5 项、功能拓展 2 项、简政放权 1 项。在复制推广上，其中 4.5 项在上海自贸试验区内实施（包括表中序号 4一栏，一站式申报），3.5 项（包括表中序号 4 一栏，一站式查验）在自贸试验区内的 4 个海关特殊监管区域实施。

---

① 上海海关. 自贸区制度红利——海关监管新政详解［M］. 北京：中国海关出版社，2015：161.

② 上海海关. 自贸区制度红利——海关监管新政详解［M］. 北京：中国海关出版社，2015：166.

表 6 - 2　上海深化自贸试验区改革创新 8 项制度

序号	海关监管新政名称	类型	具体内容	目的和拟达到的效果	实施区域
1	海关执法清单式管理制度	简政放权	改革前：（1）没有特别针对自贸试验区改革特点梳理形成专门的自贸试验区海关权力清单；（2）没有梳理形成相关的其他清单等海关执法权力清单只在内部公开，未对外发布 改革后：（1）形成与上海自贸试验区改革创新同步配套的新版权力清单，更充分地体现海关执法治理改革的引领和保障作用；（2）在上海自贸试验区范围内首次发布海关责任清单；（3）多种渠道公开发布自贸试验区海关权力清单和责任清单，提升海关执法透明度	实现海关行政执法的制度化、透明化、规范化	上海自贸试验区
2	离岸服务外包保税监管全程监管制度	功能拓展	改革前：（1）离岸服务外包没有形成制度化、标准化的产业链全程保税监管模式；（2）可享受保税政策的企业范围较小 改革后：（1）简化审批，吸引产业链高端的研发设计向国内转移聚集；（2）降低企业准入门槛，让更多区内企业共享改革红利和发展成果，让创业更广阔、创新天地更广	（1）是降低企业准入门槛；（2）是允许开设电子手册，自主进行外发加工，对设计研发、生产制造、封装测试等企业组成的产业链实施全程保税监管	上海自贸试验区
3	大宗商品现货市场保税交易监管制度	功能拓展	改革前：（1）尚未建立制度化的大宗商品现货平台海关监管制度；（2）区内保税试验区大宗商品现货交易存在监管风险 改革后：（1）支持大宗商品现货交易市场建设，建立与之适应的海关监管新模式，允许大宗商品现货以保税方式进行多级交易、实施交割，有效对接国内外两个市场；（2）实现海关与仓储收企业、第三方信息联网机构的三方信息联网前提下，推进协同监管	允许大宗商品现货以保税方式进行多级交易、实施交割，并实现第三方公示平台与海关联网、进而推进大宗商品现货交易的协同监管	区内 4 个海关特殊监管区域，市场交易业务则涉及全国

续表

序号	海关监管新政名称	类型	具体内容	目的和拟达到的效果	实施区域
4	"一站式"申报查验作业制度	通关便利	改革前：(1) 企业要进行两次数据录入；(2) 船运企业（或代理）检验检疫、海关、边检进行船舶申报；(3) 关检均需到不同场地，进行2次开箱查验；(4) 关检抽查比例的机械叠加给企业带来额外负担 改革后：(1) 企业只需通过"单一窗口"进行一次录入；(2) 实现海关、检验检疫、海事和边检的管理信息系统的"一次申报"；(3) 关检货物均只需进行1次开箱查验；(4) 按照"就高原则"对无特殊要求的查验比例进行融合，减轻企业负担	推进关检执法的深度融合，实现高效便捷的"一站式"申报查验作业	"一站式"申报制度在上海自贸试验区范围；"一站式"查验制度率先在4个海关特殊监管区域试点，逐步推广
5	"一区注册，四区经营"制度	通关便利	改革前：区内4个海关特殊监管区域的海关注册企业，仅可在其注册区域的海关办理海关业务，跨区域运作的企业需在不同区域重新设立企业法人，使用不同的海关注册企业编码 改革后：区内任意一个海关特殊监管区域的海关注册企业，都可使用同一个海关注册编码在其他3个区域开展海关业务，无须重新设立独立企业法人	突破区域内4个海关特殊监管区域注册企业仅能在其注册区域内的海关业务的限制，允许在区内任何一个特殊区域注册的企业都可在其他3个区域共用海关编码开展海关业务	自贸试验区内的4个海关特殊监管区域
6	美术品便利通关制度	通关便利	改革前：(1) 美术品一线进境环节海关需要验核市文广局签发的监管许可文件；(2) 美术品批准文件需一证一批；(3) 分批出区的多次展览，海关进行多次、重复审核 改革后：(1) 主管海关不再验核相关批准文件，转为二线实际进出口或区内外展览展示时验核；(2) 改为一证多次，最多不超过6次；(3) 对分批出区参加同一展览会的展品一次通关，海关允许企业只提供一次审核即可，不再重复审核	一是一线放开，免证进境；二是美术品相关批准文件由一批一证改为一证多批	自贸试验区内的4个海关特殊监管区域

续表

序号	海关监管新政名称	类型	具体内容		目的和拟达到的效果	实施区域
7	归类行政裁定全国适用制度	通关便利	海关尚未针对进出口货物制发过归类行政裁定，主要是因为缺少归类行政裁定操作规程	依据《中华人民共和国海关管理暂行办法》申请总署授权，率先对上海自贸试验区内注册登记企业的进出口商品作出归类行政裁定。企业可在货物进出口或出口3个月前提出海关归类行政裁定申请，海关一旦受理并作出裁定，将在全国范围内适用	在上海自贸试验区率先启动实施海关归类行政裁定制度，有助于了解海关归类争议，提高通关效率，防控贸易风险，促进执法统一	上海自贸试验区
8	商品易归类服务制度	通关便利	企业缺少集中简明、通俗易懂的归类指南及服务渠道，企业归类难度大	帮助企业便捷、高效、准确归类申报，从而提高通关便利性，提高企业归类守法自律能力	商品易归类服务制度，就是向社会提供通俗易懂、便捷高效的海关归类专业服务	上海自贸试验区

资料来源：根据 http://www.servtrad.org.cn/news_info_28269.html 整理得来，因内容较多，笔者将其简化罗列。

通过对这 8 项海关创新制度实施的目的和预期效果来看，3 项是促进服务业发展的，包括离岸服务外包全程保税监管制度、大宗商品现货市场保税交易制度、美术品便利通关制度。离岸服务外包保税监管措施突破了原有离岸服务外包保税监管政策中"技术先进型服务企业"的资质限定，降低了企业准入门槛，鼓励中小型企业参与服务外包，促进科技创新企业聚集，促进服务外包产业链发展。大宗商品现货市场保税交易制度允许大宗商品现货以保税方式多次交易，推进大宗商品的协同监管和抵押融资业务，支持自贸试验区建成具有国际竞争力的重点商品和产业交易中心。美术品便利通关制度规定美术品的相关批准文件由一证一批改为一证多批，对分批出区参加同一展会的展品，企业只需要提供一次展会批文，这些措施一方面在风险可控的前提下提高通关效能①，另一方面也促进了文化贸易的发展。

二、海关服务贸易监管创新对上海业和服务贸易的促进作用

2015 年上海市生产总值（GDP）为 24964.99 亿元，比上年增长 6.9%。其中，第一产业增加值 109.78 亿元，下降 13.2%；第二产业增加值 7940.69 亿元，增长 1.2%；第三产业增加值 16914.52 亿元，增长 10.6%。第三产业增加值占上海市生产总值的比重为 67.8%，比 2014 年提高 3 个百分点。② 从行业上来看，表 6－3 中罗列的重要行业，除了工业和建筑业外，均属于服务业范畴，可以看出，在这些服务业行业中，批发和零售业、金融业所占比重最大，占到生产总值的 15.5% 和 14.4%，其次为房地产业和信息传输、计算机服务和软件业。另外，2015 年战略性新兴产业增加值 3746.02 亿元，比上年增长 4.5%。其中，制造业增加值 1673.49 亿元，下降 0.1%；服务业增加值 2072.53 亿元，增长 8.7%。③

表 6－3　　　　　　　**主要年份上海市生产总值（按三次产业分）**　　　　　单位：亿元

年份 指标	2001	2010	2013	2014
上海市生产总值	5210.12	17165.98	21818.15	23567.70
按产业分				
第一产业	78.00	114.15	124.89	124.26

---

① 上海海关．自贸区制度红利——海关监管新政详解［M］．北京：中国海关出版社，2015：170.

②③ 2015 年上海市国民经济和社会发展统计公报。

续表

指标 \ 年份	2001	2010	2013	2014
第二产业	2403.18	7218.32	7907.81	8167.71
第三产业	2728.94	9833.51	13785.45	15275.73
按行业分				
工业	2166.74	6536.21	7139.18	7362.84
建筑业	236.44	682.11	791.08	831.86
交通运输、仓储和邮政业	345.99	834.40	935.91	1044.46
信息传输、计算机服务和软件业	176.72	675.98	1086.06	1211.83
批发和零售业	555.06	2594.34	3533.10	3647.33
住宿和餐饮业	104.30	266.45	311.81	359.28
金融业	529.26	1950.96	2823.81	3400.41
房地产业	328.59	1002.50	1427.05	1530.96

资料来源：根据年度《上海市国民经济和社会发展统计公报》整理所得。

表6-4显示的上海三次产业增加值的增长情况，从中可以发现，2010年，上海第二产业增加值的增长率还是明显高于其他两个产业的，但是到2013年，第三产业增加值的增长率已明显超过第二产业，其后差距越发明显，上海市的第三产业正飞速发展。从行业上看，罗列出来的主要的6项服务业行业，增长率最快并且稳定的是金融业和信息传输、计算机服务和软件业，其次为批发和零售业，其他三个行业变动幅度较大。

表6-4　　　　　主要年份上海市生产总值比上年增长（按三次产业分）　　　　单位：%

指标 \ 年份	2001	2010	2013	2014
上海市生产总值	10.5	10.3	7.7	7.0
按产业分				
第一产业	3.0	-6.6	3.3	0.1
第二产业	12.0	16.8	5.9	4.2
第三产业	9.4	5.7	9.0	8.8
按行业分				
工业	12.1	17.5	6.1	4.3
建筑业	10.9	8.0	4.7	4.0
交通运输、仓储和邮政业	8.9	16.0	1.0	9.4

续表

指标　　　　　　　　年份	2001	2010	2013	2014
信息传输、计算机服务和软件业	18.1	11.2	13.3	12.5
批发和零售业	15.7	15.6	7.1	6.3
住宿和餐饮业	7.8	6.8	2.3	1.6
金融业	-9.1	5.1	13.7	14.7
房地产业	20.4	-29.3	11.6	3.2

资料来源：根据上海统计局《上海市国民经济和社会发展统计公报》和上海商务委员会网站的数据计算所得。参见 http://www.scofcom.gov.cn/swyi/index.htm。

　　表6-5显示的上海市服务贸易的发展情况，可以看出，随着服务业的快速发展，上海市服务贸易总量也以较快的速度发展，绝对值明显增多，服务贸易进出口总额占全国的比重一直维持在30%以上。另外，和全国的趋势相同，上海的服务贸易仍然以逆差为主要表现。

表6-5　　　　　　　　　　　　上海市服务贸易进出口情况

年份	上海服务贸易进出口总额（亿美元）	上海服务贸易进出口增长率（%）	上海服务贸易进出口总额占全国服务贸易进出口比重（%）	上海服务贸易进口额（亿美元）	上海服务贸易进口增长率（%）	上海服务贸易出口额（亿美元）	上海服务贸易出口增长率（%）
2007	610.0	19.00	31.63	307.7		250.5	
2008	794.4	30.23	31.48	447.1	45.30	345.7	38.02
2009	747.3	-5.93	24.42	447.4	0.06	299.6	-13.33
2010	1046.7	40.06	36.30	640.0	43.05	406.8	35.76
2011	1292.7	23.50	36.36	819.6	28.06	473.2	16.33
2012	1515.6	17.24	34.95	1000.3	22.05	515.3	8.90
2013	1598.8	5.49	33.83	1130.0	12.97	595.4	15.54
2014	1753.9	9.70	32.69	1259.6	11.47	469.3	-21.18
2015	1966.7	12.13	32.50	1441.4	14.43	525.3	11.93

资料来源：根据上海统计局和上海商务委员会的数据计算所得。

　　中国经济发展带来的巨大国内市场潜力以及现代服务业发展形成的积极外部效应，这些都为上海吸引高端制造业以及服务业直接投资进入提供了条件，加之政府相应的政策措施进而使上海服务业以及服务贸易的发展得到了快速稳定的发展。但是，总体来看，中国服务业的开放水平仍然较低，特别是现代服务业领域的开放仍然滞后。上海的服务业与伦敦、香港、新加坡等相比还是存在一定差距。例如，上海的航运服务业目前主要停留在下游产业，如码头装卸、货物运输、代理业务和劳务服务等劳动密集型领域，缺乏高层次的现代航运服务业。

随着 2013 年中国（上海）自由贸易试验区的建立，紧接着推出"负面清单"，使得外资企业进入上海的行业限制更加放宽。2016 年年初，上海市政府办公厅印发《上海市加快促进服务贸易发展行动计划（2016～2018 年)》的通知，其中提到上海将出台促进服务贸易九条保障措施，即为了实现上海市制定未来三年服务贸易的目标：到 2018 年，上海服务进出口总额力争达到 2500 亿美元，规模继续保持全国领先地位，占本市对外贸易的比重维持在 30% 以上。积极争取国家级服务贸易创新发展试点，努力把上海建设成为全球重要的服务贸易中心城市，形成与具有全球影响力的科技创新中心和上海"四个中心"建设相匹配的服务贸易新格局。因此，可以预见未来一段时间内，上海服务业和服务贸易将得到大力促进和发展，海关在此过程中也将不断创新政策进行配合。

截至目前，上海自贸试验区服务于服务贸易发展的海关制度创新已取得了一定进展。根据《上海市国民经济和社会发展统计公报》中对中国（上海）自由贸易试验区主要经济指标及其增长速度的统计，航运物流服务收入从 2012 年的 849.16 亿元升至 2013 年的 1033.47 亿元，2014 年达到 1203.69 亿元，2015 年和 2014 年基本持平；另外，2015 年自贸试验区服务业营业收入达到 3599.06 亿元，比 2014 年增长 4%。因此，自贸试验区的建立和发展在一定程度上推动了上海服务业和服务贸易的发展，而这其中海关的"23+8"项政策创新起到了不容忽视的作用。例如，"保税展示交易"制度的"前店后库"一体化运作模式，减少了中间环节和税费成本，推动文化产品等 10 多个专业化服务贸易平台以及 5 个国别进口商品中心落户自贸试验区，推动了文化产品和服务的进口。而"境内外维修"支持企业在自贸试验区内开展业务，推动了加工贸易向产业链两端的延伸，2015 年自贸试验区共办理飞机进口维修业务 77 架次、货价 11 亿美元，同比增长 8.5% 和 17.3%，增速明显。"融资租赁"制度降低企业融资和交易成本，吸引了 410 余家金融融资租赁企业入驻，2015 年海关监管的融资租赁飞机 38 架次，货值 16 亿美元。"期货保税交割"制度同样推动了仓单质押等金融创新举措落地，支持石油天然气等 8 家大宗商品进口交易平台建设，吸引 60 余家大宗商品龙头企业、伦敦金属交易所制定的全部 5 家中国交割库运营商入驻，洋山保税港区大宗商品进口量占自贸试验区的

50% 以上。① 因此，结合前文的上海自贸试验区海关制度创新内容，可以看出这些制度创新为服务贸易的发展起到了至关重要的作用。

第三节　其他自贸试验区以及典型城市中海关促进服务贸易发展的相关举措

一、广东自贸试验区、天津自贸试验区、福建自贸试验区对上海自贸试验区新政的整体复制推进及监管创新

2015 年 4 月，广东自贸试验区、天津自贸试验区、福建自贸试验区纷纷挂牌成立，自贸试验区进入了大力发展的新时期。各自贸试验区在复制推广上海自贸试验区海关监管服务创新政策的基础上也根据自身发展目标及地区禀赋特点推出了相关其他监管新政。根据《海关总署关于支持和促进中国（福建）自由贸易试验区建设发展的若干意见》、《海关总署关于支持和促进中国（天津）自由贸易试验区建设发展的若干意见》、《海关总署关于支持和促进中国（广东）自由贸易试验区建设发展的若干意见》，笔者将其对服务贸易产生影响的政策进行归纳（见表 6 - 6）。

表 6 - 6　　　广东自贸试验区、天津自贸试验区、福建自贸试验区对
上海自贸试验区新政的复制推广及监管创新政策

海关制度创新	具体内容和目的	福建自贸试验区	天津自贸试验区	广东自贸试验区
"一次备案多次使用"制度	帮助企业开展保税加工、保税物流、保税服务等多元化业务	√	√	√
支持跨境电子商务发展的政策	建立跨境电子商务平台运营主体、外贸综合服务企业、物流服务企业集中代理报关、纳税的机制	√	√	√
支持开展研发设计、检测维修和服务外包业务	支持区内飞机等高技术含量、高附加值产品境内外的维修业务，促进生产性服务业发展	√		

① 上海海关. 自贸区制度红利——海关监管新政详解［M］. 北京：中国海关出版社，2015：183.

续表

海关制度创新	具体内容和目的	福建自贸试验区	天津自贸试验区	广东自贸试验区
支持开展研发设计、检测维修和再制造业务	支持区内开展境内外高技术含量、高附加值产品维修业务试点，开展境外高技术、高附加值产品再制造试点，促进生产性服务业发展		√	
支持开展研发设计、检测维修业务	支持区内开展境内外高技术含量、高附加值产品维修业务试点，促进生产性服务业发展			√
支持开展期货保税交割业务	拓展仓单质押融资功能	√	√	√
支持融资租赁业务	服务于区内融资租赁企业进出口大型设备	√	√	√
支持保税展示业务	支持设立保税展示交易平台，开展保税交易	√	√	√
支持航运业务	允许自贸试验区试点海运快件国际和台港澳中转集拼业务	√		
支持拓展国际航运服务功能	推动海运集装箱和航空快件国际中转集拼业务		√	
支持航运物流业	允许自贸试验区试点航空快件国际和台港澳中转集拼业务			√
支持航空产业	支持适合航空特点的检测、维修和再制造；支持开展飞机拆解业务；支持租赁飞机在区内各特殊监管区内联动监管；支持滨海国际机场建设航空物流中心		√	
支持发展现代服务业	支持承接服务外包，鼓励跨国公司在区内设立研发中心、销售中心、物流中心、结算中心和营运中心			√

从表6-6可以看出，在复制推广上海自贸试验区创新政策方面，对服务贸易促进作用的政策绝大部分得到了推广，主要体现在：一次备案、多次使用，境内外维修，融资租赁，期货保税交割，保税展示交易。其他的相关政策措施均是根据本地区禀赋特点推出的创新监管新政，例如天津自贸试验区专门提出了租赁飞机区区联动监管机制，该政策即是将京津冀一体化战略继续推进的体现。天津市作为华北地区航运中心、物流中心，在发挥传统贸易优势、港口物流优势的同

时，以空客等大项目为代表集聚形成的航天航空产业链发展、融资租赁等新模式得到了健康发展，① 海关相关措施的提出和推行也是服务于该区域的政策创新特色。

二、北京海关促进服务贸易发展的相关举措

2015 年 9 月 16 日，商务部、北京市人民政府印发《北京市服务业扩大开放综合试点实施方案》，为全方位支持北京市服务业扩大开放综合试点工作，经海关总署批准，2015 年 12 月 29 日，北京海关出台了《北京海关支持北京市服务业扩大开放综合试点若干措施》，包括"支持服务业重点领域发展，构建扩大开放格局"、"打造空港贸易便利示范区，助力口岸服务业发展"、"创新海关监管制度，提高服务业贸易便利化水平"三个方面共 17 项具体措施。通过海关监管制度方面的创新，以提高北京地区贸易便利化水平。其中指出，海关将为总部企业提供全国范围一揽子通关服务，在加快汇总征税改革、发挥保税政策功能优势的基础上，深化关检合作"三个一"和"单一窗口"建设，营造国际化、市场化、法治化营商环境，带动服务业转型升级。具体政策例如，海关总署已经批准在北京地区推广集成电路设计企业保税监管政策，打造一体化的集成电路全产业链保税监管模式；在文化教育服务领域，对社会信誉好、品牌价值高的本土文化艺术团体实行信任式管理，对境外演出人员、道具和器材给予通关便利；在商务和旅游服务领域，做好 72 小时过境免签海关监管工作，为境外商务及旅游人士来京提供便捷高效的通关环境。②

① 上海海关. 自贸区制度红利——海关监管新政详解［M］. 北京：中国海关出版社，2015：221.
② 阎密. 北京海关：17 项措施便利服务贸易［N］. 国际商报，2015 – 9 – 28（A08）.

第七章

上海自贸试验区"单一窗口"
建设新进展

貿易便利化是当今世界经济发展的重要趋势，是推进全球国际贸易发展的新引擎。虽然中国的对外发展取得了举世瞩目的成果，但是受到全球经济衰退而引发的贸易保护主义抬头的情况下，我国如何应对外贸增速放缓这一问题亟须解决，而这其中如何开展贸易便利化措施是重要的途径之一。贸易便利化措施的微观接受者是企业，使政府的政策措施可以有效减轻企业负担、降低企业成本、使贸易流程高效运作这些目标得以实现，国际贸易单一窗口不乏为最好的选择之一。

联合国欧洲经济委员会（UNECE），通过其贸易便利化和电子商务中心（UN/CEFACT），成为第一个推出"单一窗口"的概念①的国际组织，即作为一种工具，"单一窗口"可以通过安排电子信息提交来简化过境手续，以完成所有跨境监管要求和在边境贸易机构和地区的合作。在开发该项目时，其核心理念是建立一个公共和私营部门利益相关者的合作平台，如出口商、进口商和政府机构，将信息技术作为一种辅助工具，以达到简化业务流程的目的。"单一窗口"主要在发展中国家和新兴经济体中运行。这些国家遵循集中"单一窗口"的概念，即一个单一设备协调安排涉及进出口的政府机构间的沟通。中央"单一窗口"概念的整体经验已经得到了高度的肯定，以至于在新的世贸组织贸易便利化协定草案下，"单一窗口"已经成为衡量标准。许多发达国家和新兴经济体现在拥有高度专业化、多样化的供应链和复杂的监管环境。为了实现管理信息流的有效性和安全的跨边境贸易，政府机构和私人部门的利益相关者已经开始建立利益相关者之间的组织间信息交流系统。在相似的"单一窗口"中，这些系统允许多

---

① UNECE Recommendation 33, http://www.unece.org/fileadmin/DAM/cefact/recommendations/rec33/rec33_trd352e.pdf.

个利益相关者之间的合作，通常称为"海关单一窗口"、"电子物流窗口"、"海上单一窗口"、"港口社区系统"等。

关于"单一窗口"架构，我国开始实行的是电子口岸建设，从 2014 年开始正式建立"单一窗口"，而中国（上海）自由贸易试验区的"单一窗口"是全国重点示范窗口。因此，本章以我国电子口岸发展为背景，阐述上海自贸试验区"单一窗口"建设进程，并结合国外"单一窗口"的成功建立经验，为接下来我国"单一窗口"建设提出一些政策建议。

第一节　我国"单一窗口"的发展历程

一、电子口岸的发展历程

电子口岸是中国电子口岸执法系统的简称。该系统运用现代信息技术，借助国家电信公网，将各类进出口业务电子底账数据集中存放到公共数据中心，国家职能管理部门可以进行跨部门、跨行业的联网数据核查，企业可以在网上办理各种进出口业务。它是国家"金关"工程的重要内容，是经国务院批准，由海关总署、公安部、外汇管理局、质检总局、税务局、人民银行等 14 个政府部门共建的电子信息平台。

起初，在 1988 年，海关运行了一套办公自动化系统，时称"H883"系统，其主要特点是把手工工作电子化。当时，海关为了应对国际贸易快速发展的态势，提出建立现代海关制度，而建立这个制度的基础以及实现的主要方式就是信息化。这为电子口岸的建立打下了基础。接下来，在 2000 年，《海关法》修订而确立了电子数据的法律效力。2000 年 12 月 25 日，电子口岸率先在北京试点。2001 年 2 月 18 日，电子口岸在北京正式开通。2001 年 6 月 1 日，电子口岸在全国试点，8 月 1 日，面向全国推广。

2002 年开始，在中国电子口岸数据中心的支持下，全国全面开启了我国地方电子口岸的建设。在 2004 年 7 月，海关总署先后建立三批地方电子口岸，实现地方数据共享的大通关服务。从 2005 年开始，中央层面和地方层面电子口岸共同发展，到 2014 年，电子口岸委的单位已增至 17 个，同时，地方也先后建立了 30 多个地方口岸平台。从 2014 年年初开始，我国便开始了建设"单一窗口"的尝试。

二、我国"单一窗口"建设发展的必要性

首先，"单一窗口"是当前我国口岸管理理念和模式制度的创新，也是提高国家贸易竞争力的战略要求。"单一窗口"有助于打破贸易壁垒，简化贸易运输手续及单证要求，促进贸易便利化，从而提高本国贸易的参与度和竞争力。世界银行的研究结果显示，建设有"单一窗口"的高收入经济体中的贸易商的平均进出境时间为 10.5 天，单证要求不超过 5 个；而尚未建立"单一窗口"制度的撒哈拉沙漠以南的非洲国家的贸易时间最慢、成本最高，比通常的贸易商要多花 3 倍的时间，其平均出境时间为 31.5 天，进境时间为 37.1 天。

其次，"单一窗口"采用单一平台申报，降低了申报环节操作的复杂性；应用统一、标准化的申报数据池，有效减少了同类数据项的重复录入；实现了企业和口岸管理部门之间信息流无缝衔接，有助于减少中间处理环节，降低数据差错率。所以，建设"单一窗口"是中国政府简政放权、便利企业的有效途径。

最后，推进"单一窗口"建设是世界贸易组织（WTO）成员必须履行的国际义务。世界贸易组织（WTO）规定各成员应努力建立或设立一个"单一窗口"，使贸易商通过参与的主管机关或机构的单一接入点提交货物进口、出口或过境单证和数据要求；同时我国承诺于《贸易便利化协定》生效之日起两年内建成"单一窗口"。

因此，无论是为了适应全球化背景下经济下行压力渐增的形势，还是履行承诺，在我国建设"单一窗口"势在必行。

三、我国"单一窗口"建设的基本情况

根据联合国 2012 年发布的《单一窗口计划与实施指南》，发展"单一窗口"经历的五个阶段将作为建立我国"单一窗口"的长期战略路线图和参考模式，这五个阶段分别是：无纸化报关，监管型"单一窗口"，港口"单一窗口"或 B2B 港口社区系统，充分一体化的"单一窗口"以及跨境"单一窗口"交换平台。

由于我国对外贸企业多年来采取属地管理方式，并且各地电子口岸建设进度和信息化发展水平不一以及各部门通关还没有解决协调性的问题，所以我国采取的是地方政府主导的公共平台模式，建设步骤是先试点再复制推广发展。具体地，首先是以实现口岸执法信息和数据的共享共用为起点，逐步向促进执法资源共享和执法行为协调合作延展，然后不断推动口岸管理相关部门执法流

程与之相适应，最后促进我国口岸管理理念和模式的创新和完善。在建设过程中，为了确保"单一窗口"建设的有效进行，在国家层面，通过国务院口岸工作部际联席会议统筹推进全国"单一窗口"建设，同一有关业务规范和技术标准，明确"单一窗口"的基本功能，并且加强对全国"单一窗口"建设技术支持和指导；在地方层面，由各省市人民政府牵头形成"单一窗口"建设协调推进机制，负责推动相关工作的具体落实，在实现"单一窗口"基本功能的基础上，拓展适合本地特色需求的物流商务、信息查询与推送等"单一窗口"扩展功能。

第二节 上海自贸试验区"单一窗口"的建设进程

一、上海自贸试验区"单一窗口"的试点建设

2014 年 2 月，上海国际贸易"单一窗口"建设试点项目运行。基本情况是，先选择一般贸易进口货物申报、船舶出口岸联网核放两个试点项目，6 月上线测试运行。其后，在 2014 年下半年，重点扩大"单一窗口"建设的试点项目。试运行的项目包括：推动货物申报由进口推广到出口、由海港推广到空港；推动由船舶出口岸联网核放，扩展到船舶进出口岸手续办理环节；推动自贸试验区企业先行先试项目，如保税货物进出区申报，需要在查验单位办理的企业资质和行政许可事项等；制定"单一窗口"运行规则，即就"单一窗口"平台的运行、数据管理、操作流程等做出规定，并根据单一窗口建设进程的深化，不断修订和完善。

在试行阶段，预计到 2015 年年底，实现上海国际贸易"单一窗口"基本功能，即实现口岸通关和监管通过"单一窗口"受理。到 2016 年，基本建成上海国际贸易"单一窗口"，并扩展"单一窗口"应用功能。

二、上海自贸试验区"单一窗口"1.0 版的建设情况

2014 年年初，上海国际贸易"单一窗口"建设试点启动，由中国国家口岸管理办公室牵头，成立了由公安部、交通运输部、海关总署、质检总局等有关部门组成的国际贸易"单一窗口"建设工作组，正式启动"单一窗口"试点建设工作。

2014 年 6 月 18 日，上海国际贸易"单一窗口"在洋山保税港区启动运行，其功能包括：一般贸易进口货物申报、船舶出口岸联网核放。2015 年 6 月，上海国际贸易"单一窗口"1.0 版全面上线运行，至此，试点范围从洋山保税港区扩展到整个上海港区。

上海国际贸易"单一窗口"1.0 版基本功能新增 23 个项目，全面覆盖 6 大功能模块，包括货物进出口、运输工具申报、贸易许可、资质办理、支付结算以及信息查询 6 大功能模块，涵盖了口岸通关监管和国际贸易活动的主要环节。其中，上海国际贸易"单一窗口"1.0 版的运行涉及海关、国检、海事、边检、民航、邮政、发改、经信、商务、交通、国税、外汇、金融、食药监、濒管、机场、港务 17 个单位。可以说 1.0 版初步具备了国际贸易"单一窗口"的基本架构和主要功能。

从成效上看，与传统的通关申报模式相比，"单一窗口"模式具有显著优势。截至 2015 年 9 月底，在上海国际贸易"单一窗口"平台开户的各类企业超过 1100 家。通过申报大表进行报检报关作业约 10 万票；检验检疫全申报系统实现整体切换，完成申报 200 多万票；船舶申报基本覆盖主要船舶代理企业。①

1. 企业层面

在货物通关方面，按照原有方式，企业办理口岸通关和监管业务需要经过 8 个环节，包括登录海关申报系统、海关关税支付系统、检验检疫全申报系统、检验检疫报检系统，还需到检验检疫现场提交随附单证、到海关查验现场办理选箱、在海关申报和关税支付部门之间传递相关纸质凭证、在海关和检验检疫申报作业部门之间传递通关单号。而"单一窗口"通过流程优化和数据整合简化，让企业可以"一站式"办理以上事项。各项通关申报作业实现"一点接入、一表录入、一次提交"，避免登录多个系统，报检报关数据减到 103 项，其中 32 个相同数据项，只需录入一次，改善了企业申报操作体验，减少了录入工作量，降低了差错率，节约近 30% 的人力成本；基于互联网的申报模式使企业能够灵活选择申报地点，合理配置人力和业务资源；外贸企业通过与其代理进行贸易和物流数据的双向传输，能够及时了解货物和运输工具的通关和监管状态、结果和时间信息，便于开展供应链优化，进一步降低运营成本。

在国际船舶联网核放方面，按照原有方式，企业凭各类纸质材料，分别到各监管部门办理，需排队、交单、盖章、打印许可证。而企业通过"单一窗口"进

① 贸易便利化——案例 1：国际贸易"单一窗口"，http：//www.shandongbusiness.gov.cn/public/oufei/news.php？sid=363300.

行船舶申报，各口岸监管部门办结手续后，将电子放行指令反馈到"单一窗口"，海事部门凭各部门电子放行指令，办理船舶出口岸手续，船舶代理可以在平台上自主打印船舶出口岸许可证，有效节省了人力和时间成本。[①]

2. 政府层面

"单一窗口"一点申报和一点反馈，成功将进出口货物和进出境船舶的通关流程由串联模式改为并联模式。通过海关、检验检疫通关和监管过程与"单一窗口"信息提交和反馈机制的有机融合，实现了关检"一次申报、一次查验、一次放行"。另外，推动了口岸管理部门联动执法。"单一窗口"的一张大表录入模式确保了企业向不同监管部门申报数据的一致性。同时，口岸管理部门实现了通关单、企业资质等监管状态及结果的共享和互换，有效促进了监管互认、执法互助，推动了执法流程联动优化，发挥了整体执法优势。[②]

三、上海自贸试验区"单一窗口"2.0版的建设情况

2016年下半年，上海自贸试验区国际贸易"单一窗口"2.0版已建成上线，涉及9大功能模块，包括货物进出口、运输工具、资质与许可、支付结算、快件与物品、人员旅客、政务公开、信息共享和自贸专区。截至2016年年底，跟22个部门实现对接，服务15万家企业。平台上应用项目达33个，覆盖口岸通关各环节。上海口岸95%的货物申报、全部的船舶申报通过"单一窗口"来办理。进出口企业免费使用"单一窗口"的各项申报功能。

从成效上看，上海自贸试验区"单一窗口"2.0版的效果可以归纳为三个方面：

1. 从企业效率成本的角度

在进口货物通关申报时，以往企业需面对多套应用系统，两组团队，重复录入数据超过1/3；上海市建立国际贸易"单一窗口"后，通过系统集成，企业只需面对一套系统，一组团队，数据自动导入，完成申报由1天压缩至半小时。在船舶离港手续办理时，以往企业需分别跑窗口现场去办理、去盖章，要把纸质许可证送达到船长；上海市建立国际贸易"单一窗口"后，现在企业在线办理，"串联"变"并联"，电子签章网络送达，办理时间由1天至以秒计。截至2016年10月23日，使用"单一窗口"企业达1900多家；上海口岸95%

---

①② 贸易便利化——案例1：国际贸易"单一窗口"，http：//www.shandongbusiness.gov.cn/public/oufei/news.php? sid = 363300。

以上货物、全部船舶通过"单一窗口"办理申报业务，货物申报数据项减少1/3，船舶申报数据项减少80%。"单一窗口"各类申报均对企业免费，每年直接节省企业申报信息服务成本达2.8亿元。流程优化、效率提升更是间接让企业降低大量的时间和人力等成本。①

2. 从政府监管的角度

上海市建立国际贸易"单一窗口"，实现"三互"，即汇集申报信息、监管信息和信用信息；实现信息互换、监管互认和执法互助；同时提高监管效能，优化监管服务流程。

3. 从促进经济发展的角度

通过"单一窗口"的建设和运行，上海口岸支撑全国1/4进出口贸易量，3000万外贸集装箱吞吐量；2016年1～3季度上海自贸试验区进出口增加4.6%，占上海市的41/9%；2016年1～10月，上海关区进出口贸易上升0.4%，一般贸易上升5.7%；传统劳动密集型产品出口总体保持增长，集成电路出口增长13.4%；港口外贸集装箱吞吐量上升0.4%，航空外贸货运增长3%；总体呈现外贸持续回稳向好的态势。

接下来，上海"单一窗口"有望推出3.0版，主要考虑引入银行、物流、企业等方面的数据，甚至跟国外的数据库对接，实现贸易数据"不落地"传输，还可能增设或拓展物流、支付、保险等服务功能。因此，在对我国"单一窗口"，特别是上海自贸试验区"单一窗口"的实践进行总结后，将对一些代表性的国家或地区的"单一窗口"进行阐述，为我国"单一窗口"的后续发展提供经验借鉴。

第三节　国际贸易"单一窗口"的国际比较与政策建议

一、国际贸易"单一窗口"的国际比较

"单一窗口"作为贸易便利化的重要路径，世界范围内很多国家已经建立或者引入国际贸易"单一窗口"，笔者将这些国家或地区汇总如表7-1所示：

---

① 上海国际贸易单一窗口规模全球最大，年底或推出3.0版，网易财经，2016-12-07. http://money. 163. com/16/1207/10/C7M5BMI7002580S6. html#from＝keyscan.

表 7 - 1   建立或引入国际贸易"单一窗口"的国家或地区

	国家或地区
亚洲	印度、以色列、日本、韩国、俄罗斯联邦、泰国、文莱、中国台湾地区、中国香港地区、印度尼西亚、马来西亚、蒙古国、中华人民共和国、菲律宾、新加坡、孟加拉国、斯里兰卡
欧洲	奥地利、英国、捷克共和国、丹麦、法国、德国、芬兰、匈牙利、冰岛、爱尔兰、意大利、荷兰、挪威、波兰、西班牙、瑞典、瑞士、土耳其、比利时、保加利亚、爱沙尼亚、马其他、斯洛文尼亚
美洲	美国、加拿大 巴西、秘鲁、哥伦比亚、危地马拉
非洲	南非、毛里求斯、肯尼亚、尼日利亚、塞内加尔、坦桑尼亚、赞比亚、加蓬
大洋洲	澳大利亚、新西兰

总体来说,"单一窗口"有 3 种不同模式。

(一) 单一机构模式

单一机构是"单一窗口"的最高模式,此模式具有"机构集中,系统单一"的特点,职权集中、协调高效、处置迅速。主要代表国家有瑞典、荷兰、芬兰。

单一机构模式是指由单一机构统一接受信息,并发送至相关的政府主管部门。该机构对国际贸易各环节监管进行协调,以防止供应链效率出现问题。

1. 瑞典

瑞典的"单一窗口"主要设在海关,由海关牵头,代表各部门包括税务署、统计署、农业委员会、国家贸易委员会等口岸部门在口岸执法。瑞典的"单一窗口"情况见表 7 - 2。瑞典海关是在瑞典的边境上执行任务和提供公共服务的唯一机构,因此也是"单一窗口"的主要实施机构。瑞典国际贸易"单一窗口"系统,也称为"虚拟海关"(VCO),具有电子报关和申领各类进出口许可证的功能,该系统可以与贸易商自身的管理系统相融合,能够自动更新汇率、关税编码和关税税率等数据。该系统的第一个子系统于 1988 年创建,其后,为了使该系统被广泛接受和使用,瑞典不仅对海关进行培训而且也为参与的用户提供了服务。图 7 - 1 为瑞典"单一窗口"运作模式。

表7-2   瑞典的"单一窗口"

主导机构	海关
协同部门	瑞典税务署、统计署、农业部、贸易部等
操作系统	"虚拟海关" VCO
"单一窗口"主要功能	通过10种语言提供150种左右的服务功能，包括通过互联网自动更新并提供所有贸易相关的管理规定，开展在线交互式培训以及提供个性化服务。贸易商通过"单一窗口"能够在一个网站获得所有贸易相关的信息，完成全部报关流程。

资料来源：殷飞，冯赟. 新加坡国际贸易"单一窗口"制度经验及启示［J］. 中国外贸导刊，2015 (6)：27-29.

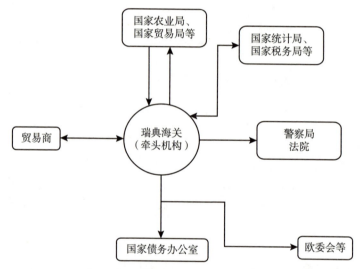

图7-1 瑞典"单一窗口"运作模式

资料来源：孟朱明，胡涵景. 联合国国家贸易单一窗口教程［M］. 北京：中国商务出版社，2012.

　　国际贸易"单一窗口"运行后，进出口贸易商只需一次性向瑞典海关提交有关贸易或货运信息。根据业务的分类及特性，该贸易信息将通过VCO被传递到特定的公共服务模块：如果该业务不涉及许可证件管理问题，VCO系统会根据贸易商提供的原始数据自动生成一套标准的电子报关单；如涉及许可证件管理的业务，VCO系统会将相关电子数据传递给涉及许可证管理的政府部门（如国家农业管理局等）进行处理；待进出口业务处理完毕，该系统会自动从中提取国际贸易统计数据并传送至国家统计局，并将已征收的增值税电子信息传递给国家税务管理局，并实现关税自动划拨（海关系统VCO与国家债务办公室或者俄罗斯海关、挪威海关、欧委会的系统联通的结果）；关于战略物资武器弹药的申报资料也可及时为警察局、法院等相关职能部门提供信息。一般情况下使用电子报关会在90秒内收到答复，也会通过 SMS 和电子邮件接收关贸易事项进展更新的资料。[①]

2. 芬兰

相对于瑞典，芬兰于 2000 年建立了一套全国海运数据库系统——Port Net，该"单一窗口"系统包含海运保险、海运保障、商品物流和环保等海运贸易各个方面。其中，口岸管理局只能接触本口岸的相关数据，而政府部门则可使用全部信息，2007 年后，Port Net 系统进化升级后，直接由海事局和海关支付费用。对于普通用户来说，政府考虑到用户使用的积极性及强制政府服务性质，除对还在使用纸质单据提交信息的贸易商收取纸质单据处理费外，其他用户费用均不收取。表 7 – 3 为芬兰的"单一窗口"情况。

表 7 – 3	芬兰的"单一窗口"
牵头机构	口岸管理局
"单一窗口"系统	Port Net
运作功能	海运保险、海运保障、商品物流和环保等海运贸易

3. 荷兰

荷兰海关"单一窗口"——"Sagitta"，由荷兰海关牵头，移民局，卫生局，运输、公共服务与水务管理局，卫生与兽医局，禽类、肉类与植物保护局共同签署合作备忘录建设而成。备忘录载明由海关代表各监管部门进行口岸管理。表 7 – 4 为荷兰的"单一窗口"情况。[②]

表 7 – 4	荷兰的"单一窗口"
牵头机构	荷兰海关
协同部门	移民局，卫生局，运输、公共服务与水务管理局，卫生与兽医局，禽类、肉类与植物保护局等
操作系统	Sagitta
主要运行功能	各监管单位向海关提供风险参数，海关对货物申报进行分析后告知各监管部门，各监管部门决定是否需要查验。如果不止一个部门需要查验，将统一协调安排一次查验

---

① 李蒙嘉. 我国单一窗口发展国际经验借鉴及路径选择 ［D］. 天津财经大学，2015.
② 殷飞，冯赟. 新加坡国际贸易"单一窗口"制度经验及启示 ［J］. 中国外贸导刊，2015 (6)：27 – 29.

（二）"单一系统"模式

"单一系统"模式（Single Automated System Model）即政府建立一个统一处理进出口业务的信息系统。该系统用于整合、收集、使用并散发与国际贸易相关的电子数据，处理相关的进出口业务，各监管机构仍相互独立。此模式的特点是"机构分散，系统单一"，这样的系统将允许交易商只能提交一次数据，系统处理和分配数据给有关部门。这种模式存在两个版本。在集成系统模式中的数据在系统中处理，在接口系统模式中数据发送给相关部门处理。美国、日本采用了这种模式。

1. 美国

美国的"单一窗口"为"国际贸易数据系统"（ITDS），美国的"单一窗口"始于1995年9月，财政部正式批准建立国际贸易数据系统，在2006年《美国港口安全法》（SAFE）提出建立ITDS，指出ITDS是一种电子信息交换能力，即企业为货物进出口向参与的机构传输其所需要数据的"单一窗口"。[①]

该系统对贸易数据进行标准化的电子申报、采集和发送。贸易商一次性提交标准化数据，系统向有关部门发送数据，供各部门自行处理并反馈。各部门收到信息后在自己的信息系统中处理并反馈。ITDS系统由各政府监管部门、贸易商和美国海关与边境保护局（CBP）共同参与，CBP对系统行使管理职能。表7-5为美国的"单一窗口"情况，图7-2为美国"单一窗口"运作图。

表7-5　　　　　　　　　　　　　　　　美国的"单一窗口"

采用系统	ITDS
涵盖环节和领域	货物、船员、运输工具、关税、配额、许可证、统计
操作流程	贸易商一次性提交标准化数据，系统向有关部门发送数据，供各部门自行处理并反馈

2. 日本

日本"单一窗口"的基础是空运进口货物自动化清关系统（Nippon Automated Cargo Clearance System, NACCS）。1977年5月，日本特别法法案通过了NACCS计划，1978年开始运行。该系统经历了三个阶段，初建阶段是以打造公

---

① 梁丹虹. 美国单一窗口 ACE/ITDS 的实施及启示 [J]. 海关与经贸研究，2016（5）：1-17.

共平台模式为目标开始的，中期的扩展阶段，和农林水产省、厚生劳动省、经济产业省、国土交通省、财务省、法务省等与外贸相关的政府部门联系起来并进行数据交换，此时海关 NACCS 成为真正的枢纽系统，后期整合阶段，海关 NACCS 系统则调整为单一系统模式下的核心系统。在日本的"单一窗口"平台上，日本海关是作为一个领导机构的。

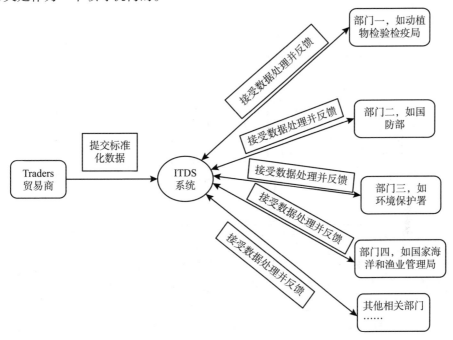

图 7-2　美国"单一窗口"运作图

当前的 NACCS 系统不仅整合了诸多跨部门的进出境程序系统，还具有外汇调整、税收计算、资金的电子转账等功能。日本国际贸易"单一窗口"系统具有标准化的用户识别码及数据接入的方式，可通过各个进出口一站式服务系统独立地传输数据，接入不同政府管理机构的相关专业系统来完成多项进出口检验程序。① 图 7-3 为日本"单一窗口" NACCS 系统运作流程图，图 7-4 为日本"单一窗口"结构图。

---

① 朱秋沅. 论日本单一窗口构建对中国的制度性启示 [J]. 日本研究，2011，(4)：36-41.

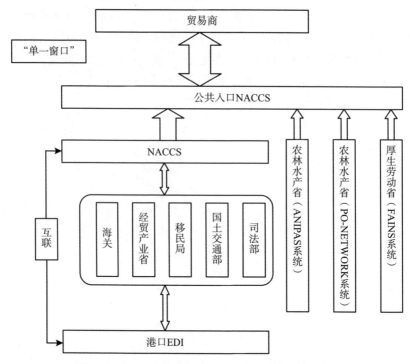

图 7 – 3　日本"单一窗口" NACCS 系统运作流程图

资料来源：李蒙嘉. 我国单一窗口发展国际经验借鉴及路径选择 [D]. 天津财经大学，2015.

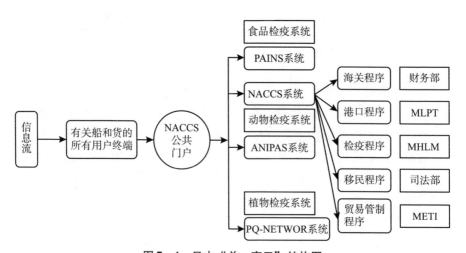

图 7 – 4　日本"单一窗口"结构图

资料来源：2010 年日本海关报告。

（三）公共平台模式

公共平台模式是贸易商通过平台一次性提交电子申报数据，各监管部门在此平台上完成数据处理并反馈电子许可，国际贸易企业向"单一窗口"系统一次申报进出口数据，系统将数据自动传给各政府部门，同一份表格的数据可同时让许多政府部门使用。新加坡和我国香港地区都属于这类模式。

20世纪80年代，新加坡政府开始建立世界上第一个国家级"单一窗口"系统Trade Net。1986年，新加坡政府成立Trade Net建设领导小组，组建跨部门机构，整合单据文件和贸易流程。随后，成立管理委员会搜集相关和企业对"单一窗口"的看法和需求。1988年，Trade Net系统建设技术要求得到明确，新加坡系统建设专门成立了技术小组，具体开发、运营由劲升逻辑私人有限公司承担。1981年1月，Trade Net贸易网正式上线。图7-5为Trade Net结构示意图。

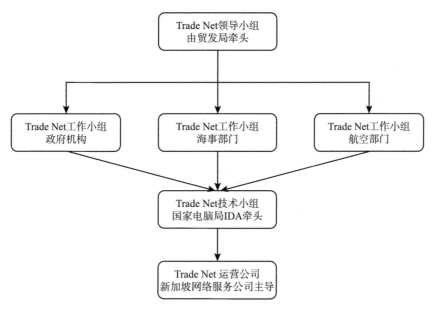

图7-5 Trade Net结构示意图

资料来源：殷飞，冯赟.新加坡国际贸易"单一窗口"制度经验及启示［J］.中国外贸导刊，2015（6）：27-29.

新加坡"单一窗口"的Trade Net系统经过两个阶段：

该系统第一阶段是小型计算机系统为核心，针对部分试点企业，允许其标准的数据格式，单向向多个政府部门提交国际贸易数据，政府部门分别批准后予以反馈，新加坡的国际贸易数据统计以系统申报数据为准。

第二阶段是全国范围的国际贸易电子信息数据交换系统为核心，允许所有国际贸易企业通过该系统申报进出口数据。实现了单一的申报形式、单一的提交方式、单一的申报界面、单一的申报过程的功能。图 7-6 为新加坡 Trade Net 运作流程图。

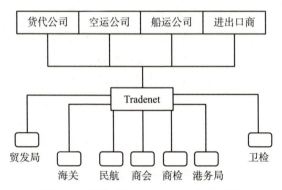

图 7-6　新加坡 Trade Net 运作流程图

资料来源：刘恩专，王伟. 浅析新加坡单一窗口建设对我国的启示 [J]. 科技管理研究，2014（24）：195-198.

（四）其他采用"单一窗口"的代表性国家

1. 泰国

泰国海关在 1998~2006 年期间采用的是 Customs EDI Services 系统以实现更少的纸制材料的使用，更多通过网络进行信息的传递；2006~2008 年，采用 Multi Single Electronic Windows 系统；2008~2010 年，泰国海关开始使用"单一窗口"（NSW），是整体的"单一窗口"；2011~2015 年，截至目前，采用的是东盟"单一窗口"和其他国际跨国界信息交换系统。据 NSW 的工作人员介绍，泰国海关能在较短时间内克服困难实现"单一窗口"，很大程度上是由于成为东盟成员方的要求。

世界海关组织（WCO）关于"单一窗口"的概念中，强调"Single Entry"，通过标准化信息，主要是电子、单一进入点满足所有的进口、出口和转运的相关要求。东盟建立 ASW（ASEAN Single Window）中提到，对于海关放行、清关均为"一次申报、一次处理、一次结论"（Single Submission，Single Processing and

Single Decision)。

图7-7即为泰国"单一窗口"电子文件申报的例子。

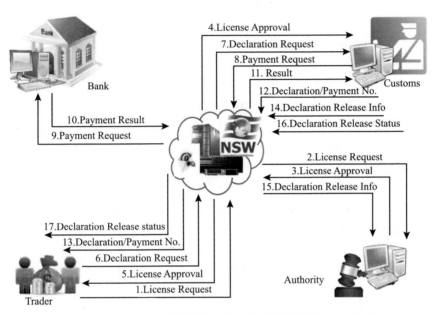

图7-7 泰国"单一窗口"运作流程图

参与其中的各部分包括进出口商、银行、海关和其他国家机关。而所有的相关步骤中信息的传递都途经"单一窗口"。据该泰国相关人员介绍,通过"单一窗口"的设立,每个参与方都可以从中看到需要处理的电子文件,并及时给予处理,图中所示的整个流程需30分钟即可完成。

泰国的"单一窗口"现有29个政府部门参与其中,海关只作为其一。究其成功关键,可以归结为以下6个方面:相关领导层的热忱和决心;简化和精简业务流程;修改相关法律法规;强大的领导机构和支持团队;统一的贸易数据或国际标准;公共部门和企业之间的合作。

2. 新西兰

2015年10月,新西兰海关"联合边境管理系统"(Joint Border Management System, JBMS),即"贸易单一窗口"(Trade Single Window, TSW)门户平台正式运行,为贸易界和政府部门以及政府部门之间的数据和情报传递提供了便利的途径,提升了进出口货物的口岸监管效能。

在过去,新西兰的贸易中存在信息传递方式落后,数据提交手续繁杂,企业与政府系统的连接方式过于单一等问题。随着政治经济形势的发展，新西兰海关和工业部的电子化系统在这个方面明显不能适应口岸物流的发展，限制了供应链效率。基于此，新西兰政府启动了联系海关和工业部"贸易单一窗口"平台的开发。

该门户平台由海关和工业部联合 IBM 公司历时 3 年研发而完成。系统的运作原理是将海关和工业部各自的电子化通关系统通过门户平台加以连接。门户平台的数据架构采用了世界海关组织 3.0 数据模式，使商界、海关和工业部在贸易数据和情报共享方面的更为流畅，高风险货物的风险分析和甄别能力进一步增强。

"贸易单一窗口"的使用极大地提升了口岸管理水平和贸易效能，同时对于贸易商在数据方面的要求大大简化，便利了新西兰进出口货物的通关。门户平台为进出口商及其代理机构递交通关数据建立了多样化的连接方式，商界可通过单一通道向不同的政府系统"一次"提交信息和数据。该门户平台使商界可以一次性提交数据，并可支持企业在货物抵达之前提交具体的数据信息，实现提早放行，降低了企业的贸易成本。

二、进一步深化我国国际贸易"单一窗口"建设的若干建议

1. 国家意愿的实现

综观世界上已实行或者引入"单一窗口"的国家或者地区，普遍存在一个共同的情况，即强烈的国家意愿，对应的就有一个强有力的领导小组或者机构。因此，我国"单一窗口"建设应争取在国家层面和地方层面都建立强有力的领导机制，加强顶层设计，消除部门利益带来的阻碍，建设高效的监管流程。

2. 相关法律的保障

法律地位的确认与保障是"单一窗口"实施的第一步。对这些国家进行研究后发现，无论是推行还是实施"单一窗口"过程中，各个国家或者地区都对相关的法律法规做出了相应的修改以适应其发展需要。例如我国在实行电子口岸的过程中《海关法》修订进而确立了电子数据的法律效力。

3. 开展社会推广

这些经济体在建设"单一窗口"过程中都进行了积极的推广，使参与其中的政府和企业个体都充分地了解相关信息，例如对于"单一窗口"的收益以及效率等情况；另外，参与的政府和企业越多，就越能够获取各方对于"单一窗口"系统建设的需求，使应用面更加广泛。

第八章

利用上海自贸试验区推动战略新兴产业发展和传统产业转型升级

　　当今世界已进入一个空前的创新密集和经济转型时期，全球经济处于一个加速变革和调整时期。世界上许多国家均已意识到技术创新是推动下一轮经济增长的新引擎，纷纷把发展重点转移到新兴产业的培育上来，各个国家和地区之间围绕着科技与产业发展制高点的竞争日趋激烈。世界范围内的科技和产业正孕育着新的重大突破，产业振兴已然来临。美欧等主要发达国家和地区已加快了产业结构调整，在进行再工业化的同时，大力培育战略性新兴产业，力图通过新技术革命引领产业革命，以此达到占领产业发展制高点，重夺全球经济主导权的目的。

　　面对科技创新全球化和产业形态国际化的不断深入和发展，我国做出了走创新驱动、内生增长、抢占产业发展新高地的战略选择。2016 年 12 月 19 日，《"十三五"国家战略性新兴产业发展规划》发布，到 2020 年，战略性新兴产业增加值占国内生产总值比重达到 15%，形成新一代信息技术、高端制造、生物、绿色低碳、数字创意 5 个产值规模 10 万亿元级的新支柱。

　　与此同时，我国传统产业结构亟须升级。随着经济不断发展，要素禀赋结构的急剧变化以及传统优势的消逝逐渐威胁到我国经济的持续快速发展。和发达国家不同，我国是在传统产业发展尚不充分的条件下提出发展战略性新兴产业，传统产业尤其是传统制造业正经历着转型阵痛期，技术创新能力薄弱、缺乏核心竞争力成为传统产业发展过程中的"瓶颈"制约。因此，现阶段我国经济发展所处阶段、产业结构调整的内在要求以及全球产业竞争的格局共同决定了：要实现我国经济的持续发展，就必须正确处理新兴产业加快发展和传统产业转型升级的这一"双重任务"。如何培育新兴产业的比较优势，制定适合的产业政策，实现战略新兴产业与传统产业的相互支撑和良性互动，已成为中国必须面对的现实问题。作为发展中国家，中国要想在全球经济体系的重构中有所作为，就必须在加快传统产业转型升级的同时，大力培育和发展具有关键核心技术和自主创新能力的战略性新兴产业。

从新兴产业与传统产业互动发展的高度来探索和推进我国产业结构的调整和优化，将是新国际经济背景下我国实现经济发展方式转变和产业结构战略转型的重要思路。当前我国传统产业转型迫在眉睫，大力发展新兴产业不仅顺应产业演进的客观规律，而且是我国抢占国际技术和产业发展制高点的必然选择，同时更能带动传统产业向高度化发展，顺利实现产业整体的结构升级。

第一节　战略性新兴产业和传统产业发展的相关研究

一、战略性新兴产业

（一）产业分析的相关文献综述

对一个产业进行评价，如果其不仅自身有良好的发展空间，又可以带动其他产业发展，那么这个产业就具有一定的战略意义。刘勇（2011）将战略性新兴产业的贡献性定义为"带动效应"。其在分析节能环保产业时，将节能环保产业对其他产业和国民经济的影响纳入衡量带动效应的指标层。苑广继（2012）用"产业主导力"来反映战略性新兴产业的这一特征。其下设的二级指标包括就业效应标准和产业波及效应基准，这两个指标分别通过就业吸纳力和影响力系数等来衡量一个新兴产业的主导能力。

梅孙华（2012）认为一个产业的经济指标表现好，就可以认为其具有不错的增长性，因此其将主营业务收入增长率纳入指标层之中。刘勇（2011）则是从另一个角度来判断产业的增长潜力。他认为以下两个方面的内容可以作为判断增长性的衡量标准：第一是收入增加，节能环保产品需求增加；第二是节能环保产业的再成长潜力。因此，刘勇是站在市场的角度，考虑需求和产业规模，来考量其未来的发展性。不论是微观层面上的收入增加，还是宏观层面上需求和规模的扩大，具有增长性，是一个新兴产业具有生命力的最基本的体现。对产业进行遴选和评价，不同的学者用到的方法不尽相同。有的研究者通过定性的模型，例如波特五力模型、PEST 分析法、SWOT 分析法等对某个地区的某个产业进行评价和分析。而另外一些学者则通过调查问卷获得实际数据，构建定量模型，对产业进行定量分析，得出量化的评价结果。

　　姜胜林（2012）在其研究中，通过对重庆的多种产业构建指标体系，并对数据进行标准化处理及 KMO 检验，结合云重心评价法，对重庆的几个主要产业进行评价，并给出相关的政策建议。李世才（2010）也涉及了层次分析法和专家打分，但是其研究内容更侧重于对战略性新兴产业和传统产业的耦合效果评价，即对传统产业进行评价，如果与战略性新兴产业的耦合程度高，产生的耦合红利大，则可以在未来深入发展该传统产业。梅孙华（2011）则重点评价新兴产业的影响力、活跃度以及贡献度，从而判断产业的成长性。

　　产业演进理论指产业的产生、成长和进化过程，它既包括单个产业的进化过程，又包括产业总体即整个国民经济的进化过程。而产业进化过程既包括某一产业中的企业数量、产品或者服务产量等在数量上的变化，也包括产业结构的调整、变化、更替和产业主导位置等质量上的变化，而且主要是以结构变化为核心，以产业的结构优化为发展方向。因此，产业演进包括量的增加和质的飞跃，包括绝对的增长和相对的增长。J. 熊彼特认为，技术的创新活动一般先推动新兴产业发展，通过基本创新在产业间的扩散、流动，对整个国民经济产生影响。基本创新活动与新兴产业间的传导机制是这样的：一旦出现了某个创新群，与之相对应的企业家的需求即会大量增加，紧随而来的是投资的高潮，将会有更多的资本投入新兴企业中；这一冲击，一波传一波，带动新兴产业的急剧发展，在效果上类似于传统理论中引起周期性繁荣的凯恩斯投资乘数效应。

（二）战略性新兴产业的发展

1. 战略性新兴产业的定义

　　战略性新兴产业指的是以重大技术突破和重大发展需求为基础，对经济社会全局和长远发展具有重大引领带动作用的产业，其特点是知识技术密集、物质资源消耗少、成长潜力大、综合效益好。战略性新兴产业是新兴科技和新兴产业的一个深度结合，从而推动新一轮的产业革命，最终形成战略性支柱产业。

　　新兴产业是指随着新的科研成果和新兴技术的发明、应用而出现的新的部门和行业。现在世界上讲的新兴产业，主要是指电子、信息、生物、新材料、新能源、海洋、空间等新技术的发展而产生和发展起来的一系列新兴产业部门。主要分为新技术产业化形成的产业、用高新技术改造的传统产业和进行产业化运作的社会公益事业。

　　新兴产业具有没有显性需求、没有定型设备、没有参照、没有政策、没有成熟的上游产业链等特点。而战略性新兴产业是在此基础上发展而来的，其是国家基于国际形势以及对未来经济技术发展趋势预见的基础上而选择的对国民经济发展具有战略意义的产业。所以，战略性新兴产业首先要符合国际经济技术的发展方向，是具有强生命力的新兴产业，其次要反映其对国民经济发展的战略性。

战略性新兴产业涉及三个关键词：新兴科技、新兴产业、战略性。从产业内容看，"七大产业"一直是国家产业发展的重点目标和主要方向，在产业结构调整中承担重要作用，与上海市明确的发展高新技术产业战略具有传承和深化的关系。从战略地位看，强调以国际视野和战略思维来选择和发展。当前国际金融危机给世界经济带来了巨大影响，各国都在寻找下一轮经济增长的动力，开始大力关注对国民经济发展和国家安全具有重大影响力的战略性新兴产业的培育。例如美国奥巴马政府十分强调新能源、干细胞、航天航空、宽带网络的技术开发和产业发展，日本把重点放在商业航天市场、信息技术应用、新型汽车、低碳产业、医疗与护理、新能源（太阳能）等新兴行业。英国为了应对目前的经济衰退，启动了一项批量生产电动车、混合燃料车的"绿色振兴计划"。德国政府批准了总额为5亿欧元的电动汽车研发计划预算。韩国制定《新增长动力规划及发展战略》，将绿色技术、尖端产业融合、高附加值服务3大领域共17项新兴产业确定为新增长动力。从选择依据看，最重要的有三条：一是产品要有稳定并有发展前景的市场需求；二是要有良好的经济技术效益；三是要能带动一批产业的兴起。

2. 加快培育和发展战略性新兴产业

西方发达国家面对金融危机，进行深刻反思后的一系列战略转变，势必会对现有的国际竞争格局产生广泛而深远的影响，全球经济发展秩序和世界对外贸易格局将因此而发生巨变。进而，发达国家日益加紧的"技术封锁"也将会给技术创新薄弱的新兴经济体和发展中国家带来更多挑战。另外，国际金融危机对我国经济的冲击也暴露了我国产业链在结构和经济增长方式的缺陷与不足，我国面临着调整产业结构、转变发展方式的重要课题。

2010年9月8日召开的国务院常务会议，审议并原则通过《国务院关于加快培育和发展战略性新兴产业的决定》。会议指出，加快培育和发展以重大技术突破、重大发展需求为基础的战略性新兴产业，对于推进产业结构升级和经济发展方式转变，提升我国自主发展能力和国际竞争力，促进经济社会可持续发展，具有重要意义。必须坚持发挥市场基础性作用与政府引导推动相结合，科技创新与实现产业化相结合，深化体制改革，以企业为主体，推进产学研结合，把战略性新兴产业培育成为国民经济的先导产业和支柱产业。

会议确定了战略性新兴产业发展的重点方向、主要任务和扶持政策。(1) 从我国国情和科技、产业基础出发，现阶段选择节能环保、新一代信息技术、生物、高端装备制造、新能源、新材料和新能源汽车 7 个产业，在重点领域集中力量，加快推进。(2) 强化科技创新，提升产业核心竞争力。加强产业关键核心技术和前沿技术研究，强化企业技术创新能力建设，加强高技能人才队伍建设和知识产权的创造、运用、保护、管理，实施重大产业创新发展工程，建设产业创新支撑体系，推进重大科技成果产业化和产业集聚发展。(3) 积极培育市场，营造良好市场环境。组织实施重大应用示范工程，支持市场拓展和商业模式创新，建立行业标准和重要产品技术标准体系，完善市场准入制度。(4) 深化国际合作。多层次、多渠道、多方式推进国际科技合作与交流。引导外资投向战略性新兴产业，支持有条件的企业开展境外投资，提高国际投融资合作的质量和水平。积极支持战略性新兴产业领域的重点产品、技术和服务开拓国际市场。(5) 加大财税金融等政策扶持力度，引导和鼓励社会资金投入。设立战略性新兴产业发展专项资金，建立稳定的财政投入增长机制。制定完善促进战略性新兴产业发展的税收支持政策。鼓励金融机构加大信贷支持，发挥多层次资本市场的融资功能，大力发展创业投资和股权投资基金。

会议强调，要加强组织领导和统筹协调，编制国家战略性新兴产业发展规划，制定产业发展指导目录，优化区域布局，形成各具特色、优势互补、结构合理的战略性新兴产业协调发展格局。

国家统计局的数据表明，2016 年第一季度，工业中包括节能环保产业、新一代信息技术、生物产业、高端装备制造业、新能源产业、新材料产业、新能源汽车在内的战略性新兴产业同比增长 10%，高于全部规模以上工业 4.2 个百分点。3 月战略性新兴产业采购经理指数（EPMI）为 64.3%，环比上升 4.2 个百分点；工业机器人增长 24.7%。另外，智能电视增长 25%，智能手机增长 10.8%，太阳能电池（光伏电池）、光纤、光缆、光电子器件、移动通信基站设备等产品产量均实现两位数快速增长。

在"十三五"国家战略性新兴产业中，高端装备制造占据重要地位。近几年，欧美主要发达国家纷纷实施"再工业化"战略，重塑制造业竞争新优势，而我国制造业"大而不强"，在全球产业竞争格局中面临巨大挑战。2015 年出台的《中国制造 2025》明确提出将我国建设为制造强国，高端装备是重点推动领域之一。

2016 年 12 月 19 日，《"十三五"国家战略性新兴产业发展规划》（以下称《规划》）发布，提到要围绕"中国制造 2025"战略实施，加快突破关键技术与核心部件，推进重大装备与系统的工程应用和产业化，促进产业链协调发展，力争到 2020 年，高端装备与新材料产业产值规模超过 12 万亿元。高端装备制造业将围绕智能化、绿色化、服务化、国际化的发展方向，在"十三五"期间不断推进，未来市场空间广阔。

高端装备中智能制造和轨道交通领域的投资机会被关注。智能制造装备在我国人口红利消失、人力成本上升背景下有望降成本增效益，提升生产效率与制造精度，并且其配套政策不断落地完善，未来景气度将不断提升，机器人、自动化智能化生产系统解决方案等细分领域值得重点关注。

轨道交通正处快速发展期，结合 PPP 模式的推广，未来依然有望维持较高景气度。根据《规划》，我国将强化轨道交通装备领先地位。推进轨道交通装备产业智能化、绿色化、轻量化、系列化、标准化、平台化发展，打造覆盖干线铁路、城际铁路、市域（郊）铁路、城市轨道交通的全产业链布局，打造具有国际竞争力的轨道交通装备产业链。

此外，《规划》提出，要加强自主创新，推进民用航空产品产业化、系列化发展，提高产品安全性、环保性、经济性和舒适性，全面构建覆盖航空发动机、飞机整机、产业配套和安全运营的航空产业体系。到 2020 年，民用大型客机、新型支线飞机完成取证交付，航空发动机研制实现重大突破，产业配套和示范运营体系基本建立。

新材料方面，《规划》提到，到 2020 年力争使重大关键材料自给率达到 70% 以上，高端装备与新材料产业产值规模超过 12 万亿元。扩大高性能纤维、新型显示材料、绿色印刷材料等规模化应用范围；突破石墨烯产业化应用技术；加快制定航空航天用碳/碳复合结构材料、光学功能薄膜等标准，完善节能环保用功能性膜材料。在航空铝材、碳纤维复合材料等领域开展协同应用试点示范，搭建协同应用平台。

（1）新能源汽车的发展。

《规划》要求，大幅提升新能源汽车和新能源的应用比例，推动新能源汽车、新能源和节能环保等绿色低碳产业成为支柱产业。《规划》的出台再次确认了政府推动新能源汽车行业快速壮大的主基调不变，从而打消了市场对新能源行业发展趋势的一系列担忧，有望引导市场实现预期的回升。

《规定》进一步坚定了汽车企业发展新能源汽车的决心。《规划》明确要求，推动新能源汽车、新能源和节能环保产业快速壮大，构建可持续发展新模式。未来，汽车产业将着眼生态文明建设和应对气候变化，以绿色低碳技术创新和应用为重点进行发展。汽车消费也将以提升新能源汽车和新能源的应用比例为导向，新能源汽车、新能源和节能环保等绿色低碳产业将形成产值规模达 10 万亿元以上的新支柱。

《规划》中再度重申了新能源汽车"十三五"期间的发展目标，到2020年，实现当年产销200万辆以上，累计产销超过500万辆，整体技术水平保持与国际同步，形成一批具有国际竞争力的新能源汽车整车和关键零部件企业。

事实上，在此之前发布的《节能与新能源汽车产业发展规划（2012～2020年）》、《关于加快新能源汽车推广应用的指导意见》等政策中，已经提过了到2020年要达到年产销200万辆的目标，此次重申这一目标，再度表明了推进新能源汽车发展方向不会改变。

数据显示，受到新能源汽车骗补事件的影响，2016年1～11月，我国新能源汽车生产42.7万辆，销售40.2万辆，比上年同期分别增长59.0%和60.4%。[①]相对2015年新能源汽车市场，增速出现大幅下滑。按照这一目标，未来4年内，我国新能源汽车年产销量增长要达到将近4倍。这将对现有补贴政策带来较大的挑战。

（2）建设领先的动力电池产业链。

《规划》要求，未来5年，建设具有全球竞争力的动力电池产业链。大力推进动力电池技术研发，着力突破电池成组和系统集成技术，超前布局研发下一代动力电池和新体系动力电池，实现电池材料技术突破性发展。加快推进高性能、高可靠性动力电池生产、控制和检测设备创新，提升动力电池工程化和产业化能力。

有分析指出，《规划》中对于产能规模保持全球领先的提法，在过去所有新能源汽车动力电池相关政策中没有出现过，这意味着未来动力电池的产能将成为一个新的发展重点。

数据显示，2016年1～10月，我国新能源汽车动力电池配套总量达到142亿瓦时，其中纯电动车型动力电池配套量超129亿瓦时，占比91%，插电式混动车型动力电池配套量13亿瓦时，占比9%。正是巨大市场，吸引着各路资本不断进入新能源动力电池市场。据不完全统计，截至2016年8月，锂电池行业固定资产投资项目规划已接近980亿元，将新增动力锂电池产能约177Gwh。[②]

（3）加速电动汽车智能化。

《规划》提出，全面提升电动汽车整车品质与性能。加快推进电动汽车系统集成技术创新与应用，重点开展整车安全性、可靠性研究和结构轻量化设计。提升关键零部件技术水平、配套能力与整车性能。加快电动汽车安全标准制定和应

①②　中国企业报. 新能源汽车发展趋势不变4年销量增4倍［EB/OL］. http：//epaper. zqcn. com. cn/content/2016 - 12/27/content_35653. htm，2017 - 1 - 17.

用。加速电动汽车智能化技术应用创新，发展智能自动驾驶汽车。

分析指出，我国目前新能源汽车主要靠政策补贴拉动。其中，乘用车的新能源发展主要靠地方限购政策推动，譬如在上海的插电式混合动力车销量坚挺、北京纯电动车销量火热；而客车和专用车的新能源化主要靠国家补贴拉动。这就意味着，在未来几年，通过技术与配套措施的完善，强化新能源汽车要形成真正的市场竞争力。

（4）构建规范便捷的基础设施体系。

《规划》要求，系统推进燃料电池汽车研发与产业化。加强燃料电池基础材料与过程机理研究，推动高性能低成本燃料电池材料和系统关键部件研发，到2020年，实现燃料电池汽车批量生产和规模化示范应用。加速构建规范便捷的基础设施体系。同时，要按照"因地适宜、适度超前"原则，在城市发展中优先建设公共服务区域充电基础设施，积极推进居民区与单位停车位配建充电桩。到2020年，形成满足电动汽车需求的充电基础设施体系。

分析指出，随着《规划》的再度重申，新能源汽车的充电基础设施未来建设将得到强化。

事实上，为了推动新能源汽车发展，各地已经强化了充电基础设施的投入。按照《规划》，"十三五"期间广东省将投540亿元建充电设施，建成集中式充电站约1490座、分散式充电桩约35万个，满足约41万辆电动汽车的充电需求。

战略新兴产业发展对中国经济的意义影响也是深层次的。正如国务院发展研究中心主任李伟所说，经济结构转型升级是一项庞大的系统工程，其中最重要的是产业结构的优化升级。发展技术密集型、附加值高的新兴产业，才能使供给结构更好地适应需求结构的变化、化解产能过剩等问题，补齐经济社会发展领域的短板。

在创新驱动发展战略指导下，网络安全、大数据、智能制造、军民融合、体育等各个细分领域，或紧锣密鼓地研究编制规划，或加快供给侧改革步伐。

3. 五大重点产业

（1）新一代信息技术产业。

工信部相关负责人表示，"十三五"期间，将通过设立国家产业投资基金、加大金融支持力度等方式，最终在2020年，实现集成电路产业与国际先进水平的差距逐步缩小，全行业销售收入年均增速超过20%的目标。

工信部赛迪智库战略性新兴产业课题组研究员表示，信息技术仍是各国发展新兴产业的枢纽性技术，未来将进一步发挥基础和支撑作用。新一代宽带网络、智慧地球、云计算等新技术、新应用，极有可能成为推动整个信息产业突破式发展的重要力量。信息技术同时还将带动互联网、物联网、电子商务、文化创意等多个产业强劲增长，创造新的商业模式。

（2）生物技术。

生物技术以基因工程为代表，新技术的突破不断涌现，并加速向医药、农业等众多领域广泛渗透。国家卫计委将会同科技部等部门，联合一批科学家拟定中国版的精准医疗计划。

赛迪智库战略性新兴产业课题组研究员指出，生物技术的快速发展将促进医药产业、生物工程等快速发展。纳米技术开始向应用研究及产业化迈进，产业化前景明朗，将形成巨大的产业规模。

（3）绿色低碳。

全国政协人口资源环境委员会副主任解振华表示，在"一带一路"建设和国际产能合作中突出绿色低碳元素，引导海外投资更多流向低碳领域，并建议尽快启动实施中国气候变化南南合作基金相关项目活动，在帮助发展中国家的同时，带动国内节能环保低碳相关产业和装备"走出去"。

赛迪智库战略性新兴产业课题组研究员指出，绿色低碳是全球新兴产业发展的必然趋势，新能源已经成为各国发展新兴产业的普遍选择。随着以核能、风能、太阳能、生物质能等为代表的新能源技术持续突破，下一代核电技术的发展和应用将改变整个能源体系。

（4）高端装备与材料。

根据《〈中国制造2025〉重点领域技术路线图》，到2020年，实现30种以上关键战略材料产业化及应用示范；有效解决新一代信息技术、高端装备制造业等战略性新兴产业发展急需，关键战略材料国内市场占有率超过70%；初步形成上下游协同的战略新材料创新、应用示范体系和公共服务科技条件平台。

浙商证券认为，石墨烯材料集多种优异性能于一体，是主导未来高科技竞争的超级材料，广泛应用于电子信息、新能源、航空航天以及柔性电子等领域，可极大推动相关产业的快速发展和升级换代，市场前景巨大，有望催生千亿元规模产业。

（5）数字创意。

虚拟现实作为数字创意的代表产业之一，业内人士分析，2016年将迎来爆发元年，国内外多家知名企业均推出相关产品，商业应用逐渐落地。另外，传媒娱乐方面，我国国产电影票房屡创新高，在"十三五"期间也有望形成新的增长点。

战略性新兴产业已经成为中国在经济下行压力下实现逆势增长的一股重要力

量。中国工程院发布的《2017 中国战略性新兴产业发展报告》指出，"十二五"期间，战略性新兴产业相对于其他工业行业呈现出快速发展态势，发展总量明显增加，占全部工业和经济总量的比重逐年上升。截至"十二五"末，战略性新兴产业增加值占国内生产总值的比重达到 8% 左右，较 2010 年接近翻番，实现规划目标。

报告披露，"十二五"期间，战略性新兴产业快速发展，特别是在近几年中国经济增速变缓的大背景下，为调结构、稳增长以及提高国际竞争力发挥了重要作用。2015 年，战略性新兴产业涉及的 27 个重点行业规模以上企业收入达 16.9 万亿元，占工业总体收入的比重达 15.3%，较 2010 年提升 3.4 个百分点。2010 ~ 2015年，战略性新兴产业重点行业规模以上企业收入年均增长 17.8%。

特别是从上市公司情况看，战略性新兴产业已成为资本市场的重要组成部分，已经培育并发展成为支撑中国上市公司总体业绩稳定增长的重要力量。2015年，战略性新兴产业上市公司营收总额达 2.6 万亿元，占全部上市公司总体收入的 8.9%，2010 ~ 2015 年年均增速达到 15.6%。

2010 年，A 股上市公司中有 674 家战略性新兴产业企业，占 A 股上市公司总数的 33.3%。截至 2015 年年末，A 股上市公司中的 1031 家战略性新兴产业企业占总数的 36.6%，比重增加 3.3 个百分点。

2016 年上半年，战略性新兴产业 27 个重点行业规模以上企业主营收入达8.6 万亿元，同比增长 11.6%，增速高于全国工业企业总体 8.5 个百分点，高于2015 年同期 0.6 个百分点。软件和信息技术服务业、通讯设备制造、医药制造业、信息化学品制造、锂离子电池制造以及光伏设备及元器件制造业主营业务收入均实现两位数增长。而据测算，预计"十三五"期间战略性新兴产业增加值增速将达到 20% 左右，约 3 倍于同期 GDP 增长。

二、传统产业

传统产业，主要指劳动力密集型的、以制造加工为主的行业，一般是指在工业化进程中由前一阶段经过高速增长保留下来的一系列产业，多以传统技术为基础，通过自然资源、劳动力、资本的大量投入，以外延的方式来促进经济增长，由于其对资源的严重依赖，对社会进步和发展的贡献日渐衰减。传统产业这一概念具有动态性和相对性，在经济发展的不同阶段，内涵有所不同。从当前中国来看，传统产业主要是指在工业化的初级阶段和重化工化阶段发展起来的一系列产业群，在统计分类上大多属于第二产业中的原材料工业以及加工工业中的轻加工工业，主要包括轻工、纺织、化工和建材、部分机械等。

日本经济学家赤松要在 1932 年提出了产业发展的"雁形形态论"。该理论主张，本国产业发展要与国际市场紧密地结合起来，使产业结构国际化；后起的国家可以通过三个阶段来加快本国工业化进程，即后进国家的产业发展是按"进口—国内生产—出口"的模式相继交替发展。这样一个产业结构变化过程在图形上很像三只大雁在飞翔，所以称为"雁形形态说"。对于"雁形"的具体含义：第一只雁是指国外产品大量进口引起的进口的浪潮，第二只雁是指进口刺激国内市场所引发的国内生产浪潮，第三只雁是指国内生产发展所促进的出口浪潮。据此，赤松要认为，产业发展政策是要根据"雁形形态论"的特点制定。

近年来，有许多学者研究老工业基地的衰退机制，正是由于老工业基地逐渐衰退，才需要对其进行改造。而对老工业基地的改造，首先要明确其衰退的原因，才能"对症下药"。杨振凯（2008）在研究老工业基地的衰退机制时，先从产业结构理论、路径依赖理论、"资源诅咒"假说以及生命周期理论四个方面解释了老工业基地的衰退机制。之后，通过结合国外老工业基地的改造分析，以及中国东北老工业基地的具体实际，得出老工业基地的衰退机制是源于产业技术体系的生命周期处于衰退阶段的结论。他认为产业技术体系在发展历程当中，也会像一个生命有机体一样遵循一个规则的变化次序而发展，完成一个"形成→成长→成熟→衰退"四个阶段的有序生命历程。由于源技术衰退、资源和环境约束、需求变化以及第三次产业革命等因素影响，老工业基地的产业技术体系处于生命周期的衰退期阶段。老工业基地产业技术体系处于衰退阶段，是老工业基地经济增长缓慢、传统产业比重大、产业结构比例失调、失业率居高不下、资源枯竭以及环境污染严重等问题的根本原因。

20 世纪 80 年代以来，经济学界对区域创新理论的研究较多，主要研究的角度有：区域创新体系、区域创新环境、区域创新网络、新产业区等，尽管没有形成比较一致的理论框架，但研究的视角主要以创新体系理论、区域创新系统理论为基础的。马文琦（2010）、陈涛（2009）等学者都在研究老工业基地转型改造时提到了区域创新理论。陈涛（2009）详细论述了区域创新体系的相关概念，并从区域创新理论的角度对老工业区转型做出了相关解释。具体来讲，区域创新体系一般是指某一地区内的企业、大学科研机构、中介服务机构和地方政府构成的创新体系，该体系强调区域创新过程的相互作用、社会性和学习性，其组织设计依赖于自然条件、经济发展、科技文化基础和政策环境。新体系通常由创新主体、创新环境和行为主体之间的联系与运行机制三个部分构成，其目的是推动区域内新产品或新知识的产生、流动、更新和转化，由企业、政府、高校、科研机构和中介组织等交互作用形成。因此，陈涛认为，老工业区的调整与改造，并不是简单的企业、技术和生产要素的改造，而是一个系统性的改造，在创新体系的建设中寻找新的产业增长点，促进产业的成功转型。

当前世界经济走势艰难曲折、复苏乏力，全球贸易大幅下滑，而中国经济已与世界经济深度融合。与此同时，国内经济领域长期积累的深层次矛盾正逐步凸显。投资、工业下行势头仍在延续，传统动能持续减弱。

第一次产业革命以后，煤炭成为工业发展的主要能源，所以许多老工业基地因盛产煤炭而相继建立起了利用煤炭资源的工业体系。老工业基地首先以煤炭产业起家，而后随着煤炭的进一步综合利用，在煤炭产业基础上发展起了炼焦、电力、煤化学等工业，进而使得钢铁、化学工业获得了长足的发展。此后，又在钢铁、化学产品和充足电力供应的基础上，建立和发展了机械制造业，特别是重型机械制造。因此，老工业基地的产业结构是典型的重化工业结构，传统工业部门特别是采掘工业、原材料工业占绝对优势，具有强烈的资源依赖性。

上海老工业基地也呈现出这一特征。吴泾工业区内近70%的企业为制造业企业，集中在金属冶炼、化工、纺织、机械铸造、金属制品等行业。上海老工业基地经过十几年的发展，已成为中国经济发展的领头者，其对于老工业基地的改造已经有所成就。

"十一五"期间，上海累计实施产业结构调整项目2873项，节约标煤480万吨累计减少产值近1000亿元，实现铁合金、平板玻璃全行业退出，基本关停小化肥、小水泥、小冶炼企业，四大工艺企业（点）从1400多家减至1100家以内，危险化学品生产和存储企业自2009年以来减少150家左右，奉贤塘外、嘉定马陆等重点区域专项调整成效显著。规模以上单位工业增加值能耗"十一五"期间累计下降27.98%，工业固体废弃物综合利用率达到95.6%。[①]

由工业生产中心向区域经济中心的转变是从20世纪80年代初中央提出城市是经济中心的概念之后，并在重庆进行中心城市综合改革试点开始的。上海还是远东地区的国际经济中心，具有商品集散功能和服务功能，工业、商贸、金融、证券、航运等也较为发达。作为行政区，其有明确的边界；但作为经济中心，则是没有明确的边界的，它的活动不受行政边界的限制，由一个封闭的行政区转变为一个区域的经济中心。作为经济中心，上海对周边地区的经济也具有辐射作用，小到江浙沪等周边城市，大到长江三角洲，都具有经济带动作用。

---

① 上海市人民政府. 上海市工业发展"十二五"规划［EB/OL］. http：//www. shanghai. gov. cn/nw2/nw2314/nw2319/nw10800/nw11407/nw25262/u26aw30908. html，2017 – 1 – 17.

上海有众多的高等院校、科研机构。借助这些科研结构，上海搭建了创新体系，这个体系包括许多国家级的实验室、科研所等，成为高科技产业的孕育摇篮。在这样的转型举措引导下，上海企业孵化器的孵化面积、孵化企业数等都不断攀升，其利税总额也在不断增加。除此之外，上海老工业基地另一重要创新平台则为国防高科技研究机构和军工企业。包括宝山区的东海船舶修造厂、上海航空发动机制造厂、上海电控研究所等 60 多家军工企业。

历经四轮的环境综合整治工程从 2000 年开始，环境治理已有成效。市区两级加大财政投入，吴泾工业区道路、河道、污染源等环境综合整治取得积极进展，绿化建设项目有序推进，区域生态环境有所改观，原污染区域内的农民生产、生活质量明显改善。

虽然，上海老工业基地在转型过程中已经取得了一定的进展和成就，但是，上海老工业基地转型发展还面临一些严峻的问题，因此，在上海老工业基地转型发展中，要看清"瓶颈"，"对症下药"，实现未来发展。

第一是产业层次低、发展方式粗放。目前上海老工业基地仍然存在产业层次低、发展方式粗放的问题，世界上大多数老工业基地都受到这一问题的困扰。产业层次低、发展方式粗放，成为造成上海老工业基地经济日趋下滑的原因之一，也是其转型的必要条件之一。这样的产业结构不能完成推动上海工业及经济进一步发展的使命，因此，在上海老工业基地转型中，如何有效推动传统产业升级，培育战略性新兴产业，合理规划产业布局，是其必须解决的问题之一。

第二是存量用地利用率低。随着城市、产业的发展，不断增长的土地需求在土地资源有限的形势下受到限制，土地的不足在一定程度上为上海老工业基地的转型带来困难。一方面，上海老工业基地内未开发的土地少之又少，无法满足大量的土地需求；另一方面，存量土地的二次开发也面临拆迁难、规划难的问题。因此，上海老工业基地呈现出土地利用率低、供求失衡等现象。

上海老工业基地的存量土地稀缺，这在一定程度上已经不仅仅是土地的问题，其已经制约了制造业的进一步发展。这就使得制造业发展空间进一步缩小。而造成该现象的根本原因是土地成本过高。在这样的问题下，上海老工业基地亟须解决土地规划问题，才可能推动转型的顺利实施。

第三是沟通协调机制不完善。吴淞、吴泾以及桃浦的土地权属复杂，这就导致了沟通协调机制方面的问题。上海老工业基地规划范围内企业性质多样，涉及多家央企、市属国企、区属国企、民营企业、外资企业等，其规模不同，发展现状各异，行政隶属关系和土地权属关系比较复杂，不同类型企业对转型调整的迫切性和主动性也都存在较大差别，同时协调各方利益难度大。重点和难点就是以宝钢为代表的央企，做好这些单位的统筹协调，仅靠其所属的区级政府是无法完成的，需要做好顶层设计、落实更高层级的协调部门和机构，建立市、区、企统筹协调机制，推动区域整体转型升级。

第四是环境污染问题仍然存在。上海老工业基地部分地区的经济贡献率低，但环境成本高。吴泾工业区热电厂产生的水汽烟雾以及大量燃用煤的运输过程仍对周边环境造成污染，码头堆场对浦江两岸景观仍有严重影响。同时，还存在着大批物流企业的物资集散地和车辆停放点，既加重了城区交通负担，又加大了汽车尾气和道路扬尘污染，环境资源压力依然较重。环境问题在一定程度上限制了上海老工业基地的发展。由于上海老工业基地的产业多以重化工的传统产业为主，造成的环境污染问题不容忽视。我国一直推行可持续发展，而且目前的产业发展政策均以支持新能源、低污染、低耗能为主，这对于老工业基地的产业发展及转型是不利的。而上海老工业基地想要获得进一步发展、实现成功转型，必须解决环境问题，提高传统产业生产工艺，淘汰落后产能，培育战略性新兴产业，实现传统产业与新兴产业的融合发展。

国内经济结构性矛盾突出，经济结构面临调整级。改革开放以来，虽然部分老工业基地在国家和政府的领导下获得了较快的发展，但大多数老工业基地没有实现成功改造，甚至有些老工业基地出现了衰退的现象。很多老工业基地普遍存在着第三产业发育不充分、资源型基地产业结构单一等许多亟待解决的问题。这些问题严重制约了老工业基地的发展，振兴老工业基地不仅是这些基地本身发展的迫切要求，也是我国经济社会协调发展的迫切要求。

我国目前处于经济快速发展的时期，经济结构面临调整。但是，这种调整不仅仅是对于目前已有的产业结构进行调整，而且还包括对未来产业定位的调整——产业升级。

改革开放以来，虽然部分老工业基地在国家和政府的领导下获得了较快的发展，但大多数老工业基地没有实现成功改造，甚至有些老工业基地出现了衰退的现象。很多老工业基地普遍存在着第三产业发育不充分、资源型基地产业结构单一等许多亟待解决的问题。这些问题严重制约了老工业基地的发展，振兴老工业基地不仅是这些基地本身发展的迫切要求，也是我国经济社会协调发展的迫切要求。

上海老工业基地从自身资源来看，有以下几个优势：（1）智力资源丰富，上海集聚了全国大量的高校，拥有众多的科研机构和顶尖的技术人才，是科技研发的重要基地；（2）商务环境规范，上海是我国的经济发展中心，在各方面都比较成熟，因此，其商务环境相比较其他地区更为规范；（3）城市开放度较高，地处沿海以及长江入海口的位置，使得上海凭借其优越的地理位置可以最快地与国际市场接轨，加之2013年上海设立了自贸试验区，这无疑进一步拉近了上海与其他国家的距离，对于上海老工业基地的发展既是机遇又是挑战。这些优势都为上海老工业基地转型发展提供了坚实基础，但是，我们也要清楚地认识到，上海老工业基地发展仍面临不少"瓶颈"制约和突出问题，例如资源环境约束趋紧、体制机制瓶颈凸显等。因此，上海老工业基地必须在"十二五"期间，将转型任务仍然作为重点，在稳增长的基础上，实现老工业基地的改造，以及上海经济的可持续发展。

2013年10月，上海市人民政府办公厅印发了《上海市工业区转型升级三年行动计划（2013～2015年）》，对2013～2015年上海工业园区的发展目标、产业布局以及重点工作安排等做出了明确的书面规划，并且落实到具体的责任单位。这对于老工业园区的转型和改造也具有政策上的推动作用。

上海在中国经济中充当着不可替代的中心地位，其拥有的经济实力和工业基础为上海老工业基地的发展提供了坚实的物质保障和巨大的区域市场需求。

经过多年的经济建设，上海的经济有了飞跃式的发展，具有雄厚的经济实力。从1978年到2013年，上海市生产总值（GDP）从272.81亿元跃升至21602.12亿元，经济总量扩大了79倍，经济总量先后超越新加坡和香港。上海市财政收入由1978年的190.67亿元增加到2013年的4109.51亿元，增加了20倍。[①] 近年来，上海市经济更是走上了加速发展的快车道。年内新增跨国公司地区总部42家。除此之外，上海还拥有多个国家级经济技术开发区。相比较国内其他老工业基地，经济实力凸显。

上海拥有雄厚的工业基础能力，是中国最大的工业基地和工业城市，具有较为完备的工业体系。2013年，全市工业实现增加值7236.69亿元，全年六个重点行业完成工业总产值21585.91亿元。[②]

经过多年积累，上海发展成为生产高精尖产品的综合性工业基地。上海强大的经济基础和工业基础对上海老工业基地的转型必然带来推动和辐射作用，上海所积聚的技术、人才与资金等有利资源都可以为老工业基地所利用。而老工业基地的改造也会进一步促进上海经济的发展。淘汰落后产能、培育新兴产业，发挥老工业基地的新活力，都可以将上海经济推向新的高点。因此，上海的经济环境也是老工业基地转型的一个有利因素。

---

①② 上海市统计局. 上海市统计年鉴（2010～2016年）[EB/OL]. http：//www. stats - sh. gov. cn/index. html.

老工业基地产业转型的影响因素主要由政策因素、创新因素以及环境等因素构成，它们在推动基地产业转型过程中发挥着各自的作用。具体分析而言：

一是政策因素。政策变化是老工业基地产业转型的主要影响因素之一，为老工业基地产业转型提供了政策方面的支持和帮助，在一定程度上影响产业转型的发展速度。在老工业基地的转型发展过程中，应当重视政策的导向作用，合理利用政策工具，发挥政策的激励机制，协调转型中涉及的相关方面，向既定转型目标发展。

二是环境因素。老工业基地转型不仅是自我发展的要求，同时也是受到国际环境以及国内经济发展影响而决定的。老工业基地转型需要符合国际大环境的要求，同样，其也受到国内环境的约束和影响。因此，在转型过程中，环境要素也是不容忽视的一个影响因素。

三是创新因素。创新因素是振兴老工业基地的关键所在。振兴老工业基地，必须以科技创新为动力。只有进行传统体制改革、技术升级改造和文化观念改变，将创新的理念贯穿整个转型过程中，才能使新时代背景下的老工业基地实现可持续发展。科学技术是推动产业发展的必要动力，创新更是决定产业未来发展命运的关键。能否在目前的基础上除旧迎新、注入科技，创新驱动是一个企业乃至一个地区能否转型成功的关键。

四是产业成长性因素。老工业基地的衰退很大程度上表现为其主导产业的衰退，因此老工业基地的复兴首先要完成产业的复兴。不论是传统产业还是新兴产业，其是否具有成长性，是否能在未来有良性的发展趋势，是发展该产业的重要因素。因此，在老工业基地转型过程中，要侧重于发展成长性良好的产业，这样才能通过产业的未来发展支撑基地的发展，通过产业的产出反哺基地，促进基地的进一步发展。

五是人力因素。人力要素在地区转型中发挥着重要的作用，因为老工业基地的转型归根到底是靠人来完成的。不论是规划的制定、计划的实施、转型企业的运作，都离不开其中的执行者。而老工业基地能否实现最优转型，在于这些执行者的自身素质。笔者认为"有素质"的老工业基地的有力推动者主要表现为科技人才，因此，将这一因素归入创新因素之中。

第二节　战略性新兴产业发展和传统产业发展的互动机制研究

新兴产业的发展以传统产业为基础，传统产业的升级离不开新兴产业的渗透，两者间有着高度的产业联系，国内外学者就新兴产业与传统产业的发展关系问题给予了广泛的关注和探讨，总结起来主要有 3 种理论观点，分别是坚守—慢步论、放弃—跨越论、协调—发展论。

（一）坚守—慢步论

坚守—慢步论强调，传统产业是经济增长的核心，在处理其与新兴产业的关系问题上应该坚守传统产业，慢步发展新兴产业，主张该观点的国内外学者有 Dallas、Lexington、Michael Porter、辜胜阻等。Dallas（2002）认为我国经济发展方式应遵循以传统产业为基础，以高技术产业为导向的方式。Lexington（2002）指出应该重视传统产业在解决国民经济发展过程中一些基本问题时所发挥的重要作用。辜胜阻（2001）基于我国经济和产业发展的现实情况提出我国不应过分追求高新技术产业化，而应把传统产业高新化放在首要位置。

（二）放弃—跨越论

放弃—跨越论认为新兴产业才是知识经济时代下与发达国家竞争的有力武器，是抢占全球产业制高点的希望，应该重点发展。韩小明（2000）基于我国与发达国家出口的比较，提出我国产业应该实现整体向高新技术产业的跨越。关涛、张永岳（2007）强调新兴产业群能否成为一国的主导产业，在很大程度上决定着该国的发展速度，主导性新兴产业群将成为后进国家实现跨越式发展不可或缺的关键。

（三）协调—发展论

协调—发展论认为传统产业是经济发展的基础，新兴产业是导向，两者互动协同，融合发展。Osaka（2002）是早期提出该观点的学者之一，突破了以往学术界对传统产业认识的思维。Andre 和 Arbuthnott 等（2010）基于瑞典的调查数据发现，新兴产业的出现可以与当地已有的传统产业形成良好互动，最终实现区域整体产业的崛起。熊永清、李世才（2011）深入分析了我国面临的传统产业升级和新兴产业培育双峰逼近，在此基础上，提出"双轮驱动、良性互动"的总体发展策略。

在深入分析了我国面临的传统产业升级和要素自给特征，与其他行业的关联研究中发现，一方面，中国的高技术产业对传统装备制造业、原材料工业和服务业部门具有高度的支撑作用且逐步增强；另一方面，高技术产业与工业行业有着高度的前向关联，对工业行业效率的提升作用最为显著。

在国民经济系统中，新兴产业部门和传统产业部门之间存在以投入品、产出品为链接纽带的技术经济联系，一方面传统产业为新兴产业提供基础的物质、资本、人才保障，另一方面新兴产业通过前向关联、后向关联和波及关联作用，不但带动了传统产业的发展，而且通过创新扩散和成长反馈，传统产业的成长又反作用于新兴产业，从而促进新兴产业的进一步成长，呈现出良性互动、螺旋上升的发展关系。基于产业关联视角的实证研究主要以投入产出模型为工具，定量测度两类产业间的相互关联和依存关系。

赵玉林和汪芳（2007）、李新和王敏晰（2009）、綦良群和王成东（2013）基于投入产出模型，定量分析了我国传统产业与高技术产业间的关联关系，结果均显示两类产业间的关联作用存在区域差异，经济越发达的地区，两者的关联效果越明显。其中，綦良群和王成东的研究还进一步将产业协调发展模式划分为互动、协同、融合3个阶段，并按照顺序从初级阶段向高级阶段依次演进。

吴利华和阁嫁（2011）将高技术产业分别划分为高技术制造业和高技术服务业，同时将传统工业划分为资金密集型、劳动密集型和技术密集型3种类型，依据投入产出法，研究了基于分类效应的两类产业间的动态关联关系，实证分析表明中国传统工业对高技术的依赖度逐年增加，其中技术密集型传统工业部门对高技术产业的消耗表现最高，而劳动密集型传统工业部门对高技术产业的消耗则相对较低。

张同斌和高铁梅（2013）基于投入产出模型，测度了美国、英国、日本、中国、印度和巴西6国的高技术产业关联效应，研究表明该类型产业呈现出典型的新兴产业与传统产业发展关系的理论研究。

在产业互动影响视角下，相关研究侧重分析两者具体呈现何种交互影响关系，其动态演化规律如何，又有怎样的区域差异和行业特点，采用的研究方法主要有博弈分析、耦合分析和计量分析。

陆立军和于斌斌（2012）、于斌斌（2013）、陈晓永和张会平（2013）基于演化博弈模型，研究了新兴产业与传统产业的互动影响关系。其中，陆立军和于斌斌的研究认为新兴产业与传统产业融合发展的阶段依次包含相互适应、协调发展、分化替代，政府政策偏向、龙头企业的策略选择对两者的融合演化均产生显著影响。陈晓永和张会平通过实证检验发现，新兴产业与传统产业间存在开放式的非线性递进关系，两类产业的演化博弈关系依赖初始条件的选择，经济的快速增长在新兴产业成熟阶段将主要依靠其增量扩张。

熊永清和李世才（2010）、张倩男（2013）、苑清敏和赖谨慕（2013）通过构建耦合评价模型，测度了新兴产业与传统产业间的耦合发展关系。其中，熊永清和李世才更侧重两类产业耦合发展的逻辑结构分析。张倩男利用广东省数据实证检验了电子信息产业与纺织业间的耦合关系及动态变化情况。苑清敏和赖廷慕的研究则表明战略性新兴产业与传统产业的耦合发展具有时变演化特征，依托资金、产品、人力、政策等产业要素，可实现两者的动态耦合发展。

白永青、沈能、赵建强（2006）基于菲德模型的检验结果表明我国高技术产业与传统产业是相互支撑、相互补充的发展关系。熊永清、郭杏（2014）应用两部门模型，基于 H 维度视角测度了战略性新兴产业对传统产业的溢出效应，结果发现溢出效应显著但存在区域差异和行业差异。李少林（2015）采用空间面板计量对战略性新兴产业与传统产业协同度的影响因素展开研究，结果表明人力资本增长能显著提高两类产业的协同水平，而政府政策偏向和环境规制等因素影响效果不明显，应该更加强调产业价值创造的核心来源——知识、技术和专业化人力资本（陈和、甘天文，2012）。在经济全球化的大背景下，产业结构演进不仅简单地表现为由低技术、低附加值水平的劳动密集型产业向高技术、高附加值水平的资本密集型、知识密集型、技术密集型产业升级转换的产业结构高级化过程，同时还表现为国民经济各产业部门之间以及产业内部各行业之间协调能力、关联水平的提高、资源的自由流动和要素分配机制的优化等产业结构合理化过程。随着科学技术的快速发展知识创新、技术创新、高级人力资本积累为主要特征的新兴产业逐渐成为引领产业结构调整和升级的主导力量，它不仅促进了社会生产力的极大提高，引起了社会资源的重新分配，同时更能带动传统产业向高度化发展，顺利实现产业结构的转型升级。

从发达国家和地区产业演进的历程来看，基于传统产业的现实基础，适时选择和培育与之相适应的新兴产业，是提高产业整体竞争力、保持经济持续高效增长的重要手段。在新兴产业的培育发展过程中，通过与已有传统产业在横向结构上形成合理分布、纵向结构上形成有效承接，不断推动产业的高级化、合理化升级。其中，两者在横向结构上的演变重点表现为两类产业在 H 次产业结构内部形成合理的分布比例，一方面，新兴产业向传统产业链的渗透、延伸会引起新兴产业在国民经济中的比重不断上升；另一方面，传统产业自身的改造、提升又导致它在产业结构中的比重逐渐下降，从而使两类产业整体的横向结构趋于合理。两者在产业结构上的互动衔接主要表现为两类产业在发展时序上是先后承接与替代的关系，传统产业是支撑国民经济发展的基础产业，而新兴产业则是带动未来经济快速增长的先导产业，产业演进的客观规律决定了两者在产业发展过程中的逻辑关系，这个过程也正是产业结构高级化的重要表现。

以亚当·斯密为代表的古典经济学家认为，技术进步和创新是社会分工所导致的必然结果，分工通过促进劳动熟练程度的改进、工序轮换时间的节约，以及机器设备等高效生产工具的引进而促进了生产效率的提升，因此成为经济增长的动力和源泉。另外，技术进步在很大程度上也有利于分工的发展。产业演进的历史经验表明，每一次工业技术革命的结果，必定形成新的社会分工，诞生一批新兴产业。21 世纪，以信息技术、生物工程、遗传工程、新材料技术、新能的功能，并作为原始投入或中间投入流入新兴产业部门。传统产业对新兴产业的引导作用主要体现在对新兴产业产品和服务的市场需求以及对其内嵌知识、技术的引进状况，在一定程度上引导着新兴产业的发展方向。对于知识密集型和技术密集型的新兴产业而言，规模庞大的传统产业才是其核心产品和核心服务的最大用户，很大程度上解决了新兴产业发展的市场门槛，同时传统产业的高级化改造通过引进新知识和新技术进一步扩大了新兴产业的市场需求。

新兴产业对传统产业的渗透、改造和提升可以分为两个部分：首先，高新技术制造业通过输出核心技术提升传统产业的产品结构、产业结构与技术基础，实现其产业高技术化。这种影响一方面通过软技术知识的学习完成，另一方面通过物化装备的直接引进完成。在这个过程中，新兴产业通过产业间要素的高度流动源源不断地为其与传统产业的互动发展提供原动力，通过技术要素、知识要素在产业间的转移、扩散和渗透，实现了传统产业结构的优化和提升，同时又从传统产业的技术升级中为自己汲取了新的创新要素，进而使两者间的关联性更加紧密。其次，新兴服务业对传统产业的影响具体体现在对传统产业产品创新、技术创新的引领、改造作用及对传统产业价值链、产业链的渗透、提升作用，该过程主要是伴随着其核心服务向传统产业流动完成的。信息流方向，将信息传输、计算机技术等核心服务渗透到传统产业的生产过程，实现两者融合发展；资金流方向，通过将金融资本要素引入生产链条，有效满足传统产业尤其是资本密集型传统产业对资金的高度依赖；技术流方向，将成熟技术引进企业，有效规避了传统产业创新活动的潜在风险，使其在降低成本的同时，充分享受外部科研成果带来的高收益；知识流方向，通过知识型的服务外包，可使传统产业将资源集中在最有竞争优势的核心环节，增强企业的灵活率和效率。

传统关于产业结构演进的研究，如亚当·斯密、科林·克拉克等代表人物的观点和论述，表明产业结构演进的实质是伴随着生产要素从低效率生产部门向高效率生产部门配置转移的产业升级过程。这些研究一般将重点放在三次产业或是其内部结构关系上，然而，在信息技术、知识创新、科技革命带动新兴产业不断崛起的今天，单纯对三次产业的研究已经不能充分反映现代产业结构演进的新趋势、新思路，一些学者主张从关键性资源角度考虑，认为知识经济时代产业升级的新兴产业与传统产业互动发展化研究，随着经济的发展、社会分工不断细化、专业化程度逐渐加深，经济效率越来越取决于不同生产活动之间所建立起来的联系的属性，而不仅仅取决于生产活动本身的生产率状况。由于这一分工网络效应的存在，产业整体结构的优化和调整就不再单纯是产业内部要素转化效率的提升过程，还是一个涉及产业间广泛技术经济联系的产业互动过程。新兴产业与传统产业的互动发展是指具有高度关联的两类产业子系统间相互制约、相互作用和相互影响的动态演化过程。这个复杂过程不仅涉及两者在产品、技术、资金、人才等微观要素层面的互动，还涉及两者在产业结构、产业分工、产业布局等中观层面的互动，以及政策偏向、制度环境等宏观层面的互动。

新兴产业与传统产业基于要素流动视角的互动影响主要体现在以下两个方面：一是作为发展相对充分和成熟、具有明显要素集聚优势的传统产业，其在资金、人才、产品、技术、市场等方面对新兴产业的支撑、引导；二是作为技术资本、知识资本、人力资本的载体，新兴产业在信息、资金、知识、技术等方面对传统产业的渗透、改造和提升。

传统产业对新兴产业的支撑作用主要伴随着产业内资本、产品、劳动力等要素向新兴产业的有效流动来完成。在新兴产业需求的推动下，依据经济规律和市场机制的高效运行，借助各种中介、组织，各生产要素完成从传统产业向新兴产业的流动。这些要素的流动为新兴产业进行技术研发、规模扩张和市场活动提供了基础条件，支撑新兴产业的成长，使之不断向更高层次延伸。资本方面，传统产业在长期发展过程中积累了大量资金，逐渐形成了成熟的金融体系和发达的资本市场，能够集聚最广泛的资金缓解新兴产业培育过程中的高投入和高风险"瓶颈"；劳动力方面，由于发展空间、福利报酬、政策导向、制度环境等的吸引，传统产业领域的高水平研发人员和管理人员会流入新兴产业，促进其培育发展；产品方面，传统产业承担着为新兴产业提供原材料、零配件、生产设备等基础产品，以技术等为代表的新兴产业不但成了世界经济的增长热点，而且形成了对现有传统产业的技术改造，并出现了新社会分工逐渐代替旧社会分工的趋势。

分工理论的发展历程伴随着分工程度的不断加深依次经历了产业间分工理论、产业内分工理论和产品内分工理论3种不同形态，相应地，分工的演进也会产生3个层面的效应：第一个层面是分工的内向发展，在第二产业内部表现为由劳动密集型、资源密集型的传统制造业占优势比重逐渐向资本密集型、技术密集型的新兴制造业占优势比重过渡，在第三产业内部则由生活为导向的传统劳动密集型服务业逐渐向以生产为导向的新兴知识、技术、人力资本密集型服务业过渡。第二个层面是分工的外向发展，它是产业内部分工的外在表现，以具有生产资料特点的新兴服务业部门从制造业部门的裂变与分化为代表。由此可见，分工的内向发展和外向发展是导致产业结构发生变动的根本性基础。第三个层面的效应表现在国际分工上，它是知识经济时代背景下一种全新的全球价值链分工模式，是社会分工高度细化的必然产物。在此分工模式下，每个国家都能够根据自身的要素禀赋，专业化于产品生产价值链的特定环节。国际分工不断加深的演进趋势进一步激发了全球分工体系的纵深拓展，同时也使得现代国际分工格局发生了极为深刻的变化，价值链高端地位的竞争日趋加剧，从而迫使各个国家尤其是处在价值链低端位置的发展中国家，在保持现有传统产业优势的基础上，更加关注具有自主知识创新、技术创新能力的新兴产业的发展。因此，分工可看成是导致产业结构从低级形态向高级形态演进的一个内在深层次根源，而产业结构的演进则是分工不断深化的外在结构性表现。

新兴产业与传统产业关系极为密切，两者在经济发展过程中相互融合、相互渗透，共同促进经济的快速增长和产业的转型升级。新兴产业与传统产业两者重组的另一种方式则是通过服务外部化将信息、金融、租赁、技术、咨询管理等服务形式的生产资料与传统制造业融合，并贯穿于生产链条的各个环节。其中，价值链基本活动通过外部化可进一步实现潜在的规模经济效果，提高企业的运营效率；价值链支持活动通过外部化则可以使企业最大限度地享有产业分工带来的专业化服务，并通过将优势资源集中于核心能力来获得更高的配置效率。由此带来的新兴服务业与传统产业链条的紧密融合与渗透，不仅提升了价值链的效率，实现了传统产业向价值链高端环节攀升，而且带动了国家和地区产业结构的服务化转型。

迈克尔·波特定义价值链是由一系列相互联系的价值增值活动构成的行为链条，该链条不仅包含生产、运输、营销、售后服务等企业基本活动，同时也包含战略管理、采购管理、财务管理、人力资源管理、信息系统、技术研发等企业配套支持活动。其中，注重企业价值增值过程中的关键环节是价值链理论的核心战略思想。波特认为，企业的价值创造并非均匀地分布于这个链条上的每一环节，而是向着能够使企业获得竞争优势，并且具有高附加值的价值链上、下游战略环节集中，这些环节往往是新兴产业发挥效应的领域和范畴。

从价值链的国际分工来看，发达国家凭借雄厚的产业基础、技术实力及创新能力，牢牢地占据在产品设计、技术开发以及品牌推广和市场营销等高增值性价值链环节，并通过建立战略联盟、竞相制定产业战略的方式维护并进一步发展其在全球价值链中的优势地位，从而迫使产业和技术落后的发展中国家更多地处于价值链末端位置，甚至被排挤出全球价值链之外。如何摆脱劣势地位，在全球价值链高端、优势环节争得一席之位，成为目前许多发展中国家产业发展的当务之急。中国的新兴产业作为带动经济增长的新引擎，凭借其强大的知识创新、技术创新和高级人力资本积累能力，通过输出新兴技术和新兴服务对传统产业尤其是传统制造业价值链进行空间重组，促进传统产业向高附加值的价值链环节攀升，进而为实现我国参与全球产业分工、融入全球价值链高端环节以及我国整体产业结构的高度化发展提供了契机和思路。

技术创新是影响价值链提升的重要因素。新兴产业对传统产业价值链进行空间重组的方式是向处于价值链"微笑曲线"底端的传统落后产业嵌入高新技术，一方面表现为对传统产业生产初始环节投入原材料的技术嵌入，或对其生产末端产成品的技术加工；另一方面表现为与传统产业技术研发和管理效率的结合，两方面共同作用的结果是在更大程度上促使传统产业向具有高附加值的价值链"微笑曲线"上方移动。在波特的价值链理论模型中，服务业尤其是具有生产资料性质的高端服务业，如技术研发、信息咨询、品牌管理等，占据着整个价值链的核心和关键环节。更进一步地，在研究开发、信息管理、软件应用、商务服务等具有知识密集特征的新兴服务业快速发展的今天，价值创造环节正经历着从制造环节向服务环节转移的变革。新兴产业对传统产业价值链进行空间分布、地域分工和区域转移。

鉴于新兴产业对地区经济增长、产业结构转型的战略意义，其自身在发展过程中不可避免地会对诸如政策、市场、技术等外部因素表现出较高的敏感度，而呈现出与一般工业产业不同的特征，具有较为明显的空间集聚发展态势。部分学者通过实证研究发现新兴产业的集聚特性会因自身发展程度和行业特点不同而存在差异（刘艳，2013）。然而，对于新兴产业与传统产业在空间布局选择上是否存在明确的依附关系，熊永清（2010）、张耿庆（2011）等学者研究指出随着传统产业不断发展成熟，其在资本、人才、技术等方面会逐渐表现出较为明显的集聚优势，新兴产业尤其是战略新兴产业在形成时期对物质、资本、市场等方面的巨大需求决定了其产生往往会依托于这些优势要素集聚区，并在此基础上进行发展。同时，大量的学者基于实证研究数据也发现，新兴服务业尤其是具有生产资料特点的服务业企业往往与工业企业形成联动分布。

现阶段特别是国际金融危机后，我国区际产业转移呈现出新的特点，劳动密集型、资源密集型的传统产业趋向于从成本高的发达地区向成本低的落后地区转移，而知识、技术和资本密集型的新兴产业则会最终集聚于发达地区，伴随着要素禀赋自身的动态调整，新兴产业和传统产业的空间布局会出现地区间的相互转移，并最终形成有利于发挥地区比较优势的、合理且高效的区域产业梯度分工格局。

第三节　利用上海自贸试验区政策推动战略性新兴产业发展和传统产业转型升级

目前新兴科技和新兴产业发展迅速，掀起了新兴产业革命——第三次科技革命的高潮。战略性新兴产业的迅猛发展就是标志之一。我国也非常重视战略性新兴产业的发展，并出台了一系列的相关政策。2012 年上海出台了《上海市战略性新兴产业发展"十二五"规划》。可见，战略性新兴产业将成为上海乃至我国未来几年的发展重点。各界学者也对其进行了深入的研究，包括如何与传统产业对接等。因此，新兴产业革命的出现，对于上海老工业基地的发展来讲，既带来了经济发展的新压力和新要求，也为其转型指明了一条可行的发展道路。

"十一五"期间，上海大力推进高新技术产业化，积极培育战略性新兴产业，努力提升发展先进制造业，积极推动产业技术进步，加快构建和完善产业技术创新体系，取得了一定进展。2013 年用于研究与试验发展（R&D）经费支出 737 亿元，相当于上海市生产总值的比例为 3.4%。全年受理专利申请量 86450 件，比上年增长 4.6%，其中发明专利 39157 件，增长 5.4%。全年专利授权量 48680 件，下降 5.5%，其中发明专利 10644 件，下降 6.5%。全市国家级创新型企业达到 15 家，国家级创新型试点企业 19 家，市级创新型企业达到 500 家。年内认定高新技术成果转化项目 709 项，其中电子信息、生物医药、新材料等重点领域项目占 86.3%。至年末，共认定高新技术成果转化项目 9254 项。全年经认定登记的各类技术交易合同 2.63 万件，下降 6.1%；合同金额 620.87 亿元，增长 5.5%。①

可见，上海不仅具有良好的技术环境，而且可以为未来技术进一步升级提供支持。上海老工业基地转型很大程度上是依靠技术推动的，而上海的先进、成熟的技术环境是足以支持其顺利转型的。上海老工业基地的转型发展直接受到政策环境的影响，有利的政策环境将推动其顺利转型。而经济环境则为上海老工业基地转型提供资金支持，另外，政策环境也会对经济环境起作用，间接影响老工业基地的转型。从技术环境上看，技术是上海老工业基地转型的动力以及发展保障。只有技术不断进步，才有可能实现对传统产业的升级改造，实现战略性新兴产业的引入和培育，由产业的发展带来老工业基地的转型。而社会文化环境与基

---

① 上海市工业发展"十二五"规划。

地转型之间存在着相互影响的隐性作用。上海老工业基地转型归根到底要靠人去推动，而这些人都是生活在既定环境之中的，社会文化环境影响了人的思维方式，进而影响对老工业基地的转型布局、战略规划等。而老工业基地转型也会对当地的社会文化环境带来影响，发生相互作用。虽然这种影响没有其他几个环境因素的作用明显，但其带来的隐性作用不容忽视。

从 2013 年 9 月 29 日起，中国（上海）自由贸易试验区正式成立，上海自贸试验区采取特殊的监管政策和优惠税收，是中国政府设立在上海的区域性自由贸易园区。中国自贸试验区的扩展速度非常快，上海自贸试验区被称为自贸试验区 1.0 版；在 2015 年 4 月新增了三个自贸试验区（广东、天津、福建），形成了"1+3"格局，是自贸试验区 2.0 版；2016 年 9 月，在 G20 杭州峰会前新设立了七个自贸试验区（辽宁、浙江、河南、湖北、重庆、四川、陕西），从而形成了"1+3+7"的格局，可谓 3.0 版。中国自贸试验区对推进"一带一路"和长江经济带国家战略，打造新型经济体制具有重大的全局和战略意义。

中国设立自贸试验区的目的，主要有以下几点：一是通过设立自贸试验区尝试一个法制化、国际化、市场化营商环境的建设路径和运行模式，创造一个开放经济体系的试验田；二是建设一个接轨国际、贸易自由、投资便利和金融自由化的典型自由贸易区；三是形成可推广、可复制的开放经济模式；四是带动周边经济的发展，使之成为中国经济新的增长点。同时，中国也根据不同设置地区自身的地理特征和禀赋，赋予其不同的改革开放任务，以便积累更多不同类型的经验并加以推广。

上海自贸试验区，作为推进改革和提高开放型经济水平的"试验田"，在体制机制建设方面有许多大胆的探索，并已在一些领域见到了成效并形成了可推广、可复制的经验。例如，在对外开放方面，实现了投资管理的负面清单和准入前国民待遇；在贸易自由方面，实现了通关手续简化和办事效率提高；在市场经济体制机制建设方面，逐步推动了审批制向注册制的过渡，推行了事中、事后管理。

与此同时，在已有自贸试验区大胆试验和改革的基础上，相关部门还根据"边试点、边总结、边推广"的原则，将 30 多项改革措施和经验及时推广至全国其他省区市和经济部门。这其中就包括实现电子审批的推广，进境动植物检疫审批负面清单制度，货物状态分类监管，国际贸易"单一窗口"等。可以说，这些经验都有效推动了中国经济的进一步对外开放。

2016 年 5 月 10 日，一个标志着上海后工业时代发展拉开大幕的纲领性文件《关于推进供给侧结构性改革促进工业稳增长调结构促转型的实施意见》正式发布。按照规划，经过 5 年初步发展，上海工业供给侧结构性改革取得实质性成效，工业规模和比重保持合理区间，工业筑底企稳格局尽快形成，2020年，制造业增加值占全市生产总值比重力争保持在25%左右，战略性新兴产业增加值占全市生产总值比重达到20%左右。为了达到规划的目标，上海自贸试验区需要从制度、体制和经济发展等层面创新，并形成彼此间有机且良性的互动，有效推进传统产业结构的优化升级，推动机制、体制层面与时俱进，并走向国际。

《实施意见》围绕"六个着力"，提出了27项重点任务。

着力优化供给结构，促进工业高端发展。一是实施千项工业精品创造计划，包括300项高端装备自主突破、300项新一代信息技术成果产业化、200项新材料首批次应用、200项消费品改善供给，培育一批细分行业的隐形冠军。二是实施企业技术改造提速计划，每年支持100家以上重点企业开展技术改造。三是继续实施重点行业和重点区域结构调整计划，"十三五"期间将启动50个左右重点区域、约3500个项目调整。

着力补齐创新短板，释放工业发展新动能。一是围绕推进"中国制造2025"和科创中心建设，在集成电路、高端装备、生物医药等方面，推动科技成果转化、批量生产和应用。二是推进工业创新平台建设，创建10家左右国家制造业创新中心、工程数据中心和工业设计中心。三是推进信息技术和制造技术融合创新，建设100家示范性智能工厂或数字化车间，带动1000家企业实施智能化改造。

着力推进供需协同，促进工业持续发展。一是聚焦汽车、电子信息、装备、生物医药等重点行业，加大项目投资力度。二是推荐本市创新产品列入《创新产品推荐目录》，通过政府首购等予以支持。三是支持企业开拓"一带一路"市场、开展跨国并购等，拓展国际市场。

着力降低企业成本，通过降低用地、税费、用工、用能成本，增强发展活力。一是用地方面，实行弹性出让年限及续期办法，重点项目出让年限仍可达50年。二是税费方面，除落实国家减税降费政策外，对地方权限范围内事项，按降低企业负担要求执行。三是用工成本方面，2016年企业缴纳的职工社会保险费率下调2.5个百分点，预计全年可减轻企业负担约135亿元。四是用能成本方面，2016年以来本市工业电价平均下降2.12分/度。

着力优化要素配置，提升发展效能。一是用足用好科创中心建设各项政策，如探索在鼓励创业创新的普惠税制等方面开展试点等。二是保障重点项目合理用地需求，通过市统筹指标、区县工业用地减量化腾挪、建立工业用地储备库等，确保重点工业项目用地。三是加强工业用地节约集约利用，按照政府责任和非政府责任两种情况，明确处置闲置土地的相关要求。四是拓宽融资渠道，鼓励银行金融服务创新，支持企业直接融资，开展产融合作。五是提高产业基金支持能力，对接争取国家各类基金，推进本市产业转型升级投资基金、集成电路产业基金和中小企业发展基金等设立运作。六是扩大财税政策支持力度，研究完善市、区财税分配体制，鼓励区县发展先进制造业；扩大产业转型升级专项资金规模，支持"三品"（增品种、提品质、创品牌）、智能制造应用发展。七是在完成能耗总量和单耗指标情况下，保障重点工业项目能耗指标。

着力深化制度改革，激发工业发展动力。一是在自贸试验区先行先试放宽产业准入、用地制度改革、跨国并购及融资等工业改革创新事项。二是简化不新增建设用地的"零土地"技改审批事项，时间压缩1/3以上。三是建立104、195、198区域动态调整机制，支持195、198区域内符合条件企业开展技改。四是实施产业结构调整负面清单管理制度。五是借鉴合同能源管理机制，推进智能制造发展应用。六是通过创新发展、重组整合、清理退出等，深化国有工业企业供给侧改革。七是发挥信用管理在结构调整、项目审批、闲置土地处置等方面的作用。

上海市经济和信息化委还将根据《实施意见》提出的主要任务，与相关牵头部门协调对接，抓紧出台可操作的具体措施，确保政策及时落地。

当前，上海建设用地总量已到"天花板"，如何保证上海工业项目用地需求？在2016年5月10日举行的上海市政府新闻发布会上，市规土局副局长岑福康透露，最近，市规土局正与市经信委开展先进制造业用地的永久性保护的划定的工作。一个城市如果没有先进制造业这个城市会空心化，这首先是一个理念性问题，"要像保护基本农田一样，保护先进制造业的用地需求"。岑福康表示，市规土局正在编制2040年上海市城市总体规划，土地利用规划是其中的重要部分，当中已经明确，中心城区保留少量的工业用地，郊区工业用地占建设用地的比重不低于15%～20%。

第四节 推动战略新兴产业和传统产业的政策建议

第三批自贸试验区试点诞生，辽宁、浙江、河南、湖北、重庆、四川、陕西7省市加入。不难看出，自贸试验区"扩围"不仅体现了中国坚持改革开放的明确取向，也充分表明中国推行自由贸易试验区战略是完全符合自身经济发展实际的。今后，中国将在逐步推动试点的过程中，扩大各特色地区的试验与总结，以便为构建开放型经济新体系做好充分准备。

值得注意的是，中国周围也有不少类似的自贸试验区，例如日本有6个国家战略特区，韩国有8个经济自由区，新加坡有5个自由贸易园区。因此，中国在吸引外国企业和国际业务时，既需要改革高地，也要有其他办法。比如，可进一步出台更多有竞争力的政策，特别是在转口贸易服务、金融投资服务等方面，创造优势更加明显的投资、贸易和国际金融环境。再如，可提供一系列旨在吸引离岸业务的税收优惠政策、科技开发政策、创新政策、人才引进和创业政策等。

我国经济正处于新常态阶段，为了实现产业结构的不断优化和社会资源配置效率的逐渐提高，需要持续深化和提升支柱性产业和战略性新兴产业的关联，密切跟踪它的转型与升级的步伐，大力推动规范化、信息化、网络化、集约化、精细化建设，确保与其他产业发展的高度契合。因此，必须加大对上海自贸试验区的政策支撑与资源配置，对自贸试验区未来发展的保障绝对不能吝啬，对用于鼓励现代产业发展的支撑政策的支持力度要大力加强。

第一，增强自主创新能力是培育和发展战略性新兴产业的中心环节，必须完善以企业为主体、市场为导向、产学研相结合的技术创新体系，发挥国家科技重大专项的核心引领作用，结合实施产业发展规划，突破关键核心技术，加强创新成果产业化，提升产业核心竞争力。

（1）加强产业关键核心技术和前沿技术研究。围绕经济社会发展重大需求，结合国家科技计划、知识创新工程和自然科学基金项目等的实施，集中力量突破一批支撑战略性新兴产业发展的关键共性技术。在生物、信息、空天、海洋、地球深部等基础性、前沿性技术领域超前部署，加强交叉领域的技术和产品研发，提高基础技术研究水平。

（2）强化企业技术创新能力建设。加大企业研究开发的投入力度，对面向应用、具有明确市场前景的政府科技计划项目，建立由骨干企业牵头组织、科研机构和高校共同参与实施的有效机制。依托骨干企业，围绕关键核心技术的研发和系统集成，支持建设若干具有世界先进水平的工程化平台，结合技术创新工程的实施，发展一批由企业主导，科研机构、高校积极参与的产业技术创新联盟。加强财税政策引导，激励企业增加研发投入。加强产业集聚区公共技术服务平台建设，促进中小企业创新发展。

（3）加快落实人才强国战略和知识产权战略。建立科研机构、高校创新人才向企业流动的机制，加大高技能人才队伍建设力度。加快完善期权、技术入股、股权、分红权等多种形式的激励机制，鼓励科研机构和高校科技人员积极从事职务发明创造。加大工作力度，吸引全球优秀人才来我国创新创业。发挥研究型大学的支撑和引领作用，加强战略性新兴产业相关专业学科建设，增加急需的专业学位类别。改革人才培养模式，制定鼓励企业参与人才培养的政策，建立企校联合培养人才的新机制，促进创新型、应用型、复合型和技能型人才的培养。支持知识产权的创造和运用，强化知识产权的保护和管理，鼓励企业建立专利联盟。完善高校和科研机构知识产权转移转化的利益保障和实现机制，建立高效的知识产权评估交易机制。加大对具有重大社会效益创新成果的奖励力度。

（4）实施重大产业创新发展工程。以加速产业规模化发展为目标，选择具有引领带动作用并能够实现突破的重点方向，依托优势企业，统筹技术开发、工程化、标准制定、市场应用等环节，组织实施若干重大产业创新发展工程，推动要素整合和技术集成，努力实现重大突破。

（5）建设产业创新支撑体系。发挥知识密集型服务业支撑作用，大力发展研发服务、信息服务、创业服务、技术交易、知识产权和科技成果转化等高技术服务业，着力培育新业态。积极发展人力资源服务、投资和管理咨询等商务服务业，加快发展现代物流和环境服务业。

（6）推进重大科技成果产业化和产业集聚发展。完善科技成果产业化机制，加大实施产业化示范工程力度，积极推进重大装备应用，建立健全科研机构、高校的创新成果发布制度和技术转移机构，促进技术转移和扩散，加速科技成果转化为现实生产力。依托具有优势的产业集聚区，培育一批创新能力强、创业环境好、特色突出、集聚发展的战略性新兴产业示范基地，形成增长极，辐射带动区域经济发展。

第二，要充分发挥市场的基础性作用，充分调动企业积极性，加强基础设施建设，积极培育市场，规范市场秩序，为各类企业健康发展创造公平、良好的环境。

（1）组织实施重大应用示范工程。坚持以应用促发展，围绕提高人民群众健康水平、缓解环境资源制约等紧迫需求，选择处于产业化初期、社会效益显著、市场机制难以有效发挥作用的重大技术和产品，统筹衔接现有试验示范工程，组织实施全民健康、绿色发展、智能制造、材料换代、信息惠民等重大应用示范工程，引导消费模式转变，培育市场，拉动产业发展。

（2）支持市场拓展和商业模式创新。鼓励绿色消费、循环消费、信息消费，创新消费模式，促进消费结构升级。扩大终端产品能效标识实施范围。加强新能源并网及储能、支线航空与通用航空、新能源汽车等领域的市场配套和基础设施建设。在物联网、节能环保服务、新能源应用、信息服务、新能源汽车推广等领域，支持企业大力发展有利于扩大市场需求的专业服务、增值服务等新业态。积极推行合同能源管理、现代废旧商品回收利用等新型商业模式。

（3）完善标准体系和市场准入制度。加快建立有利于战略性新兴产业发展的行业标准和重要产品技术标准体系，优化市场准入的审批管理程序。进一步健全药品注册管理的体制机制，完善药品集中采购制度，支持临床必需、疗效确切、安全性高、价格合理的创新药物优先进入医保目录。完善新能源汽车的项目和产品准入标准。改善转基因农产品的管理。完善并严格执行节能环保法规标准。

第三，要通过深化国际合作，尽快掌握关键核心技术，提升我国自主发展能力与核心竞争力。把握经济全球化的新特点，深度开展国际合作与交流，积极探索合作新模式，在更高层次上参与国际合作。

（1）大力推进国际科技合作与交流。发挥各种合作机制的作用，多层次、多渠道、多方式推进国际科技合作与交流。鼓励境外企业和科研机构在我国设立研发机构，支持符合条件的外商投资企业与内资企业、研究机构合作申请国家科研项目。支持我国企业和研发机构积极开展全球研发服务外包，在境外开展联合研发和设立研发机构，在国外申请专利。鼓励我国企业和研发机构参与国际标准的制定，鼓励外商投资企业参与我国技术示范应用项目，共同形成国际标准。

（2）切实提高国际投融资合作的质量和水平。完善外商投资产业指导目录，鼓励外商设立创业投资企业，引导外资投向战略性新兴产业。支持有条件的企业开展境外投资，在境外以发行股票和债券等多种方式融资。扩大企业境外投资自主权，改进审批程序，进一步加大对企业境外投资的外汇支持。积极探索在海外建设科技和产业园区。制定国别产业导向目录，为企业开展跨国投资提供指导。

（3）大力支持企业跨国经营。完善出口信贷、保险等政策，结合对外援助等积极支持战略性新兴产业领域的重点产品、技术和服务开拓国际市场，以及自主知识产权技术标准在海外推广应用。支持企业通过境外注册商标、境外收购等方式，培育国际化品牌。加强企业和产品国际认证合作。

第四，加快培育和发展战略性新兴产业，必须健全财税金融政策支持体系，加大扶持力度，引导和鼓励社会资金投入。

（1）加大财政支持力度。在整合现有政策资源和资金渠道的基础上，设立战略性新兴产业发展专项资金，建立稳定的财政投入增长机制，增加中央财政投入，创新支持方式，着力支持重大关键技术研发、重大产业创新发展工程、重大创新成果产业化、重大应用示范工程、创新能力建设等。加大政府引导和支持力度，加快高效节能产品、环境标志产品和资源循环利用产品等推广应用。加强财政政策绩效考评，创新财政资金管理机制，提高资金使用效率。

（2）完善税收激励政策。在全面落实现行各项促进科技投入和科技成果转化、支持高技术产业发展等方面的税收政策基础上，结合税制改革方向和税种特征，针对战略性新兴产业的特点，研究完善鼓励创新、引导投资和消费的税收支持政策。

（3）鼓励金融机构加大信贷支持。引导金融机构建立适应战略性新兴产业特点的信贷管理和贷款评审制度。积极推进知识产权质押融资、产业链融资等金融产品创新。加快建立包括财政出资和社会资金投入在内的多层次担保体系。积极发展中小金融机构和新型金融服务。综合运用风险补偿等财政优惠政策，促进金融机构加大支持战略性新兴产业发展的力度。

（4）积极发挥多层次资本市场的融资功能。进一步完善创业板市场制度，支持符合条件的企业上市融资。推进场外证券交易市场的建设，满足处于不同发展阶段创业企业的需求。完善不同层次市场之间的转板机制，逐步实现各层次市场间有机衔接。大力发展债券市场，扩大中小企业集合债券和集合票据发行规模，积极探索开发低信用等级高收益债券和私募可转债等金融产品，稳步推进企业债券、公司债券、短期融资券和中期票据发展，拓宽企业债务融资渠道。

（5）大力发展创业投资和股权投资基金。建立和完善促进创业投资和股权投资行业健康发展的配套政策体系与监管体系。在风险可控的范围内为保险公司、社保基金、企业年金管理机构和其他机构投资者参与新兴产业创业投资和股权投资基金创造条件。发挥政府新兴产业创业投资资金的引导作用，扩大政府新兴产业创业投资规模，充分运用市场机制，带动社会资金投向战略性新兴产业中处于创业早中期阶段的创新型企业。鼓励民间资本投资战略性新兴产业。

第五，加快培育和发展战略性新兴产业是我国新时期经济社会发展的重大战略任务，必须大力推进改革创新，加强组织领导和统筹协调，为战略性新兴产业发展提供动力和条件。

（1）深化重点领域改革。建立健全创新药物、新能源、资源性产品价格形成机制和税费调节机制。实施新能源配额制，落实新能源发电全额保障性收购制度。加快建立生产者责任延伸制度，建立和完善主要污染物和碳排放交易制度。建立促进三网融合高效有序开展的政策和机制，深化电力体制改革，加快推进空域管理体制改革。

（2）加强宏观规划引导。组织编制国家战略性新兴产业发展规划和相关专项规划，制定战略性新兴产业发展指导目录，开展战略性新兴产业统计监测调查，加强与相关规划和政策的衔接。加强对各地发展战略性新兴产业的引导，优化区域布局、发挥比较优势。各地区要根据国家总体部署，从当地实际出发，突出发展重点，避免盲目发展和重复建设。

（3）加强组织协调。成立由国家发展改革委牵头的战略性新兴产业发展部际协调机制，形成合力，统筹推进。

构建与"自贸试验区"对接机制是一个重要手段。从国外老工业基地的转型经验可以发现，地理位置以及产业的空间布局对于老工业基地转型是非常重要的。例如，日本北九州的优越地理位置使其引进先进技术更有优势，而美国的中西部通过合理地调整产业布局形成汽车制造产业链，对复兴起到很大的作用。因此，对于上海老工业基地来说，临近上海自贸试验区不仅是上海老工业基地的一种区位优势，更重要的是要在转型过程中考虑如何在当前及今后一个时期，将转型工作与上海自贸试验区的重点工作结合起来，与国家战略的实施联系起来，合理规划产业布局，利用自贸试验区的优惠政策，惠及上海老工业基地的产业发展和转型推进。尽管当前上海自贸试验区聚焦浦东上海综合保税区范围，但对于宝山的吴淞、闵行的吴泾以及普陀的桃浦这些上海老工业基地来说，都可以借助上海自贸试验区的发展，进行相关的对接储备机制，尤其在以开放促进区域发展方面，借助自贸试验区的有利条件，推动上海老工业基地的转型发展。

在我国经济发展方式亟须调整、产业亟须升级的大背景下，老工业基地的转型发展至关重要。上海老工业基地的转型发展需要着重于以下几点：

从转型环境看，目前上海老工业基地的政策环境、社会文化环境、经济环境以及技术环境对于其转型发展具有一定的积极作用。上海老工业基地自身在经济发展、科技水平以及区位上都具有一定的优势，当然也存在产业结构不合理、环境污染严重，存量土地有限，设施老化、交通滞后等劣势。闵行三大功能区的发展、战略性新兴产业的兴起以及邮轮产业的兴起为上海老工业基地的转型及未来发展带来新的机遇。同时，上海多个区域在总部经济和生产性服务业已形成先发优势，环境标准提高限制相关产业的发展等又使上海老工业基地面临一定的威胁。

从自身基础看，上海老工业基地自身存在一定的问题，面临转型"瓶颈"。以吴淞、吴泾、桃浦为主的上海老工业基地形成了以国有企业为主、经济效益下行趋势明显、失业问题严重、城市布局不合理、土地权属关系复杂以及环境污染严重等特征。而根据其目前的情况来看，产业层次低、发展方式粗放，存量用地利用率低，沟通协调机制不完善以及环境污染问题是未来转型所面临的"瓶颈"。从转型的机制体制现状看，目前已有的开发体制主要包括市属市管、市级区管、区级区管以及区级企管，开发机制主要包括自主开发、参与开发以及搬迁补偿三种。本章认为"市区联动、以区为主，整合资源、联合开发"的开发基础性体制框架更有利于上海老工业基地的转型发展。从实际效果来看，区级区管和区级企管的地区在体制灵活性、形象和功能的效率等方面，并不逊于市级市管体制，有的开发效果甚至更好，但市区联动在不失灵活性的情况下，更有益于转型的推进。

从转型影响因素看，首先政策因素对上海老工业基地转型影响程度最大，其次为环境因素。具体来看，财政支持与产业扶持政策对转型影响程度最大。税收优惠与政府补贴对企业的转型发展具有正向的影响作用，而国有控股则起到反向的作用。因此，在上海老工业基地转型过程中，政府可以利用财政、税收等手段推动企业的转型发展，但需避免过多地参与企业管理。

从转型定位看，上海老工业基地以四个重大转变为发展方向：经济形态由厂区向城区转变，功能形态由单一功能向复合功能转变，产业形态由制造业向服务经济转变，空间形态由混杂分隔向产城融合转变等。而在战略定位上，吴淞定位为上海北部城区城市副中心，桃浦定位为上海西北中心城区新地标，吴泾定位为上海滨江创新走廊。在这样的定位方向及转型定位引导下，上海老工业基地的转型目标设立为以创新为手段、发展为产业、生态共同发展的多元化业态耦合的现代化城区。

从转型举措看，从国外老工业基地以及东北老工业基地的转型经验发现，以下转型经验对老工业基地的成功改造具有重要意义：（1）发展区位优势，推动区域多元产业发展；（2）政府统筹转型，体制机制改革促保障；（3）注重科技创新，力促"产、学、研"结合；（4）重视社会问题，实现"平衡转型"。在借鉴国内外老工业基地转型的成功经验的基础上，综合对上海老工业基地的具体分析，上海老工业基地的体制、机制设计应重点围绕组织领导机构搭建、工作推进机制的建立、土地储备和开发机制的创新、对接"自贸试验区"等方面，构建起科学高效的管理体制和工作机制，确保上海老工业基地转型的有序推进。

2017年既是进一步加快结构调整和继续走向科学发展的一年，也是既有问题依然存在、形势相当严峻的一年。我们必须时刻保持清醒头脑，丝毫不能低估当前和今后一段时期经济走势的严峻性和复杂性。

中国经济的发展目前正处在新旧动能转换的艰难进程中，传统动能弱化加大了经济下行压力，但新动能也正在加快成长，地区走势呈现分化，行业亮点出现分层。尽管新动能一时还难以接续和全面支撑经济发展，但从一些地区和行业中可以看出，新动能从某种程度上可以说是"动力充沛"，在一些方面已经发挥出突出作用。

因此，上海自贸试验区既要改造提升旧动能，又要精心培育新动能，实现新旧动能的协同作用，转型应从特区战略转型的全局出发，特别针对当前科技投入产出能力不足、科技创新水平低等突出矛盾和问题，积极挖掘内生增长动力，加快促进地区产业的深度转型。

第九章

上海自贸试验区对长江经济带可复制、可推广的制度创新措施

2016 年 9 月 1 日中国自贸试验区体系新增 7 个成员后，进入 3.0 版本时代，对外对接高标准的国际贸易投资规则的同时，重点锁定长江经济带，浙江作为下游省份，探索建设"舟山自由贸易港区"，提供大宗商品贸易自由化，提升大宗产品全球资源的配置能力。湖北省作为长江中游核心省份，重点落实中国中部地区承接产业转移，建设一批战略性新兴产业与高科技产业基地的要求，逐步推进中部崛起战略及在整个长江经济带承上启下的作用。重庆与四川作为上游两个省市，落实中央关于西部门户城市扩大对外开放的力度，发挥长江经济带与丝绸之路经济带的战略支点作用，带动西部大开发战略的深入实施，实现内陆与沿海地区的协同发展。新增长江经济带 4 个自贸试验区发展过程中，需要借鉴上海自贸试验区发展 3 年来制度创新措施。上海市需要进一步保持在整个长江经济带对外开放深化进程中制度创新的示范与引领作用，而其中的抓手则集中于政府职能转变、区域通关一体化、对外投融资平台与金融创新等领域。

第一节 上海市政府管理职能转变举措

一、管理模式创新

上海自贸试验区内实行的是"一线放开，二线高效管住"的管理模式，由原先注重事先审批转为注重事中、事后监管，对区内的活动不干预。这样的创新模式使得政府放开了一部分权力，提高了透明度。自贸试验区设立中央管理部门、上海市政府以及上海自贸试验区管理委员会三层管理体系，形成三层推进机制。在国家层面，设立由国务院牵头、国家有关部委及上海负责同志参加的自贸试验

区领导小组，定期召开联席会议，协调解决推进过程中的重大问题以及需要跨部门协调的事项。在上海市政府层面，将成立由市政府主要领导牵头、市有关部门以及中央驻沪单位参加的上海自由贸易试验区推进工作领导小组，统筹决策和综合协调试点过程中的重大事项。在上海市政府下面，设立上海自贸试验区管理委员会，承担自贸试验区各项改革试点任务推进落实的具体工作。此外，上海自贸试验区内的管理机构也进行了精简，扩大单个部门的管理业务范围，最大限度地避免职能交叉、多头管理，进而提高政府部门的行政效率。

二、服务模式高效

在当代市场经济条件下，政府职能定位的基本原则是明确政府职能的公共性、有限性和服务性，以建立公共服务型政府为政府职能定位的终极目标。所以，在政府职能从事前审批转为注重事中、事后监管的同时，上海自贸试验区努力为市场、社会和公众提供优质的公共服务。具有代表性的举措是自贸试验区建立的"一口受理、综合审批和高效运作"的服务模式，其具体表现为：一是自贸试验区工商部门会同税务、质监等部门和管委会建立外商投资项目核准以及企业设立"一表申报、一口受理"的工作机制。工商部门统一接收申请人提交的申请材料，统一向申请人送达有关文书。二是管委会建立自贸试验区内企业境外投资备案"一表申报、一口受理"工作机制，统一接收申请人提交的申请材料，统一向申请人送达有关文书。三是自贸试验区建立国际贸易"单一窗口"，形成区内跨部门的贸易、运输、加工、仓储等业务的综合管理服务平台，实现部门之间信息互换、监管互认、执法互助。企业可以通过"单一窗口"一次性递交各管理部门要求的标准化电子信息，处理结果通过"单一窗口"反馈。这种服务模式极大提高了行政效率。

三、管理信息化

信息网络技术造就了现代政府管理的便捷、灵活与高效。自贸试验区正在建立自贸试验区监管信息共享机制和平台，力图实现海关、检验检疫、海事、金融、发展改革、商务、工商、质监、财政、税务、环境保护、安全生产监管、港口航运等部门监管信息的互通、交换和共享，为优化管理流程、提供高效便捷服务、加强事中事后监管提供支撑。这其中，在信息收集上，自贸试验区管委会、驻区机构和有关部门需要及时主动提供信息，参与信息交换和共享；在信息平台利用上，各部门应充分利用信息共享平台，推动全程动态监管，提高联合监管和协同服务的效能；在信息平台规范上，共享工作规范、流程以及共享的办法，由管委会组织驻区机构和有关部门共同制定。

四、社会信用体系建设

2014 年 4 月 30 日，上海市公共信用信息服务平台正式开通，其已成为加快社会信用体系建设的重要支撑和关键环节。未来，信用信息服务平台还会不断扩大信息归集和使用的范围，推行守信激励和失信惩戒联动机制，为政府工作、市场交易、个人生活和工作提供信用服务。为进一步强化事中、事后监管，自贸试验区内将建立公共信用信息服务平台自贸试验区子平台，并按照公共信用信息目录向市公共信用信息服务平台归集。自贸试验区内各部门将记录企业及其有关责任人员的信用相关信息，可以在市场准入、货物通关、政府采购以及招投标等工作中，查询相对人的信用记录，使用信用产品，并对信用良好的企业和个人实施便利措施，对失信企业和个人实施约束和惩戒。同时，自贸试验区还鼓励信用服务机构利用各方面信息开发信用产品，为行政监管、市场交易等提供信用服务；鼓励企业和个人使用信用产品和服务。

第二节　上海围绕事中、事后监管投资便利化措施

一、负面清单管理为核心

上海自贸试验区已经初步形成"三位一体"外资负面清单管理模式，即外资准入负面清单文本、服务业扩大开放、管理模式，形成了可复制、可推广的阶段性成果。开展外资负面清单管理后，出现了三个重大变化：第一，外资管理体制与国际高标准投资规则基本接轨，这有利于落实新一轮开放战略，有利于我国开展双边投资保护协定谈判，有利于中国企业"走出去"；第二，负面清单行业覆盖面较全，消除了灰色领域，透明度较高；第三，政府对外资准入管理，由"核准制"向"备案制 + 核准制"转变，外资准入备案管理的比重超过 85%，形成内外资一致的政府管理。实践证明，这一方法清晰简明、流程简化，降低了运行成本，提高了效率。

2015年版"负面清单"由国务院批准公布，层级更高，新版"负面清单"在内容缩减、透明度加大等方面取得了突破。与2014年版上海自贸试验区"负面清单"比较，此次"负面清单"从139条缩减为122条，减少了限制性条款，扩大了开放领域，特别是服务业与制造业。例如，全部取消了农副产品加工业、酒、饮料和精致茶制造业、烟草制造业、印刷和记录媒介复制业等制造业领域的条款，删除了"投资中药材种植、养殖须合资、合作，限制投资出入境汽车运输公司、禁止投资高尔夫球场的建设、经营"等内容，取消了"投资船舶舱室制造需中方相对控股"等多项"中方控股"要求；取消了"投资新能源汽车能量型动力电池"等多项外资比例不得超过50%要求。2015年版"负面清单"还有一个新的分类，即"所有行业"，不特指具体行业适用于所有行业。

二、市场监管体系改革

上海自贸试验区强化政府事中、事后监管，采取各种改革创新举措，推动了现代市场监管体系的建设。主要体现在以下几个方面：一是按照"宽进严管"的总要求，逐步改变以往"重审批轻监管"的现象，初步建成事中事后监管的基本制度，建立并逐步完善覆盖事前、事中与事后等主要环节的全过程市场监管体系；二是按照"社会共治"的模式，通过企业年报制度公示、社会信用体系、社会力量参与市场监督等制度建设，逐步形成政府、企业、社会组织、媒体以及公众等多种主体共同参与的综合性市场监督管理的基本制度框架；三是按照动态监管、分类监管、自律监管以及综合监管等改革理念要求，系统推进市场监管体制机制建设，逐步建立适应全球化浪潮和现代市场经济的"横向到边、纵向到底、关口前移、重心下移"的市场监管模式。

事中事后监管制度要以建设政府各管理部门互联互通、信息共享的大数据平台为抓手，推动各部门相互配合，强化信息共享，优化管理流程，从而将严格的监管执法、高效的政府服务、灵敏的市场评价、多元的社会监管有机结合，着力构建政府主导、行业自律、企业自控、社会参与"四位一体"的透明、高效、便捷的大监管格局。这四大监管主体依靠安全审查制度、反垄断审查制度、社会信用体系、企业年度报告公示和经营异常名录、信息共享和综合执法制度、社会力量参与市场监督6大制度实施事中事后监管。各部门信息共享平台为4大主体顺利开展监管工作提供了充分的信息资源和强大的技术支持。

三、改善营商环境

市场监管改革创新所带来的高效、便捷、公开、透明是优质营商环境的基本要素。据统计，上海自贸试验区成立3年以来，自贸试验区内超过90%的外资企业通过备案方式设立，办理时间由原来的8个工作日减少为1个工作日，申报材料由10份减少到3份，极大地方便了投资者。累计新增注册企业3.7万家，国内民企占比达77.9%，其中新设外商投资企业6290家，新增外商投资企业注册资本接近内资企业的2倍，接近自贸试验区挂牌前30年外资企业总数之和。尤其是上海自贸试验区扩区以来，新增外商投资企业有一半均选择落户自贸试验区，占所有挂牌企业的比重从5%增至20%。多家有金融牌照的机构和一大批金融服务企业已落户上海自贸试验区，上海国际能源交易中心、上海国际黄金交易中心等一批面向国际的要素市场平台在自贸试验区成立运营。此外，通过推进贸易监管制度创新，海关"先进区、后报关"制度实施后，货物进入区内仓库时间平均缩短2~3天，企业物流成本降低10%左右。

上海自贸试验区对外开放经验，长江经济带不能盲目复制自贸试验区以"负面清单"模式对外开放，在实践中如何进行试验，试验成功后如何复制、推广，现实中还是缺少理论指导，由于上中下游每个区域经济基础、投资环境各有不同，对外商投资管理制度改革措施和开放政策应是有选择的慎重复制，且一定要建立在有效的风险防范基础上。

四、搭建境外投资平台

上海自贸试验区建立以后相对于引进外资的备案制改革，同时也将一般性对外投资项目由核准制改为备案制，国家发改委、商务部和国家外汇管理局相接颁布政策，改善国内企业对外投资的审批环节与监管环境。上海自贸试验区出台《中国（上海）自由贸易试验区境外投资项目备案管理办法》和《中国（上海）自由贸易试验区内境外投资开办企业备案管理办法》，规定在上海自贸试验区，3亿美元以下境外投资一般项目实行备案制。同时进一步减少投资审批环节、缩短审批时间，加快自贸试验区企业"走出去"的步伐。

上海自贸试验区境外投资服务平台已涵盖综合咨询、境外投资备案、投资项目推荐、投资目的地介绍、行业分析、境外投资等专业服务功能，为投资者提供综合信息支持，并对企业境外投资提供事中、事后持续跟踪和全方位服务。另外，上海发挥集聚大批国际化服务机构的优势，创新政府对外投资服务促进体制，组建对外投资合作服务联盟。第一批 10 个业务板块共 26 家国际化服务机构已正式加盟，将为"走出去"企业提供投资咨询、投资促进、会计、法律、人力资源、金融、保险、境外安全救援等组团式服务。

上海自贸试验区在对外投资制度创新方面的优势，包括长江经济带在内的越来越多企业，正选择上海自贸试验区的境外投资平台实现便捷的境外投资。2015年度，上海境外实际投资额较上年同期增长 3.8 倍，占全国比重为 14.1%，在全国各省市中排名第一，上海自贸试验区在其中扮演重要角色。3 年来上海自贸试验区累计境外投资备案项目数为 1190 项，中方投资总额 424.25 亿美元，同比增长 6.2 倍，境外实际投资额达 79 亿美元，同比增长 13 倍，占全市比重约 48%。从"走出去"企业的投资目的地看，排名靠前的分别为美国和英国等发达等国家和地区，以及"一带一路"沿线；从投资行业和领域来看，主要涉及软件与信息技术服务、通信和电子设备、生物医药等，其中境外房地产投资增长较为迅猛。中方投资额中一半以上是长江流域的企业，上海自贸试验区已成为吸引国内知名企业和产业基金"走出去"的桥头堡，目标建成中国跨境投资的最佳平台。

第三节　上海自贸试验区可复制、可推广的贸易便利化措施

被国务院批准沪津闽粤自贸试验区的实施方案中一个非常重要的方面是进一步采取贸易便利化措施，积极促进贸易方式转型，提高通关效率，降低通关成本。创新监管模式、促进贸易便利化，始终是上海自贸试验区探索试点的重要内容。上海海关分四批推出了"先进区、后报关""批次进出、集中申报"等 23（7＋7＋5＋4）项海关监管制度改革举措，自贸试验区进口平均通关时间比区外节省 40% 以上；上海检验检疫局同样推出了包括"通关无纸化"、"第三方检验结果采信"和"入境免签"等 23 项改革试点措施，试点业务通关流程缩短 50%，有力促进了自贸试验区贸易便利化水平的进一步提升。同时，上海自贸试验区海关、检验检疫联动实施"一次申报、一次查验、一次放行"监管试点，并在一线出境、二线入区环节实现"通关无纸化"。此外，上海自贸试验区对保税及口岸货物探索建立了对保税货物、非保税货物、口岸货物进行分类监管体系。

一、上海自贸试验区被其他自贸试验区复制的贸易便利化措施

国务院要求推广上海自贸试验区 28 条经验中其中 14 条涉及贸易便利化。海关总署于 2014 年 4 月对外发布了规范、透明、普惠的制度安排，包括："先进区、后报关""区内自行运输""保税展示交易""加工贸易工单式核销制度""境内外维修""期货保税交割""融资租赁""简化统一进出境备案清单""批次进出、集中申报""保税物流仓储企业联网监管""智能化卡口验放""内销选择性征税""集中汇总纳税""简化无纸通关随附单证"。其中，前 7 项已经实施，后 7 项将在 2014 年 6 月 30 日前全面实施，其中包括：

（1）全球维修产业检验检疫监管。以"风险可控、便利贸易"为监管思路，构建"企业资质评估＋简易核准＋监督检查"的监管模式。通过对企业的资质评估，对评估通过的维修企业的一般风险入境维修的进境旧机电产品，提供免于海外装运前检验，简易备案，以不定期监督检查代替批批产品检验等的工作制度。

（2）中转货物产地来源证管理。对于中转出口货物，依照对外贸易的需要，根据其实际原产地，签发中转证明，并可进行换证、分证、并证操作。这可以解决企业转口贸易的难题，为中转货物分销、集拼带来了便利。

（3）检验检疫通关无纸化。结合"单一窗口"新模式，通过实行"企业信用管理、商品风险分类"方式，对符合条件的企业实现申报、计收费、检验、签证放行等各环节的无纸化运作。在此之前，企业从整理资料到递交现场检务窗口受理共需一个工作日。通过这一措施，企业在一小时内即可完成报检并获得审单指令。大幅缩短企业申报时间。

（4）第三方检验结果采信。按照"管检分离、合格假定、强化事中事后监管"原则，检验检疫机构对公布采信要求的进出口工业产品，采信符合资质的第三方检验机构的检测结果，作为检验检疫放行依据。这一制度，是一项政府转变职能、简政放权之举。这一制度推进了"管检分离"，并进一步激发市场活力，促进第三方检验市场健康、规范、有序发展。上海自贸试验区已把进口机动车、部分进口医疗器械及玩具，纳入第三方检验结果采信试点范围。在自贸试验区建立有利于第三方检验鉴定机构发展和规范的管理制度，检验检疫部门按照国际通行规则，采信第三方检测结果。

（5）出入境生物材料制品风险管理。对出入境的医学微生物、人体组织、生物制品、人类血液及其制品等采用风险管理，即实行企业分类和产品分级的动态监管制度。审批方式由原来的逐批审批调整为年度审批，企业以一年为周期提交

材料，不再以每一个物品为审核对象，而是以一个项目或一类产品为审核对象。通过建立电子数据档案、实施风险分级管理等措施，对低风险产品审批期限放宽至 12 个月。同时，对企业的由事前审批转为加强事中、事后监管，实行诚信管理，落实企业生物安全第一责任人意识。

（6）期货保税交割海关监管制度。期货保税交割指的是以保税监管状态的货物，为期货交割标的物的一种销售方式。这种交割方式，对海关监管提出一系列要求，包括：期货交易所开展期货保税交割业务应当与海关实现计算机联网，并实时向海关提供保税交割结算单、保税标准仓单等电子信息；指定保税交割仓库，保税交割货物应当堆放在交割仓库中的指定位置；期货保税交割完成后，需向海关办理系列手续，并缴纳相关税款。

（7）境内外维修海关监管制度。对区内企业开展高技术、高附加值、无污染的境内外维修服务，海关参照保税加工的监管模式，依托信息化管理系统实施管理。

（8）融资租赁海关监管制度。允许承租企业分期缴纳租金，对融资租赁货物按照海关审查确定的租金，分期征收关税和增值税。

（9）进口货物预检验。区内的拟进口的入境货物，根据企业要求，检验检疫机构受理预报检，并实施预检验；在货物实际出区进口时，凭预检单快速核销验放，不再实施检验。该制度可全面提高区内进口货物的通关效率。

（10）分线监督管理制度。上海自贸试验区内检验检疫分线监管，遵循进境检疫，适当放宽进出口检验；方便进出，严密防范质量安全风险的原则，检验检疫机构在"一线"主要实施进出境检疫和重点敏感货物检验工作，在"二线"主要实施进出口货物检验和监管工作。入境应检物在区内企业间自由流转，不涉及实际使用的，免于检验。在出入境一线，检验检疫实施无豁免检疫，仅对废物原料、放射性检测等重点敏感货物实施入境检验检测，对其他货物暂免检验监管，在进出口二线，严密开展检验监管工作；同时设计了"预检验及核销"、"登记核销管理"等便利化制度，实现自贸试验区二线管得住、放得快。

（11）动植物及其产品检疫审批负面清单管理。除了活动物、水果、粮食等高风险货物列入负面清单外，对于其他产品，国家质检总局均授权上海检验检疫局实施检疫审批。审批流程时限由之前的 20 个工作日缩减为 7 个工作日，许可证有效期由 6 个月延长为 12 个月，在许可数量范围内可多次核销。负面清单中列出的动植物及其产品，目前仍由上海局初审后提交质检总局终审。

（12）依法合规开展大宗商品现货交易。探索建立与国际大宗商品交易相适应的外汇管理和海关监管制度。在严格执行货物进出口税收政策前提下，允许在海关特殊监管区域内设立保税展示交易平台。开展境内外高技术、高附加值产品的维修业务试点。探索开展境外高技术、高附加值产品的再制造业务试点。允许外商开展机电产品及零部件维修与再制造业务。推动建立检验检疫证书国际联网核查机制，推进标准和结果互认。改革和加强原产地证签证管理，便利证书申领，强化事中事后监管。鼓励设立第三方检验检测鉴定机构，逐步推动实施第三方结果采信。

这些贸易便利化措施涉及海关通关、监管、征税、保税等多个领域，实施后将会更好地适应企业生产经营规律，降低企业运营成本，提高通关效率。比如，先进区、后报关模式，可将企业进境货物从港区到区内仓库时间从平均2~3天缩短至半天；区内自行运输实施后，四个片区间货物流转一家企业每年可节约运输成本约20万元。在自贸试验区内将全方位实现智能化卡口验放，实现车辆过卡自动比对、自动判别、自动验放等智能化管理，车辆过卡平均时间预计从6分钟缩短到10秒，大幅提升通关效率，每天通车能力将提高8倍。且实行"区内自行运输"，企业在海关特殊监管区可以不再使用海关监管车辆，无须施加关封，通过信息化系统数据比对，在自贸试验区内实行自行运输。采用自行运输模式之后，平均每辆车可以节约半个小时的等候时间，物流费用方面也能节省不少。自贸试验区内将实施"先进区、后报关"作业模式，企业直接利用信息化管理系统做一个简单申报后，就可以在口岸直接验放。进境货物从口岸到区内仓库时间平均从2~3天缩短至半天；同时减少了货物在港区的停留时间，降低了港区堆存费、避免船公司滞箱费等费用。

同时，海关还提出加快区域通关一体化改革、全面推行通关无纸化改革、提高海关查验的效能、全面推广关检合作"三个一"，即"一次申报、一次查验、一次放行"。研究推进国际贸易"单一窗口"建设。关检合作"三个一"启动以来，在提高通关效率、降低通关成本、提高口岸通关服务整体效能等方面取得了初步实效。据统计，通过实施"三个一"，企业可减少约30%的关检重复申报项目，申报环节时间可节省25%~30%，查验环节时间及费用均可节省近半。

二、其他自贸试验区与上海同时推出的贸易便利化措施

2015年4月国务院审核批准的4地自贸试验区方案中与上海同时推出的贸易便利化措施主要集中推行"一次申报、一次查验、一次放行"模式，简化自贸试验区内货物流转手续，按照"集中申报、自行运输"的方式，推进自贸试验区内企业间货物流转。具体表现在以下几个方面：

第一，在自贸试验区内的海关特殊监管区域深化"一线放开"、"二线安全高效管住"贸易便利化改革。推进海关特殊监管区域整合优化，完善功能。加快形成贸易便利化创新举措的制度规范，覆盖到所有符合条件的企业。加强口岸监管部门联动，规范并公布通关作业时限。鼓励企业参与"自主报税、自助通关、自动审放、重点稽核"等监管制度创新试点。

第二，推进国际贸易"单一窗口"建设。完善国际贸易"单一窗口"的货物进出口和运输工具进出境的应用功能，进一步优化口岸监管执法流程和通关流程，实现贸易许可、支付结算、资质登记等平台功能，将涉及贸易监管的部门逐步纳入"单一窗口"管理平台。企业可以通过"单一窗口"一次性递交各管理部门要求的标准化电子信息，处理结果通过"单一窗口"反馈。

第三，统筹研究推进货物状态分类监管试点。按照管得住、成本和风险可控原则，规范政策，创新监管模式，在自贸试验区内的海关特殊监管区域统筹研究推进货物状态分类监管试点。对自贸试验区内的保税仓储、加工等货物，按照保税货物状态监管；对通过自贸试验区口岸进出口或国际中转的货物，按照口岸货物状态监管；对进入自贸试验区内特定的国内贸易货物，按照非保税货物状态监管。

第四，积极推动贸易转型升级。推进电子口岸网络建设，加快推进大宗商品现货市场和资源配置平台建设，强化监管、创新制度、探索经验。深化贸易平台功能，依法合规开展文化版权交易、艺术品交易、印刷品对外加工等贸易，大力发展知识产权专业服务业。推动生物医药、软件信息等新兴服务贸易和技术贸易发展。按照公平竞争原则，开展跨境电子商务业务。统一内外资融资租赁企业准入标准、审批流程和事中事后监管制度。探索融资租赁物登记制度，在符合国家规定前提下开展租赁资产交易。

第五，完善具有国际竞争力的航运发展制度和运作模式。加快国际船舶登记制度创新，充分利用现有中资"方便旗"船税收优惠政策。扩大国际中转集拼业务，拓展海运国际中转集拼业务试点范围，打造具有国际竞争力的拆、拼箱运作环境，增加国际中转集拼航线和试点企业，在完善总运单拆分国际中转业务基础上，拓展分运单集拼国际中转业务。优化沿海捎带业务监管模式，提高中资非五星旗船沿海捎带业务通关效率。推动与旅游业相关的邮轮、游艇等旅游运输工具出行便利化。在符合国家规定前提下，发展航运运价衍生品交易业务。

第六，对自贸试验区和境外之间进出货物，允许自贸试验区内企业凭进口舱单信息将货物先行提运入区，再办理进境备案手续。对自贸试验区和境内区外之间进出货物，实行智能化卡口、电子信息联网管理模式，完善清单比对、账册管理、卡口实货核注的监管制度。允许自贸试验区内企业在货物出区前自行选择时间申请检验。

第七，对区内和境内区外之间进出的货物，实行进出境备案清单比对、企业账册管理、电子信息联网等监管制度。区内保税存储货物不设存储期限。简化区内货物流转流程，允许分送集报、自行运输；实现区内与其他海关特殊监管区域之间货物的高效便捷流转。

第八，按照进境检疫、适当放宽进出口检验，方便进出、严密防范质量安全风险的原则，在自贸试验区开展检验检疫监管制度创新。检验检疫部门在自贸试验区运用信息化手段，建立出入境质量安全和疫病疫情风险管理机制，实施无纸化申报、签证、放行，实现风险信息的收集、分析、通报和运用，提供出入境货物检验检疫信息查询服务。境外进入区内的货物属于检疫范围的，应当接受入境检疫；除重点敏感货物外，其他货物免于检验。区内货物出区依企业申请，实行预检验制度，一次集中检验，分批核销放行。进出自贸试验区的保税展示商品免于检验。区内企业之间仓储物流货物，免于检验检疫。

2015年6月24日上海海关为了深化自贸试验区改革，又推出8项制度创新，其中包括简政放权、功能拓展改革和通关便利化措施，其中均在全国其他海关推广，其中贸易便利化措施5项。(1)"一站式"申报查验作业制度，在整个上海自贸试验区范围适用（"一站式"查验制度率先在4个海关特殊监管区域试点，逐步推广至自贸试验区内所有符合条件的监管场所）。(2)"一区注册、四区经营"制度，适用于自贸试验区内的4个海关特殊监管区域。区内任意一个海关特殊监管区域的海关注册企业，都可使用同一个海关注册编码在其他三个区域开展海关业务，无须重新设立独立企业法人。(3)美术品便利通关制度，适用于自贸试验区内的4个海关特殊监管区域。(4)归类行政裁定全国适用制度，适用于整个上海自贸试验区。在上海自贸试验区率先启动实施海关归类行政裁定制度，对归类疑难商品制发归类裁定，将具体商品归类判例化，实现"一次裁定，全国适用"，对全国关境内的企业和海关具有同等约束力，与"预裁定"、"同等适用"等国际海关通行规则相接轨，有助于解决归类争议、提高通关效率、防控贸易风险、促进执法统一。(5)商品易归类服务制度，整个上海自贸试验区，属于通关便利类型。通过搭建电子信息化平台，提供海关归类信息查询和专业服务渠道，帮助企业便捷、高效、准确归类申报，从而提高贸易可预知性，提高企业归类守法自律能力。

2014年财政部、海关总署、国家税务总局联合发文明确扩大启运港退税政策试点范围，在试点的8个城市中，有7个城市属于长江经济带区域。上海自贸试验区在促进长江经济带国际贸易发展方面起到了辐射作用。按照 2015 年 4 月国务院推出的《关于改进口岸工作支持外贸发展的若干意见》，要求加快推广上海自贸试验区"单一窗口"建设试点经验，条件成熟的地区可探索建立与区域发展战略相适应的"单一窗口"。自贸试验区国际贸易"单一窗口"涉及 6 个功能板块，20 个口岸与贸易监管部门，超过 1200 家企业在"单一窗口"办理相关业务，集中实现货物进出口申报、运输工具申报、支付结算、企业资质、贸易许可和信息查询。2015 年 12 月，"单一窗口"推广到沪浙苏皖长三角地区，共同研究制定《关于协作推进长三角区域国际贸易"单一窗口"建设的工作方案》，"单一窗口" 1.0 版的成功运行，在长江各口岸起到了积极的示范带动效应。目前长三角区域通过一体化模式申报业务量已占长江经济带的九成以上，接近全国报关单总量的一半。

上海自贸试验区在海关、检验检疫和海事等贸易领域已经陆续推出 60 多项创新举措，全球贸易便利化协定中 60 条核心措施，其中 52 条已经在上海自贸试验区范围内实施，区内进出口通关时间分别比区外减少 41% 与 36%。

第四节　上海自贸试验区"负面清单"市场准入管理体制与金融监管经验

一、上海自贸试验区"负面清单"市场准入管理体制

"负面清单"，又称消极清单或否定列表，是一个国家禁止外资进入或限定外资比例的行业清单。在清单中，国家明确开列不予外商投资准入或有限制要求的领域，清单以外领域则充分开放。上海自贸试验区实施准入前国民待遇加负面清单为核心的外商管理制度，主要目的就是推进更高水平的对外开放和更深层次的外资管理体制改革，构建开放透明、有效监管的外资准入体系和国际化、法治化的营商环境，为形成与国际接轨的外商投资管理制度提供了可复制、可推广的经验。

2014 年版负面清单与 2013 年版相比，从 190 项减少为 139 项，减少了 51 项，调整率达到 26.8%。2015 年版的负面清单在扩容以后自贸试验区 2.0 版本中 4 个自贸试验区通用，继续在 2014 年版的基础上，减少了 17 项，即共计 50 个条目、122 项。主要特点包括以下几个方面，一是提高开放水平。负面清单之

外，原则上对外开放。自贸试验区负面清单在服务业、制造业领域进一步减少了外资准入限制。二是转变管理方式。负面清单之外的领域，内外资统一管理，外商投资项目和企业设立基本实行备案制，切实提高投资便利化水平，加快完善现代市场体系。三是完善准入体系。自贸试验区负面清单的制定，系统梳理了涉及外资的各类政策法规，凡是涉及外资限制的规定，统一在清单中列明，并且清单中的特别管理措施涉及国民待遇、高管要求、业绩要求等方面，为投资者提供了一份全面的准入指南，大大增强了外资政策的透明度。同2014年版上海自贸试验区负面清单相比，这次出台的自由贸易试验区负面清单更加全面，与国际规则进一步接轨，同时取消了60多项限制，进一步提高了开放程度。至此，2015年版的负面清单管理模式在全国4个自贸试验区得以统一实施。当然，自贸试验区内的外商投资涉及国家安全的，须按照《自由贸易试验区外商投资国家安全审查试行办法》进行安全审查。

上海自贸试验区市场准入"准入前国民待遇＋负面清单"的投资管理改革取得新突破。第一，外商投资和境外投资备案管理制度改革成效明显。2015年1～8月，新设外商投资企业1959家，吸收合同外资超过300亿美元，全市近半数新增外商投资企业落户自贸试验区；累计办结境外投资项目596个，中方投资额达172亿美元。第二，企业准入"单一窗口"制度进一步完善。内资企业登记"单一窗口"从企业设立向变更环节延伸，外商投资企业登记从"五证联办"向"七证联办"拓展。推出市场准入便利化"双十条"新举措，集中登记地制度已在6个集中登记地运行，在全国首创"允许自贸试验区内律师事务所将其办公场所作为企业住所进行登记"，率先开展企业简易注销登记改革试点。

上海自贸试验区建立了以"负面清单"管理为核心的制度体系，目前90%外国投资90%以上均在"负面清单"之外，且随着审批制改为备案制后投资领域范围扩大，又分两批实施54条扩大开放措施，其中制造业37条，服务业17条，金融、航运、商贸、文化、社会服务、专业服务等领域的对外开放都取得了新进展，融资租赁、工程设计、旅行社、增值电信、船舶管理、认证检测等行业投资踊跃，已落地了1800多个外资项目。上海自贸试验区扩大开放举措涉及世贸组织（WTO）划分的12个服务部门中的11个，覆盖率达91.7%，开放度远高于我国加入世贸组织时的开放承诺。上海自贸试验区还积极推进商事登记制度改革，将注册资本从实缴制改为认缴制，将企业年度检验制度改为年报公示制度，外商投资项目核准制和企业合同章程审批制改为备案制，以及推动"七证联办"、企业集中登记地改革等。

上海自贸试验区"负面清单"管理模式，基本实现外商投资管理体制与国际高标准投资规则的接轨，覆盖面较宽且透明度高，对外商投资从"核准制"向"备案制"逐步过渡。预计中国自贸试验区第三次扩容后的3.0版本长江经济带其他自贸试验区也会采用全国统一的"负面清单"投资管理模式，而每一次"负面清单"的出台均在调研上海等自贸试验区实施的基础之上并在全国范围内推而广之的过渡准备。上海自贸试验区成为中国对接高标准双边投资协定BIT谈判的重要试验田，但是需要在借鉴国际规则、明确国内吸收外资的敏感行业、扩大服务业与新兴产业开放，确立对外开放的产业选择并确保产业安全等方面做好全国范围内推广的示范性制度安排。

二、上海自由贸易试验区金融监管经验

2015年10月30日，中国人民银行会同商务部、银监会、证监会、保监会、国家外汇管理局和上海市人民政府，正式联合印发《进一步推进中国（上海）自由贸易试验区金融开放创新试点加快上海国际金融中心建设方案》，即上海自贸试验区"新金改40条"，它是国家为全面深化改革和扩大开放探索新途径、积累新经验的重要举措。

"新金改40条"总体分为三个部分，其中一个部分就是涉及金融监管及风险防范，这说明完善金融监管的重要性及迫切性。具体来讲，重点强调金融监管及风险防范的是"新金改40条"中的第35到第39条。这些政策措施主要涉及金融监管体制、本外币一体化监管、监管协调、资金非法跨境流通以及金融信用制度建设。

（一）坚持宏观审慎原则

后金融危机时代，全球主要国家金融监管的主要演化趋势之一是建立宏观审慎监管框架，防范系统性风险。"新金改40条"的第35条强调上海自贸试验区要探索建立符合国际规则、适应本国国情的金融监管框架，也就是在宏观审慎原则下，加强金融信用、信息基础设施建设，构建金融信用、信息平台，构建对资本、流动性、资产质量、定价行为、外债风险、信贷政策等在内的综合评估框架。这是一个复杂的系统工程，需要积极稳步推进各项相关工作。

（二）实施分账核算单元

央行上海总部发布的《中国（上海）自由贸易试验区分账核算业务实施细则》和《中国（上海）自由贸易试验区分账核算业务风险审慎管理细则》两个

文件，其核心内容是推进"分类别、有步骤、有管理"，为资本项目可兑换提供了管理载体和操作工具，从而构建了较为完整的风险防控体系。分账核算单元就是筑起一道屏障，对自由贸易账户资金往来实行独立核算，建立风险"隔离带"，与非居民机构账户、其他银行结算账户严格分开。再就是对境内和境外同名账户进行"有限渗透"的管控，对自由贸易账户与境内（含区内）其他银行结算账户之间的资金流动，按跨境业务实施管理，强调服务实体经济，虽然没有具体额度的管控，但是强调资金使用途径和项目"实体化"，谨防资金泡沫。

通过分账核算单元管理的方式，确实可以有效地监控较大资金的跨境流通，提前进行风险预警，以及防止系统性的风险。

（三）搭建独立的自贸试验区银行监管体系，建立"首单新产品报告制"

上海银监局前瞻探索建立符合区内银行业实际的相对独立的银行业监管体系，贴近市场提供监管服务。一是扩大简政放权，将区内支行级及以下的机构和高管准入，由"事前审批"改为"事后报告"。目前，这一简政放权新举措已复制推广至上海自贸新扩展区域，覆盖了上海辖内约六成的分行及以上的机构。二是前瞻建立自贸试验区银行业特色监测报表体系和风险评估机制，建立"首单新产品报告制"，及时跟踪市场的创新动态，坚持在风险可控的前提下推进金融创新。

（四）率先创设"业务创新监管互动机制"

通过创设"业务创新监管互动机制"，为金融创新打开新通道。允许辖内银行业金融机构在符合审慎经营原则的前提下，对现有监管法规未及覆盖或不清晰的领域中的非行政许可类创新事项，通过个案突破的形式，开展自主创新、先行先试，弥补当前监管法规中的缺失。在该机制中，监管者不只是"监管"金融创新，更是"直接推动和参与"金融创新，有力地支持了辖内银行业机构在合规的前提下加快创新、阳光创新。"监管互动平台"还将酝酿出台专门的细则，旨在让辖内金融机构公平参与创新。

上海自贸试验区面向国际的金融交易的平台形成，外汇资金集中运营，外汇资本管理制度等已经在全国推广。依托自贸试验区自由贸易账户，上海自贸试验区为区内企业与境外企业提供了本外币跨境融资服务功能。跨国公司总部外汇资金池集中运营管理和跨境人民币双向资金池业务，为自贸试验区企业实现集团内部关联企业之间的资金跨境划转提供了高效便利的渠道。自贸试验区内的南京寒锐钴业股份有限公司，依托试验区跨国公司总部外汇资金集中运营管理试点政策，通过设立国内外汇资金主账户和国际外汇资金主账户，成功为该集团境内外各成员企业进行外币资金快速调配。2016 年 11 月 23 日，央行上海总部发布《关于进一步拓展自贸区跨境金融服务功能支持科技创新和实体经济的通知》，作为进一步落实"新金改 40 条"重要举措，自由贸易账户功能再拓展：2014 年 6 月在上海自贸区启动，并于 2015 年 2 月扩大了境外融资的规模和渠道，2015 年 4 月启动了外币业务，成为本外币一体化账户，目前则聚焦在了利用跨境金融服务功能来支持科技创新和跨境电商、贸易融资、股权投资等 7 方面，截至 2016 年 7 月底，已有 45 家机构接入民银行有关监测管理系统（银行 37 家，证券公司 2 家，交易所 2 家，财务公司 4 家），自贸区内近 8 万多家机构共开立自由贸易账户 55543 个，当年累计账户收支 28184.4 亿元，月末 FT 账户余额 1326.9 亿元。[①]跨境人民币收付业务通过整合集团下属多家企业经常项下跨境资金结算，合并一定时期内收付交易为单笔交易，大大提高了集团内的资金利用效率。

---

① 第一财经日报，自由贸易账户功能再拓展，现在这 7 件事情可以做啦，2016 年 11 月 23 日。

第十章

提升上海自贸试验区对长江经济带
经济协同作用的策略

作为中国最早的自贸试验区，上海市承担在制度创新方面的示范与引领作用，以其他几个自贸试验区为载体，在深化通关一体化改革、产业梯度转移、市场一体化建设、政府协同机制等方面发挥重要的辐射作用，并成为连接"一带一路"战略倡议的重要贸易与投资节点城市。高铁网络的构建与江海联运网络的形成，改变了以往相对静态的区域发展格局，也加快不同生产要素在区域内流动的可能，为长江经济带区域间联动发展提供了基础条件。

第一节　深化长江经济带通关一体化改革

推进长江经济带区域通关一体化，构建高效便利的管理机制、运作模式和通关环境，是长江经济带 2014 年 4 月成为国家战略后促进区域经济协同发展的重要举措。在深化通关一体化过程中，上海市应尽快完善国际贸易"单一窗口"等监管便利化措施，提升信息化管理水平和口岸综合服务能力，积极对接"一带一路"战略倡议，做好围绕多式联运展开国际通关合作的基础设施建设和人才储备。未来应参照高标准国际贸易投资规则，建立有利于贸易新业态发展和转型升级的监管模式，为全国范围内通关一体化统一实施做好示范。

一、深化长江经济带区域通关一体化的必要性

长江经济带连接了上中下游三大城市群，是我国区域经济发展的重要增长极，且是"一带一路"连接国内外的重要枢纽和桥梁，每年货运量 20 亿吨，占全国水

运总量的 60%，连续 9 年世界第一。2014 年 9 月长三角实现通关一体化模式，降低企业 20% 的通关成本与 30% 的物流成本，同年 12 月推广到长江经济带，涉及我国 70 多个对外开放口岸，有效推动长江经济带 9 省 2 市 12 个海关的合作，经过沿线海关监管和服务实施优势集成、资源整合和专业分工，打破区域管理界限，为企业创造更加公平、公正和高效的通关环境，提升区域经济协作能力。

在长江经济带区域通关一体化进程中，建立了统一的申报、专业审单、风险防控和通关作业 4 个平台，企业实现自主选择申报地点、查验方式和通关模式，降低了通关门槛，属地与口岸海关信息联网后企业不需要二次申报，减少通关环节、提高效率、节约通关成本；"多地海关如同一关"的执法统一、执法互认减少企业往返奔波，消除不同模式及地域之间的差异，且改善企业体验；简化行政审批程序、监管重点更加突出、风险防控更加到位、执法统一性和标准化程度明显提高。很多大企业仅需在口岸城市设立物流部，承担企业通关与物流服务，如英特尔的进口货物从上海转运到成都只需要 2 天，整个长江黄金水道的通关能力大幅提升。

国际贸易"单一窗口"和全国通关一体化均在上海启动试点，目前长江上中下游经济协同机制尚未很好构建，且长江流域各个监管部门之间协同程度低，缺乏执法一致性与统一的《水水中转合作备忘录》，多地码头作业费过高导致航线上很多公司均出现亏损，"肠梗阻"问题制约了上中游口岸的发展。长江经济带区域通关一体化迫切需要积极复制推广上海自贸试验区运行 3 年来贸易监管创新措施，围绕"单一窗口"在全区域构建与有效实施，不仅会形成一个标准规范、运行高效、风险可控、具有典型示范意义的区域通关一体化机制，提高通关效率及口岸辐射能力，降低通关成本，将整个长江经济带打造成连通欧亚的立体物流交通网络，同时也会形成与国际投资、贸易通行规则相衔接的制度体系，全面提升长江经济带开放型经济水平。

二、提升上海在深化长江经济带区域通关一体化进程中作用的举措

（一）健全区域通关一体化沟通机制

要把长江黄金水道作为重要依托、把长江水运口岸作为对外开放的高效平台，形成航道畅通、枢纽互通、江海联通、关检直通的综合管理体系，需要在政策和体制层面加以全面规划和统筹协调，逐步降低码头装卸费收取标准，延长集装箱免费堆存期限，取消超重费的收取。长江航运管理部门要主动会同海关、检疫、海事等执法查验单位，加强与港口所在地方政府及相关职能部门的联系，在

货源流向上真正贯彻市场配置资源的原则，提高水水转运效率，改变长江水运口岸多头管理的现状。

（二）复制推广上海自贸试验区贸易便利化措施

上海海关分四批推出了"先进区、后报关"、"批次进出、集中申报"等23项海关监管制度改革举措，自贸试验区进口平均通关时间比区外节省40%以上；上海检验检疫局同样推出了包括"通关无纸化"、"第三方检验结果采信"和"入境免签"等23项改革试点措施，试点业务通关流程缩短50%。同时上海自贸试验区对口岸货物探索建立了对保税、非保税、转口货物分类监管体系，复制推广上海自贸试验区的监管创新举措将会对深化长江经济带实施通关一体化作用显著。

（三）逐步完善国际贸易"单一窗口"建设

2014年6月，上海自贸试验区洋山港保税区进行了国内第一个国际贸易"单一窗口"试点，融合了海关、检验检疫、海事、出入境边检、港务等多种服务功能，并对企业提交的信息数据进行一次性处理。按照2015年4月国务院推出的《关于改进口岸工作支持外贸发展的若干意见》，要求加快推广上海自贸试验区"单一窗口"建设试点经验，条件成熟的地区可探索建立与区域发展战略相适应的"单一窗口"。2015年12月，"单一窗口"推广到沪浙苏皖，共同研究制定《关于协作推进长三角区域国际贸易"单一窗口"建设的工作方案》，目前，长三角区域通过一体化模式申报业务量已占长江经济带的九成以上，接近全国报关单总量的一半。

长三角区域"单一窗口"试行完善后会在长江经济带甚至全国推广，但需要加快推进统一的信息平台及电子口岸数据中心建设，确定技术、数据标准和服务及管理规范，实现政府部门及企业之间跨部门的数据交换和共享，优化通关流程，改串联为并联，全面推行"一次申报、一次查验和一次放行"的一站式通关服务。同时需要对贸易数据进行简化与标准化，建立数据交换安全与保密机制，实现跨部门的无纸化传输。

（四）促进新型贸易业态发展，促进贸易转型升级和产业梯度转移

国际分工进一步深化发展导致跨境电商、平行进口、供应链管理、离岸贸易、贸易中间商和融资租赁等新型贸易业态的发展。新型贸易业态与货物贸易在内容及形式上存在较大差异，导致两者便利化涉及的问题也不尽相同，包括税收

优惠、财政补贴、外汇管制、准入资格、股权比例、经营范围和商务人员流动等方面存在差异。便利化的通关环境则是发展新型贸易业态的重要基础，不仅税收、市场准入、法律法规等配套措施的支持力度有待提高，也需要解决监管缺位和监管过度同时存在的问题。另外，由于新型贸易业态呈现较多的行业渗透和行业交叉特性，目前分割化的垂直监管体系不利于其发展，而需要综合商务、信息、金融、税务、海关和工商等各个部门共同参与。提升贸易监管水平则是降低新型贸易业态物流成本、提升效率和提升市场竞争力的有效路径，同时也促进了产业在长江经济带梯度合理转移。

海关在跨境电商出口政策上应有所突破，增列"电子商务"、"保税电商"等监管代码，实施"清单核放、汇总申报"报关模式，解决以快件、邮包等方式通关存在的结汇与退税难题。同时长江经济带中分拨转运业务，同时上海大量跨国公司地区总部聚焦于订单控制、贸易链整合等高价值中间环节，监管措施则要适应进出流量大、配送周期短、响应程度极高的特征，并创新融资、结算和外汇管理模式。

（五）建立与国际贸易投资新规则相衔接的通关体系，提升区域对外开放水平

目前我国仍然属于贸易便利化水平较低国家，各种审批手续较为烦琐、通关时间成本较高、海关效率与透明度仍有待提高。2015 年 9 月中国正式接受 WTO《贸易便利化协定》，主要内容涉及信息的公布与获得、关于对进出口征收相关费用的纪律、货物放行与清关、边境机构合作、受海关监管的进境货物移动、与进出口及过境相关的手续与过境自由及海关合作等方面。但对照《协定》，当前需要履行增加透明度义务、消除不必要的贸易障碍、完善执法程序并加强海关及口岸部门国际合作，并结合我国口岸改革，在监管体制和机构职能方面推动相关的改革制度建设，提高口岸部门管理水平和行政效率，营造便捷高效的通关环境。

2015 年 10 月 5 日初步达成的 TPP 协议中第 5 章涉及海关管理与贸易便利化，主要包括提高海关法规、验放货物、若税费未定则允许通过缴纳保证金验放等，为快运提供加急程序，推动包括中小企业在内的商业与区域供应链发展。同时还包括加强海关估价和其他领域的预裁定，增加贸易的可预见性，确保海关处罚规则的公正和透明。缔约方应同意其他缔约方要求提供相关信息，协助各国执法。上海可以自贸试验区为试验田，建立相应的通关体系，不仅有利于深化口岸改革，建立高效率的贸易管理体系，也有利于提升上海国际贸易和航运中心地位，增加长江经济带转口贸易和沿海捎带业务的发展。

（六）需要与"一带一路"沿线跨国间开展贸易便利化合作

"一带一路"所涉及的国家（或地区）中，经济发展水平和贸易自由度差异较大，而成员间不断磋商及进一步强化贸易便利化合作，对贸易带来的积极影响会显著超过关税降低。中国在"一带一路"沿线推进贸易便利化重点与侧重应各有不同：东亚、南亚及东南亚国家应加强商业环境的合作，西欧国家应加强边境管理合作，中亚、中东欧和阿拉伯国家应该加强运输、基础设施和商业环境方面的合作。上海则应该充分发挥国际航运中心及"一带一路"沿线枢纽城市的作用，进一步深化多港区联动机制，不断提高全球航运资源配置能力，加强与沿线主要节点城市海关间的业务合作。

以上港集团为代表的上海相关企业应该增加对长江经济带与"一带一路"沿线基础设施建设和整体业务布局。上中下游主要城市除了有重点开发利用黄金水道外，还应该对接与长江经济带平行向西的中欧班列专线，通过陆路加强与"一带一路"沿线主要城市的联系，带动长三角地区向中东欧、西欧、西亚和南亚地区高价值货物出口，并利用长三角高消费能力带动中欧货运班列回程货物不足问题。上海在增加与"一带一路"沿线互联互通的同时，构建围绕综合河运、海运、铁路和航空的立体交通运输枢纽与物流中心，提升向长江经济带中上游企业的综合服务配套能力，以及海陆双向对外开放水平，并增强相应的人才培养和储备。

第二节　长江经济带产业梯度转移与辐射策略

一、长江经济带产业梯度转移

长江经济带横跨我国东中西三大地带，人口与生产总值均超过全国40%，已经成为我国综合实力最强、战略支撑作用最大的区域之一，依托黄金水道展开长江上中下游产业科学有序的转移与承接合作、优化沿江产业结构、形成互补、互动协作格局，有利于挖掘中上游广阔腹地巨大能源资源优势与内需潜力，促进中国对外开放战略从东部向中西部逐步转移，建设陆海双向对外开放的新走廊，有机连接国家"一带一路"战略倡议。

从工业布局和产业结构来看，长江经济带是我国最重要的工业走廊之一，汇集了钢铁、汽车、电子、石化等现代工业，东中西部都有重要的工业生产基地；从技术水平来看，东部地区的技术水平明显高于中西部地区，高技术企业江苏有4000多家、营业收入达2万多亿元，云南只有100多家、营业收入只有200多亿元；R&D人员和投资以及国内外专利申请数量也呈现非常明显的梯度和差距。从外商投资情况来看，中西部地区与东部地区的差距也很明显。但从城市土地利用来看，中西部地区则具有优势，上海的可供开发的土地非常少，已接近极限，而中西部地区还有较大发展空间。

长江经济带地区间产业结构存在较大差异，长三角地区第三产业占比较高，而中西部地区第二产业占比较高，为产业梯度转移打下承接基础与空间目前东部地区区域创新已经形成较好的成效，上海以自贸试验区为主体的金融集聚效应得到凸显，江苏则基于较多高校及科研院所主要发挥区域自主创新能力，浙江仍然充分发挥民营经济作为自主创新的生力军，形成以市场为导向的块状特征的集群经济发展模式。中部地区江西则主导沿江与京九铁路两大经济带南北双向推动发展战略，形成全球有特色的新型材料工业，湖北则依托国家光电子通信产业的研发基础与产业优势，湖南则主要侧重于装备制造业。西部地区四川具有成都—德州—绵阳高新技术产业带的创新资源与特色农业的高技术优势，重庆则可以利用丰富的军工资源的产业、技术与人才溢出，云南主要贯彻国家"一带一路"战略倡议，加快滇中产业区建设，而贵州作为重要的能源基地，主要发展能源、资源深加工、特色轻工业与航空航天产业。

在长江经济带整体产业梯度转移与承接合作过程中，需要充分调动市场经济作用，加强政府间合作机制构建与优化，深化区域分工与合作，不仅促进要素在区域间流动，更应该结合各自主体功能定位，优化产业结构，发挥产业集聚优势，在上中下游加快产业转移，促进区域经济协调发展。产业转移是区域发展接力的重要途径，有利于缓解东部沿海地区劳动力成本上升、资源环境约束给传统产业带来的压力；有利于东部沿海"腾笼换鸟"，实现产业转型升级；有利于中西部地区发挥劳动力、土地、资源等综合比较优势；有利于中西部地区提升价值链，推动产业技术水平提升和产业结构升级；有利于优化整体产业布局，实现东中西部地区协调发展、联动发展。产业转移要注意防止产业的空间错配。目前，产业转移空间错配的现象非常突出，沿海地区失去比较优势的部分产业未能适时转出，中西部地区承接的部分产业缺乏比较优势，而已承接的符合比较优势的部分产业却向沿海地区回迁。其原因主要在于：一方面，转出地政府的阻碍行为弱化了已失去比较优势的产业自发向外转移的动力；另一方面，承接地政府之间的过度竞争助长了转移企业区位选择过程中的机会主义行为。因此，中央政府要完善产业转移的相关制度安排，加强跨区域的政策协调；东部沿海地区要加快产业转型升级，推动失去比较优势的产业向中西部地区有序转移；中西部地区要着力培育比较优势，增强区际产业转移承接能力。

在产业协同发展方面，以上海为"龙头"的长三角协作区应该依靠在资金和技术上的优势，把高端服务业和先进制造业作为今后的重点发展产业，继续促进制造业向中上游地区有序转移。借助产业在广泛开展横向经济的基础上，通过产业化的纵向分工，完成双向产业延伸，塑造出新型横向结构。各省区市根据自己的优势情况发展适合本地区发展的中间产品和零配件生产，扩大地区产业间的差异性和互补性。解决各区域产业结构内部高度趋同的问题。通过协作分工将各省市的优势产业和产品形成专业化生产，再通过联合的统一市场进行优势互补，构筑具有比较优势的产业层次，从而形成优势互补的协作关系。

（一）长江下游地区

围绕上海为中心的长三角地区应该承担整个长江经济带创新驱动的龙头作用，主要发展一批自主知识产权、核心技术和知名品牌的战略性产业，优先发展先进制造业、高技术产业与服务业，包括电子信息产业、交通运输与通用设备制造、电气机械与器材制造等支柱产业，加快加工贸易转型升级。不仅要积极承接国际产业转移，同时为落后产能转移创作外部条件，并承担部分中上游地区的环境补偿。

（二）长江中游地区

长江中游地区具有较好的产业发展基础，劳动力与农业资源相对丰富，应该优化投资软环境，着力发展农副食品加工、纺织服装等劳动密集型产业，以及汽车制造等交通运输设备制造业。同时中游地区作为承接上游与下游的交汇区域，应充分发挥区域优势，作为整个长江流域的交通枢纽地位，重点发展物流运输、仓储等行业。

（三）长江上游地区

长江上游地区作为连接丝绸之路与长江经济带重要节点地区，同时要紧密围绕西部大开发，加快长江水道的疏通，加强基础设施建设，发展清洁能源、矿产资源与水资源，以及特色农牧产品深加工基地。成渝城市群则更多承担国家装备制造业发展。由于上游地区以往依靠要素投入的路径依赖形成严重的生态脆弱性。

　　未来长江经济带产业梯度转移主要依托区内国家级、省级开发区，构建跨省的产业发展协调机制，制定中长期区域合作发展规划，有序开展产业的转移与承接，加快区域产业转型升级。

　　但目前长江经济带的有效产业协调合作机制尚未建立，上中下游各个区域内部若干省市之间的政府间合作机制也均处于逐渐完善过程之中，沿江主要省市战略规划的主导产业极为类似，互补性不足。目前长江经济带产业发展协同存在的主要障碍表现为：（1）产业同质化发展，区域竞争压力大。各个省区市产业发展缺乏有效的分工协作，产业结构趋同状况明显。由于产业互补性差，在承接产业梯度转移、发展战略新兴产业、产业资源争夺等方面均存在明显竞争关系。同时各地产业发展特色不够鲜明，均追求完备的产业体系，没有形成区域间分工联系的网络体系。（2）各个省区市沿江发展战略缺乏系统化、有效的相互协调合作机制，行政区划割据格局很难短期被打破，上下游之间生产要素流动机制与商品交换的市场机制尚未形成，中西部地区仍然依靠以往要素驱动发展模式，需要通过信息化与工业化融合向创新驱动迈进，形成跨区域的具有国际竞争力的产业集群。

　　长江经济带产业区域内合理转移，促进区域经济协调发展与有效分工。在上中下游区域范围内，根据经济发展阶段与工业行业运行特点，加强产业链条进行地区与行业细分，围绕价值链进行工序转移，扩大区域内产品内分工，围绕龙头企业做好配套产业。同时要严格控制将污染行业向中西部生态脆弱地区转移，产业转移还要注意防止梯度承接变成低端承接。中西部地区要通过产业承接模式创新，突破"点式承接""低端承接"和"被动承接"，实现"集群式承接""主动承接"和"本土化整合"，形成梯度转移和反梯度转移的融合，实现跨越式发展，进而推进长江经济带整体的协调发展。

　　在目前长江经济带产业协同进程中，国家已经启动部省联系协作机制，推动长江经济带发展与制造强国建设重点任务相结合，加快构建创新能力强、品质服务优、协作紧密、环境友好的现代产业体系。持续推进传统产业技术改造升级；支持沿江地区优先实施示范基地卓越提升计划，打造沿江具有全球竞争力和影响力的先进制造基地，培育世界级产业集群。依托长三角研发创新优势，鼓励开展省级制造业创新中心建设；积极推动新一代信息技术与制造业融合，大力发展工业互联网，实施"互联网＋"协同制造，积极培育新产业、新业态、新模式。率先在沿江地区实施绿色制造工程，加快构建绿色制造体系，提升重点行业清洁化生产水平，开展工业绿色转型发展试点示范，支持沿江工业企业绿色循环低碳发展。推动沿江产业合理有序转移，探索多种形式的产业转移合作模式。各地要根据《〈中国制造2025〉分省市指南》，引导产业因地制宜、突出特色、错位发展。支持沿江省市有条件的城市和地区开展"中国制造2025"城市试点示范创建工作。

二、长江经济带对上中下游采用不同的辐射策略

上海自贸试验区对长江经济带辐射过程中，需要进一步深化拓展制度创新举措，利用全球影响力的科创中心，已基本建成国内最完善的区域科技创新体系。同时上海具有辐射长江经济带的地缘优势、机制优势、产业优势及人才和科技创新优势。以上海为龙头的长三角经济圈，通过相互良好的竞合关系，发挥出巨大的辐射功能。

上海自贸试验区可以作为长江经济带服务业中心、制造业基地、交通枢纽中心和科技创新中心的功能。虽然长江经济带上游地区劳动力与自然资源丰富，要素成本低，但是技能型劳动力仍然缺乏，需要利用上海对外开放的窗口，以及人才集聚与技术先进的优势。上海在长江经济带上中下游差异化辐射策略实施中，针对长江经济带下游，需要协同长三角共同服务与辐射长江经济带，促进长三角区域产业转型升级。目前，长三角已经进入制度层面的深度融合阶段，上海能够发挥自贸试验区、国际航运中心及口岸、科创中心人才优势、金融中心要素充裕的优势，引领带动和示范服务长江经济带建设的同时，提升长三角城市的国际竞争力。上海在对长江经济带中游辐射中应该发挥桥梁作用，牵头建立跨区域合作平台，对接产业发展，承接上海及长三角产业有序转移。针对长江经济带上游，上海可以加强资金、人才和技术上的支持，利用相对成熟的市场化运作制度优势和对外开放丰富经验，引领上游地区在西部大开发深度发展过程中加快发展路径转换。

第三节　推进长江经济带市场一体化进程与经济协同机制

一、推进长江经济带市场一体化进程

针对长江经济带市场分割问题，应在借鉴长三角区域经济合作机制的基础上，建立起各省市政府间的沟通与协调正常化、法制化机制，打破行政区域的局限，破除地区保护主义。加快推进基础设施一体化。加快区域内的快捷交通、通信、电网和能源、水利、环保等基础设施建设与管理的一体化。加速各省市间的产业融合，使长江经济带的发展打破原有的梯度式传统发展模式，带动落后地区

的跨越式发展，实现长江经济带持续、科学的共同发展。制定跨流域、全局性的发展战略，在统一的产业发展和空间布局规划引导下，加快沿线产业梯度转移，尤其是要充分发挥长江经济带下游东部省市对中上游欠发达省市的带动作用，形成以东带西、东中西共同发展、互相配套、互动共赢、集约高效的发展格局，加快提升长江经济带的整体竞争优势。

针对要素流动，促进跨区域要素流动协调机制应该从机构、法律和基金三个方面综合考虑。首先，要成立一个跨行政区的联合协调组织机构，各行政区派专人任职，代表各省市的意愿及利益诉求，通过建立民主的管理模式来综合管理长江经济带，保证长江经济带内资金、技术、人力资本等要素的自由流动。该协调组织机构可以跨越行政限制对长江经济带内的任何有利于整个长江经济带总体发展的项目进行直接审查，避免层级审批和行政壁垒而产生过高交易成本，从而影响项目运行的效率。其次，建立一系列配套的法律法规或者是部门规章制度来规范地方政府的市场行为，破除行政壁垒的束缚，为跨区域联合协调组织机构的执行提供有利的保障。针对由于地方保护主义和地域性歧视政策，而造成经济效率低和社会福利受损等现象，要进行惩治。最后，成立跨区域的多元化渠道的共同发展基金，调动各省市利益主体参与协调的积极性，确保各省市共同权利干预资源分配。该基金的资金来源初期由中央政府提供，国家财政统一拨款，各省市共同用于长江经济带建设和发展，后期将一些未来具有盈利性质的项目通过发行债券，吸引民间资本或者国外资本，扩大融资渠道，减少地方财政的负担，弱化地区行政意识，促进资金的跨区域流动。

此外，促进资本流动，可以加快区域金融中心的建设步伐，签订城市群金融合作协议，组建"长江城市群开发银行"。要整合各省市的产权交易中心，打造统一的产权交易平台。要组建若干跨地区的贸易集团公司，制定公平的市场规则，培育重点物流企业，打造统一的商品市场。要加快户籍制度改革，打破人才地域界限，规范职业中介经营活动，搭建公共人才服务平台，构建统一的人力资源市场。

同时长江经济带除了劳动力、资本与商品等要素市场一体化以外，还应该在知识产权保护、碳排放交易、环境补偿等方面建立市场化运作体系。

二、建立长江经济带经济协同相关机制

2014 年 9 月 25 日国务院发布的《依托黄金水道推动长江经济带发展的指导意见》明确提出，长江经济带建设应打破行政区划界限和壁垒，加强规划统筹和

衔接，形成市场体系一开放、基础设施共建共享、生态环境联防联治、流域管理统筹协调的区域协调发展新机制。然而长期以来，长江经济带市场一体化发展面临着严重的体制机制障碍。长江流域沿江开发政策主要由地方政府主导，"诸侯经济"特点浓重，省际之间市场分割严重。① 目前长江经济带省市级层面合作协商机制尚处于缺位状态，目前只有沿江中心城市市长联席会议机制，没有有效的区域合作协商机制是目前长江经济带区域协作面临的重大问题，但是越界协调、区域合作与利益分配存在较大困难，如果不能创新长江经济带协调发展机制，经济辐射作用将会大打折扣。其中长三角区域政府合作主要是区域内各地方政府通过倡导方式成立的一种非制度性的协商组织机制，还处于探索阶段，其运作的成效还没有完全呈现出来。特别是在行政力量过强的条件下，这种合作机制相当程度上还难以摆脱地方政府的控制，或者某些方面还得借助于地方政府的政治权威来推进合作协调组织的工作。因此，完善的区域合作协调机制的缺乏，使得长三角区域合作的一些共识和较大规模的跨区域合作项目的实现有些难度。

目前长三角地区中下游地区政府间合作机制运作相对较为成熟，已经建立起稳定的区域经济协调组织，比如初步确立了在各行政区域轮流召开行政首长联席会的制度，在长三角区域合作的层次、领域和深度均有较大提高，开始由区域合作进入区域一体化阶段。但是涉及整个长江经济带的经济协调仍处于初步摸索阶段。

（一）需要开展顶层设计

长江经济带成为国家发展战略，在经济发展协同方面迫切需要国家层面开展顶层设计，在重点领域与关键环节取得突破，尤其是对外开放的最前沿下游长三角地区。上海自贸试验区在今后的制度设计中也应该更多考虑如何在增进对长江经济带其他城市辐射的同时，从国家层面应该更多考虑增进区域经济合作的制度设计，尤其是吸取长江三角地区共建国家综合改革试验区推进区域经济一体化的经验，从国家层面展开制度创新性设计与纠错。

（二）加强上中下游区域间协调机制构建

在推进长江经济带经济协调过程中，必须各个省市政府间建立好协同的制度

---

① 李雪松，孙博文. 密度、距离、分割与区域市场一体化——来自长江经济带的实证 [J]. 宏观经济研究，2015（6）：117 – 128.

与执行层面的体制机制问题。如目前长三角确立了在各行政区域轮流召开行政首长联席会的制度，但它不可能集政策制定、执行和监督为一体，因而仅有行政首长联席会议还不能构成一个科学有效的合作组织体系，且对协商结果的执行既没有约束能力也没有管理职能，要有一个具有政策制定、执行和督导的完整的合作组织体系，从而保证有足够的权威有效推动长江经济带区域一体化发展进程，尤其是需要进一步明确与完善区域协作的决策层面、协调层面和执行层面的相应职能，建立不同层面的制度、规范与法规。

三、以上海自贸试验区为对外投融资平台，积极带动长江经济带区域开展对"一带一路"沿线投资

上海作为长江经济带与"一带一路"沿线贸易与投资节点，在带动长江经济带区域企业以自贸试验区为对外投融资平台，开设自由贸易账户，积极开展对"一带一路"沿线投资，拓展更多发展空间进程中，需要注意以下几个方面的问题。

第一，整合陆海空航线，完善长三角对欧陆运专线，成为沿线重要集散地。目前中国已经开立22列中欧货运专列，且其中大多数为长江经济带地区，包括上游的重庆、成都，中游的武汉，下游的苏州、义乌等地。在以后整合陆海空航线过程中，充分利用上海作为国际航运中心枢纽地位，以及"一带一路"沿线重要的航运节点城市的地位，围绕长江黄金水道，以及长江经济带通关一体化日益完善的契机展开双向物流配送。长江中上游货物可以在上海通过海运出关，同时一些高价值货物可以通过长江运送至上游并通过陆运至中东欧、西欧和印巴经济走廊等地。上海需要提升国际多式联运基础设施建设水平，充分发挥立体交通枢纽的功能。

第二，利用商务部专项资金，投资建设境外经贸合作区。建立境外经贸合作区作为中国企业"走出去"重要方式之一，能够产生围绕全产业链投资及生产规模经济效应的重要方式，也是国家精准扶植龙头企业境外投资的重要载体。目前，商务部、农业部、财政部等相关国家部委出台了一系列建立境外经贸合作园区的文件，也对境外经贸合作国家级园区进行合格与年度考核。但是目前中国对外投格局散乱，缺乏对投资东道国环境的深入了解，且均面临投融资困难的局面。长江经济带企业可以把上海自贸试验区作为"走出去"的重要投融资平台，包括中医药等传统文化产业。上海自贸试验区可以作为中国企业布局"一带一路"沿线、适应国际经贸与投资新规则的重要试验田。

参 考 文 献

［1］Byung-Soo Ahn. A Comparative Study on the Single Window Between Korea and Singapore ［J］. Journal of Korea Trade，2007（11）：1 – 22.

［2］Erich，Kieck. 协调边境管理 ［J］. 中国海关，2011（6）.

［3］Jonathan KOH. Towards a Truly Seamless Single Windows and Trade Facilitation Regime in ASEAN Beyond 2015 ［J］. ERIA Working Paper，ERIA – DP – 2013 – 29.

［4］Katerina Tosevska-Trpcevska. Effects of implementation of single window and simplified customs procedures in the Republic of Macedonia ［J］. World Customs Journal，2014（8）：51 – 62.

［5］Peter A. Petri，Michael G. Plummer and Fan Zhai. ASEAN Economic Community：A General Equilibrium Analysis. Asian Economic Journal，2012（2）：93 – 118.

［6］Pierre Latrille and Juneyoung Lee，"Services Rules in Regional Trade Agreements：How Diverse and How Creative as Compared to the GATS Multilateral Rules"，WTO Staff Working Paper，ERSD – 2012 – 19，31 October 2012.

［7］Richard Baldwin，"21st Century Regionalism：Filling the Gap between 21st Century Trade and 20th Century Trade Rules"，WTO Staff Working Paper ERSD – 2011 – 08，May 2011.

［8］Rudolf Adlung and Hamid Mamdouh，"How to Design Trade Agreements in Services：Top Down or Bottom Up?" WTO Staff Working Paper ERSD – 2013 – 08，18 June 2013.

［9］USTR，美国贸易代表办公室（USTR）关于 TPP 电信章节的解释，2015.

［10］USTR，美国贸易代表办公室（USTR）关于 TPP 跨境服务贸易章节的解释，2015.

［11］［美］阿迪特亚·马图、罗伯特·M·斯特恩、贾尼斯·赞尼尼主编，陈宪主译，国际服务贸易手册 ［M］. 上海：格致出版社、上海人民出版社，2012.

[12] 查贵勇. 入世以来上海服务经济发展回顾. 上海商学院学报, 2013 (2).

[13] 陈胜, 沈佩仪. 跨太平洋伙伴关系协议 (TPP) 对中国金融服务业的影响 [A]. 中国银行法学研究会. 金融法学家 (第五辑) [C]. 中国银行法学研究会, 2013 (4).

[14] 陈霜华. 从 TTIP/TPP 看上海自贸区未来的发展方向 [J]. 上海金融学院学报, 2013 (5).

[15] 陈晓永, 张会平. 战略性新兴产业与传统产业关系动态分析 [J]. 商业研究, 2013 (2).

[16] 成阁. 海关业务基础知识 [M]. 北京: 全国海关教育培训中心出版社, 1998.

[17] 樊慧霞. TPP 对中国关税政策的影响及战略决策 [J]. 财经理论研究, 2015 (2).

[18] 方晓丽, 朱明侠. 构建"单一窗口", 提升我国贸易便利化水平 [J]. 对外经贸实务, 2014 (2).

[19] 冯润祥, 陆屹, 陈华. 中美 BIT 谈判视角下中国资本市场开放策略 [J]. 上海金融, 2015 (4).

[20] 国务院关于印发"十二五"国家战略性新兴产业发展规划的通知 [EB/OL]. http://www.gov.cn/zwgk/2012 - 07/20/content_2187770.htm, 2017 - 1 - 7.

[21] 国务院关于印发"十三五"国家战略性新兴产业发展规划的通知 [EB/OL]. http://www.gov.cn/zhengce/content/2016 - 12/19/content_5150090.htm, 2017 - 1 - 7.

[22] 韩冰. 准入前国民待遇与负面清单模式: 中美 BIT 对中国外资管理体制的影响 [J]. 国际经济评论, 2014 (6).

[23] 胡彬, 胡晶. 开放转型中上海服务贸易发展的国际竞争力: 比较与启示 [J]. 城市观察, 2015 (6).

[24] 胡涵景等著. 国际贸易便利化与单一窗口概论 [M]. 北京: 电子工业出版社, 2015.

[25] 江海峰. 关于自贸区自由贸易账户体系的探析 [J]. 金融会计, 2016 (4).

[26] 梁丹虹. 国际贸易单一窗口数据元集的建立与应用研究 [J]. 海关与经贸研究, 2014 (6).

［27］李晶. 中国（上海）自贸区负面清单的法律性质及其制度完善 ［J］. 江西社会科学，2015（1）.

［28］李苗. 上海自贸区利率市场化风险分析与建议 ［J］. 经济研究参考，2015（67）.

［29］李强. 上海自贸区国际航运服务创新进展、计划与建议 ［J］. 中国流通经济，2015（8）.

［30］李仁真，温树英. 国际金融服务贸易的多边法律框架——WTO 与金融服务贸易有关的协议评析 ［J］. 政法论坛，2001（6）.

［31］李扬. 中国经济发展新阶段的金融改革 ［J］. 经济学动态，2013（6）.

［32］李扬. 完善金融的资源配置功能——十八届三中全会中的金融改革议题 ［J］. 经济研究，2014（1）.

［33］林晓伟，李非. 福建自贸区建设现状及战略思考 ［J］. 国际贸易，2015（1）.

［34］陆丽萍. TPP 协定与上海自贸区先行先试改革开放建议 ［J］. 科学发展，2016（1）.

［35］罗伟，葛顺奇. TPP 透视："金融服务"议题分析 ［J］. 国际经济合作，2015（11）.

［36］马凌然. 上海新型国际服务贸易发展中的海关职能研究 ［D］. 上海交通大学，2011.

［37］孟朱明. 联合国国际贸易单一窗口在世界各国的应用及展望 ［EB/OL］. http：//wms. mofcom. gov. cn/article/ztxx/ae/201312/20131200414559. shtml.

［38］孟朱明. 建立我国国际贸易"单一窗口"是当务之急 ［J］. 中国对外贸易，2014（7）.

［39］裴长洪，付彩芳. 上海国际金融中心建设与自贸区金融改革 ［J］. 国际经贸探索，2014（11）.

［40］乔其明，窦尔翔，李东阳. TPP 谈判及其对中美贸易的影响 ［J］. 改革与战略，2014（9）.

［41］饶芸燕. 规则重构与战略突破：TPP、中美 BIT 与上海自贸区 ［J］. 上海经济，2015（4）.

［42］上海市人民政府. 关于推进供给侧结构性改革促进工业稳增长调结构促转型的实施意见 ［EB/OL］. http：//www. shanghai. gov. cn/nw2/nw2314/nw2319/nw12344/u26aw47405. html，2016.

［43］尚荣. 上海自贸区自由贸易账户体系的建立：自贸区政策的新突破

[J]. 上海金融，2014（8）.

[44] 沈大勇，金孝柏. 国际服务贸易：研究文献综述［M］. 北京：人民出版社，2010.

[45] 沈玉良，李墨丝等著. 国际服务贸易新规则研究［M］. 北京：对外经济贸易大学出版社，2014.

[46] 沈战. 上海自贸区离岸金融发展路径探析［J］. 生产力研究，2014（12）.

[47] 上海海关. 自贸区制度红利——海关监管新政详解［M］. 北京：中国海关出版社，2015：183.

[48] 上海海关课题组. 海关行邮监管促进上海国际服务贸易发展探索［J］. 上海海关学院学报，2011（3）.

[49] 宋彩萍，俞光虹，米汉甫. 中国（上海）自贸试验区教育服务贸易国际合作机制构想［J］. 科学发展，2014（11）.

[50] 孙立行. 上海服务贸易创新突破发展对策思路研究［J］. 科学发展，2013（6）.

[51] 谈毅. 上海增强服务业研发创新能力的配套政策研究［J］. 科学发展，2015（3）.

[52] 陶一桃等. 经济特区蓝皮书：中国经济特区发展报告2015［M］. 北京：社会科学文献出版社，2015.

[53] 万璐. 美国TPP战略的经济效应研究——基于GTAP模拟的分析［J］. 当代亚太，2011（4）.

[54] 王绍媛. 国际服务贸易与海关监管制度的关系辨析［J］. 东北财经大学学报，2005（3）.

[55] 王冠凤. 上海自由贸易区金融服务贸易自由化研究［J］. 经济体制改革，2015（1）.

[56] 王冠凤. 上海自贸区新型贸易业态发展及服务功能的拓展——基于平台经济视角［J］. 现代经济探讨，2015（2）.

[57] 王珍珍. 四地自贸试验区建设的比较研究：共性、个性及着力点［J］. 东南学术，2015（9）.

[58] 王珍珍，李雪莲. 海西"产业—港口—城市"三群联动的共生系统［J］. 厦门理工学院学报，2013（6）.

[59] 邢厚媛，白明，袁波. 从上海自贸试验区视角看TPP及其影响［J］. 科学发展，2016（1）.

［60］闫海洲，郑爽，黄诗晖等. 国际离岸金融市场发展对上海自贸区建设的借鉴意义［J］. 上海经济研究，2014（10）.

［61］阎密. 北京海关：17 项措施便利服务贸易［N］. 国际商报，2015 - 9 - 28（A08）.

［62］仰炬，唐莹. 中国（上海）自由贸易试验区金融创新研究［J］. 国际商务研究，2014（3）.

［63］曾凡. 重大国际贸易投资规则变化与上海自贸试验区建设联动机制研究［J］. 科学发展，2015（3）.

［64］曾军，段似膺. 扩大自贸试验区文化服务开放，推进上海对外文化贸易发展［J］. 科学发展，2014（1）.

［65］张葛德，张奇. 国际服务贸易发展与我国海关保税物流监管改革研究［J］. 上海海关学院学报，2010（1）.

［66］张娟. 上海自贸区金融改革方向及路径［J］. 沪港经济，2015（7）.

［67］张琳. 国际经贸新规则：中国自贸区的实践与探索［J］. 世界经济与政治论坛，2015（9）.

［68］张幼文. 未来30 年上海发展的国际环境与上海全球城市功能建设［J］. 科学发展，2015（3）.

［69］朱秋沅. 日本单一窗口的构建及其制度性启示［J］. 外国问题研究，2011（3）.

［70］朱秋沅. 两岸单一窗口的构建比较及其制度性启示［J］. 亚太经济，2015（3）.